게임으로 재미있게 배우는 코딩과 알고리즘
# 마인크래프트와 함께 즐겁게 파이썬

## 마인크래프트와 함께 즐겁게 파이썬
게임으로 재미있게 배우는 코딩과 알고리즘

**초판 1쇄 발행** | 2018년 11월 30일

**지은이** | 최일선
**펴낸이** | 김범준
**기획** | 이동원
**책임편집** | 김용기
**교정교열** | 조서희
**편집디자인** | 한지혜
**표지디자인** | 김민정

**발행처** | 비제이퍼블릭
**출판신고** | 2009년 05월 01일 제300-2009-38호
**주소** | 서울시 종로구 중학동 19 더케이트윈타워 B동 2층 WeWork 광화문점
**주문/문의** | 02-739-0739    **팩스** | 02-6442-0739
**홈페이지** | http://bjpublic.co.kr    **이메일** | bjpublic@bjpublic.co.kr

**가격** | 26,000원
**ISBN** | 979-11-86697-73-3
한국어판 © 2018 비제이퍼블릭

이 책은 저작권법에 따라 보호받는 저작물이므로 무단 전재와 무단 복제를 금지하며,
내용의 전부 또는 일부를 이용하려면 반드시 저작권자와 비제이퍼블릭의 서면 동의를 받아야 합니다.

잘못된 책은 구입하신 서점에서 교환해드립니다.

게임으로 재미있게 배우는 코딩과 알고리즘

# 마인크래프트와 함께 즐겁게 파이썬

최일선 지음

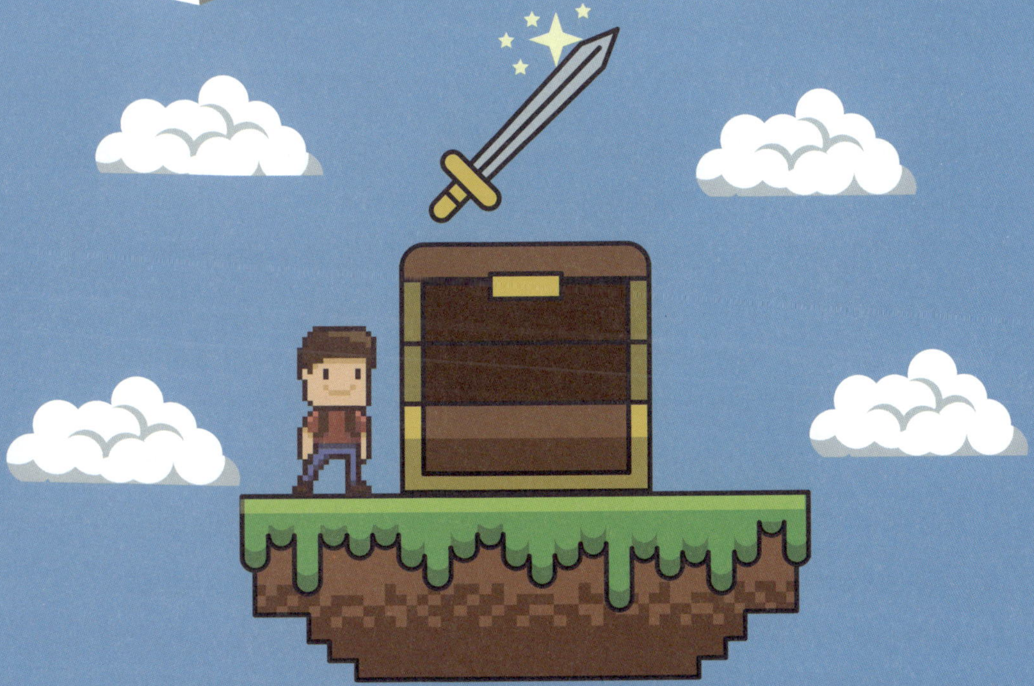

# 서문

안녕하세요. 최일선입니다. 이 책을 처음 펴신 여러분을 진심으로 환영합니다. 이 책은 게임과 코딩이라는 주제를 하나로 엮어서 만들었습니다. 저는 공부는 즐겁고 재미있게 해야 한다는 신조를 갖고 있습니다. 현재 유튜브 채널 "재즐보프"를 운영하고 있습니다. "재미있게 즐기는 보안 프로젝트"라는 뜻입니다. 시작한 지 6개월 정도 됐는데 많은 분이 관심을 가져주셔서 구독자가 현재 900명이 좀 넘었습니다.

제가 처음 유튜브를 구독하기 시작했던 이유는 게임 때문이었습니다. 게임이란 사람을 정말 빠져들게 만듭니다. 게임을 재미있게 하는 모습을 보면 몇 시간이고 헤어나올 수 없습니다. 수만 명의 사람들이 게임이라는 주제를 만나 함께 소통하고 재미있게 즐기며 유튜버들과 함께 행복한 시간을 보내는 것을 보았습니다. 저도 그 시청자들 중 일부였습니다. 하지만 곧 이 한계를 깨달았습니다. 물론 BJ와 유튜버들에게는 돈을 벌 수 있고 뭔가 기획하고 창작하는 새로운 공간이 됐지만 정작 저에게는 게임을 통해 금 같은 시간을 낭비하는 시간이 되고 말았습니다. 그래서 제가 느꼈던 공부의 재미를 담아 재미있게 프로젝트를 진행하고자 하는 유튜브 채널을 열었습니다.

채널 이름을 "재즐보프"로 지었던 이유는 유튜브에서 뭔가 학습하는 공간을 괴로움의 공간이 아닌 재미있게 즐기면서도 미래를 준비하는 공간으로 만들어보자는 취지였습니다. 무엇인가를 알아가고 해결해 나가는 성취와 기쁨은 경험을 해본 사람만 느낄 수 있습니다.

이 책을 쓴 계기도 이 생각에 대한 연장선입니다. 우리는 끊임없이 배워야 하는 시대에 살고 있습니다. 마치 게임을 즐기듯 학습을 즐긴다면 그 누구보다도 보람찬 삶과 희망, 더욱 나은 미래를 바라볼 수 있습니다. 저는 그 즐거움을 독자 여러분과 함께 느끼고자 마인크래프트와 파이썬이라는 서로 다른 주제를 엮도록 노력했습니다. 물론 제 능력이 부족하여 완벽한 창작물을 만들어 내기란 쉽지는 않았습니다만 저도 재미있게 즐기며 책을 쓰도록 노력했습니다. 마감일이 닥쳤을 때나 원고가 지연될 때는 마냥 즐겁지만은 않았습니다. 그래도 쓰는 동안 재미있게 마인크래프트에서 가능한 많은 것들을 체험했습니다. 무엇을 만들까? 무엇이 재미있을까? 내가 재미있는 것들이 독자에게도 재미있겠지? 하면서 말입니다. 이 책에 그 재미를 담고자 제가 생각한 다양한 아이디어를 담았습니다.

이 책을 통해 여러분들이 많은 경험을 쌓길 원합니다. 책에서도 소개하지만 파이썬은 이미 실무에서도 많이 쓰이는 언어입니다. 이미 현장에서 쓰는 언어를 배워 바로 사용할 수 있다는 것은 아주 엄청난 혜택입니다. 이 책을 펴서 읽고 있는 여러분들은 파이썬을 익혀 다양한 업무를 할 수 있는 기본 지식을 익힐 수 있습니다.

하지만 이 책에 파이썬의 모든 것을 담지는 않았습니다. 파이썬은 많은 오픈 라이브러리를 토대로 무한하게 발전하는 언어입니다. 때문에 완벽한 파이썬을 담으려고 노력하기보다는 코딩을 즐길 기회와 희망, 재미를 주는 파이썬을 담으려 노력했습니다. 그래서 객체지향 언어의 기본인 클래스 등의 내용은 포함되지 않고 기본 문법과 코드 흐름, 알고리즘 등을 통해 마인크래프트 안의 문제를 해결하는 데 주력했습니다.

이 책이 코딩을 이제 막 시작하는 초등학생, 중학생, 고등학생, 대학생부터 직장인까지, 그리고 수업시간에 사용할 리소스를 찾는 선생님과 컴퓨터 강사님, 학생들과 재미난 추억을 만들고 싶은 부모님들에게 작은 도움이 되길 바랍니다. 그리고 코딩을 재미있게 즐기셨으면 합니다. 책 초반부는 쉽지만, 책 후반부는 비교적 어려운 내용이 주를 이루고 있어 여러분들의 나이와 경험, 실력에 따라 고루 경험할 수 있도록 했습니다.

질문은 언제든지 boanproject.com 네이버 카페의 질문 게시판에 올려주시거나 isc0304@naver.com 이메일로 보내주시기 바랍니다. 출판 이후 마인크래프트 관련된 영상을 "재즐보프" 유튜브 채널에도 업로드할 예정이오니 댓글로 질문을 올려주셔도 좋습니다. 감사합니다.

# 저자 소개

**최일선**

IT 비전공자였지만 뒤늦게 IT 분야에 빠져들어 현재는 보안 분야의 전문가로 활동 중입니다. 현재는 보안 프로젝트에서 기술이사이며 K-쉴드 주니어, 멀티캠퍼스, 한컴MDS, SK인포섹, 한세사이버고등학교 외 다양한 기업 및 학교에서 외부 강사로 활동하고 있습니다.

주로 보안 분야와 파이썬 프로그래밍, 데이터 분석, 딥러닝 등의 강의를 인프런을 통해 제공하고 있다. 공저로는 <비박스 환경을 활용한 웹 모의해킹 완벽 실습(한빛미디어)>가 있으며, 현재 유튜브 채널인 "개즐브프"를 열어 많은 사람에게 IT 관련 지식을 배우는 즐거움을 전파하는 데 힘쓰고 있습니다.

# 목차

서문 ................................................................. iv
저자 소개 ........................................................... vii

## 1장  마인크래프트 만나기

| | | |
|---|---|---|
| 1.1 | 마인크래프트와 파이썬의 만남 | 1 |
| 1.2 | 마인크래프트 설치하기 | 7 |
| 1.3 | 마인크래프트 1.12.2 서버 설치하기 | 15 |
| 1.4 | 서버 설정 | 22 |
| 1.5 | 파이썬과 MCPI 설치하기 | 27 |
| 1.6 | 헬로, 마인크래프트! | 30 |
| 1.7 | 멀티플레이로 MCPI 즐기기 | 33 |
| 1.8 | 게임 접속하기 | 36 |
| 1.9 | 게임 인터페이스 | 39 |
| 1.10 | 게임 단축키 | 41 |
| 1.11 | 아이템 조합 튜토리얼 | 43 |
| 1.12 | 첫날밤 생존 계획 | 50 |
| 1.13 | 꼭 알아야 하는 마인크래프트 명령어 | 52 |

## 2장  파이썬 시작하기

| | | |
|---|---|---|
| 2.1 | 헬로, 파이썬! | 62 |
| 2.2 | 파이썬, 덧셈과 뺄셈을 부탁해! | 65 |
| 2.3 | 간단한 계산기 프로그램 만들기 | 66 |

## 3장  마인크래프트 파이썬 입문

- 3.1  postToChat: 파이썬으로 마인크래프트에 외치다! ..... 71
- 3.2  getPos: 플레이어 위치 조회 서비스 ..... 73
- 3.3  setPos: 플레이어 위치 변경 서비스 ..... 78
- 3.4  setBlock: 블록 생성하기 ..... 80
- 3.5  setBlocks: 블록 여러 개 생성하기 ..... 85
- 3.6  getBlock : 블록 데이터 얻기 ..... 87
- 3.7  getBlockWithData: 블록 데이터 얻기 ..... 89
- 3.8  정리 ..... 93

## 4장  초급 텔레포트

- 4.1  더하기 함수 만들기 ..... 95
- 4.2  위치 보정 함수 만들기 ..... 98
- 4.3  집으로 텔레포트 함수 만들기 ..... 100
- 4.4  단거리 이동 텔레포트 ..... 102
- 4.5  타이밍 텔레포트 ..... 103
- 4.6  마인크래프트 건축물 일일투어! ..... 107

## 5장  고급 텔레포트

- 5.1  반복 작업 자동화를 위한 list ..... 117
- 5.2  반복 작업 자동화를 위한 for문 ..... 121
- 5.3  자동 텔레포트 ..... 124
- 5.4  If를 활용한 제어: 만약에 ..... 127
- 5.5  while문을 사용한 반복 작업 수행하기 ..... 133
- 5.6  집으로 가는 워프 만들기 ..... 134
- 5.7  감옥 만들기 ..... 137
- 5.8  지하 탈출 텔레포트 ..... 139
- 5.9  자석 텔레포트: 다른 모든 플레이어 소환하기 ..... 140

## 6장  초급 자동 건축가

| | | |
|---|---|---|
| 6.1 | 구조가 간단한 집 만들기 | 153 |
| 6.2 | 보다 간편한 방법으로 집 만들기 | 159 |
| 6.3 | 엄청나게 거대한 지옥문 만들기 | 161 |
| 6.4 | 블록을 때려서 바꾸기 | 166 |
| 6.5 | 책과 콩나무 만들기 | 171 |
| 6.6 | 공중 열차 건설 | 179 |
| 6.7 | 초강력 굴착기 만들기 | 189 |

## 7장  중급 자동 건축가

| | | |
|---|---|---|
| 7.1 | 알고리즘, 그게 뭐죠? | 195 |
| 7.2 | 마인크래프트의 모든 블록 설치하기 | 196 |
| 7.3 | 피라미드 만들기 | 199 |
| 7.4 | 워터 슬라이드 만들기 | 204 |
| 7.5 | 무지개 무늬의 워터 슬라이드 만들기 | 213 |
| 7.6 | 비트의 의미: 하늘로 올라가는 계단 만들기 | 215 |

## 8장  초능력 만들기: 자연어 처리

| | | |
|---|---|---|
| 8.1 | pollChatPosts: 내가 말하노니 비여 내려라 | 227 |
| 8.2 | 얼음 불꽃 장판 버프 | 238 |
| 8.3 | 건물 나와라 뚝딱 프로그램 만들기 | 248 |
| 8.4 | 초능력 올인원 | 251 |
| 8.5 | 다중 스레드 구현을 활용한 실시간 초능력 프로그램 | 260 |

## 9장  건축가 마을 짓기 프로젝트

| | | |
|---|---|---|
| 9.1 | 블록 모듈 만들기 | 276 |
| 9.2 | 건축 모듈 구조 만들기 | 286 |
| 9.3 | 방향성 이해하기 | 293 |

| | | |
|---|---|---|
| 9.4 | 도로 세우기 | 300 |
| 9.5 | 감시탑 세우기 | 302 |
| 9.6 | 무한 빌딩 만들기 | 307 |
| 9.7 | 만리장성 쌓기 | 319 |

## 10장 마인크래프트 AI 프로젝트 말모

| | | |
|---|---|---|
| 10.1 | 프로젝트 말모 시작하기 | 326 |
| 10.2 | 캐릭터 움직이기 | 335 |
| 10.3 | MIssion XML | 338 |
| 10.4 | 미션 환경 조작하기 | 341 |
| 10.5 | 인벤토리 아이템 세팅하기 | 344 |
| 10.6 | 첫 번째 미션: 달리기 | 345 |
| 10.7 | 두 번째 미션: 장애물 탐지하기 | 347 |
| 10.8 | 강화학습으로 해결해야 하는 tutorial_6.py | 352 |

책을 마무리하며 ............................................................ 357

찾아보기 ...................................................................... 358

# CHAPTER 01

# 마인크래프트 만나기

 **1.1 마인크래프트와 파이썬의 만남**

안녕하세요! 마인크래프트의 세계에 오신 여러분을 모두 환영합니다. 마인크래프트의 세계는 정말 재미있게 코딩을 배우기 매우 좋은 환경입니다. 수많은 선생님과 학부모들이, 게임이라면 마치 원수로 생각하고 좋아하지 않습니다. 물론, 아이들의 시간을 뺏는 게임을 좋아하는 보호자는 없습니다. 어른들은 아이들이 게임만 하고 공부를 하지 못해 미래에 부정적인 영향을 미친다고 생각합니다. 그러나 마인크래프트가 IT 분야, 코딩 교육에 좋은 영향을 미칠 수 있다면 어떨까요? 정말 재미있게 공부를 할 수 있도록 잘 가르쳐준다면 어떨까요? 최근에는 이런 즐기면서 하는 공부에 대한 연구가 한국에서도 활발히 이뤄지고 있습니다.

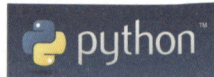

[그림 1-1] 파이썬과 마인크래프트

어렸을 적에 공부는 정말이지 저와는 맞지 않는다고 생각했습니다. 재미도 없거니와 이 힘든 고난의 시간을 넘어야만 세상에 나가서 좋은 사람, 존경 받는 사람, 사회의 한 명의 일원으로서의 삶을 누릴 수 있다고 교육 받았고, 저 또한 그렇게 생각했습니다. 그래서 공부를 억지로 조금씩 어렵게, 어렵게 했습니다. 하지만 IT 분야에 입문하고 나서는, 공부는 정말 재미있고 신기한 내용을 알아가는 즐거움을 준다는 사실을 깨달았습니다.

저는 20대 중반을 넘겨서 IT 분야에 뛰어든 늦깎이입니다. 지금은 여러 사람들에게 제 지식을 나눠 주는 일을 하고 있습니다. 그 원동력은 공부를 '매일매일' 즐기는 습관과 포기를 모르는 마음, 그리고 '매일매일' 찾아오는 성취감에 있습니다. 실제로 IT 분야에 종사하는 꽤 많은 사람들이 자신의 업무를 즐기고 있습니다. 이러한 사실이 충격이라면, 도저히 이해할 수 없다면, IT의 매력에 한 번 빠져보기를 권합니다. 저도 짧은 시간 동안에 여러 일을 해보았지만 IT 분야만큼 매력적인 직업군을 찾지는 못했습니다. 마치 새로운 세계에 온 것처럼 모든 것을 자동으로 만들고 실행하는 신기한 분야입니다.

여기서 파이썬은 마인크래프트와 함께 여러분에게 즐거운 시간을 선사할 것입니다.

파이썬은 정말 강력하고 정겨운 프로그래밍 언어입니다. 십여 가지의 다른 수많은 언어들을 익혔지만 정작 코딩이 필요하다고 느낄 때 꺼내 쓰는 언어는 파이썬입니다. 최근에는 IT 분야뿐 아니라 일반 기업의 사무직 등의 직장인들도 이 파이썬을 배우려 자신의 시간을 밤낮으로 할애하고 있습니다. 회사는 뛰어난 인력 양성을 위한 파이썬 교육에 교육비를 투자합니다. 파이썬의 인기는 날로 식을 줄 모르고 있습니다.

| Rank | Change | Language | Share | Trend |
|---|---|---|---|---|
| 1 | ↑ | Python | 23.04 % | +5.2 % |
| 2 | ↓ | Java | 22.45 % | -0.6 % |
| 3 | ↑↑ | Javascript | 8.6 % | +0.3 % |
| 4 | ↓ | PHP | 8.21 % | -1.6 % |
| 5 | ↓ | C# | 8.01 % | -0.4 % |
| 6 |   | C/C++ | 6.15 % | -1.1 % |
| 7 | ↑ | R | 4.14 % | +0.1 % |
| 8 | ↓ | Objective-C | 3.46 % | -1.0 % |

Worldwide, Jun 2018 compared to a year ago:

[그림 1-2] PYPL 인기 있는 프로그래밍 언어 순위 (출처: http://pypl.github.io/PYPL.html)

파이썬이 인기 있는 이유를 다음 6가지로 살펴볼 수 있습니다.

### ① 건강하고 왕성한 활동을 하는 온라인 모임이 있는 파이썬

프로그래밍이란 분야는 혼자하는 분야가 아닙니다. 많은 사람들이 프로그램을 함께 만들고 함께 발전시켜 나가야 합니다. 그러므로 프로그래밍에는 반드시 활동적인 모임이 필요합니다. 그리고 이 모임이 건강해야 더 나은 프로그램을 만들고 멋진 문화를 만들 수 있습니다. 파이썬에는 이런 온라인 모임이 여럿 있는데 제가 주로 찾는 곳은 스택오버플로우, 깃헙, 캐글, 파이썬 위키, 케이디너겟츠 등 입니다. 국내에는 파이콘, 위키독스, 모두의 연구소 등이 있습니다. 이런 곳들은 파이썬을 비롯한 다양한 언어를 다룹니다. 우리는 여기서 파이썬을 다루는 수많은 사람들을 만날 수 있습니다. 그리고 소개하지 못한 수많은 크고 작은 모임들이 존재합니다.

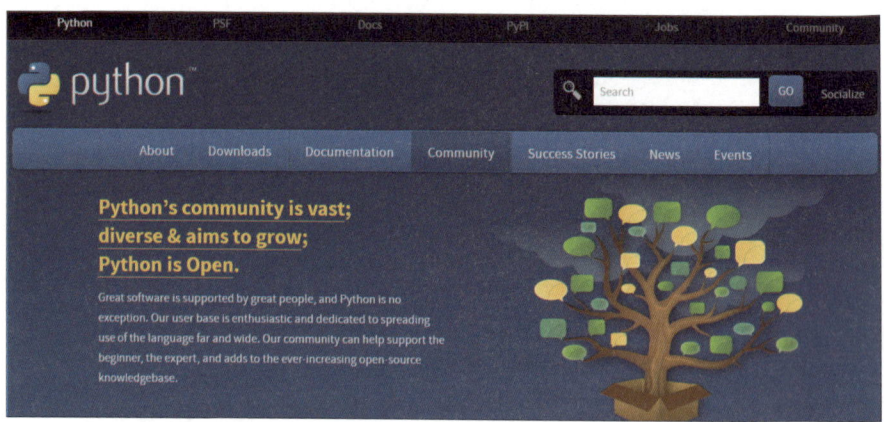

[그림 1-3] 파이썬 공식 사이트 커뮤니티(https://www.python.org/community/)

## ❷ 든든한 후원을 받는 파이썬

AWS, 구글, 마이크로소프트, 레드햇 등 셀 수 없이 많은 회사들이 파이썬에 투자합니다. 프로그래밍 언어에 후원사가 왜 중요할까요? 프로그래밍 언어는 구글과 같은 후원사가 팀 및 향후 개발자가 시스템 및 앱을 사용하기 원하면, 그에 관련된 리소스를 제공해야 합니다. 그들은 파이썬에 대해 투자하고 개발하여 방대한 가이드와 튜토리얼을 만들었습니다. 이러한 예로 웹상에 존재하는 수많은 기능들을 파이썬으로 사용할 수 있도록 지원합니다. 그리고 알파고로 유명한 구글 딥마인드에서 발표한 스타크래프트2 AI용 API는 파이썬 라이브러리로 공개돼 파이썬 라이브러리로 코딩하도록 가이드하고 있습니다.

[그림 1-4] 파이썬을 후원하는 다양한 기업들 (출처 : https://www.python.org )

### ③ 빅데이터를 보유한 파이썬

우리가 살고 있는 세상은 데이터가 넘치는 빅데이터의 세상입니다. 최근 세계 기업에서 파이썬은 빅데이터 및 클라우드 컴퓨팅 솔루션 분야에 성공을 거뒀습니다. 파이썬은 R에 이어서 두 번째로 데이터 과학에 가장 많이 사용되는 언어입니다. 최근에는 몇몇 자료에 따르면 파이썬이 R을 따라잡았다는 의견이 많기도 합니다. 또한 기계학습 및 인공지능 시스템과 다양한 현대 기술에도 사용됩니다. 파이썬으로 데이터를 분석하고 사용 가능한 데이터로 변환하는 작업은 아주 쉽기 때문에 데이터분석 입문자에게도 추천하는 언어입니다.

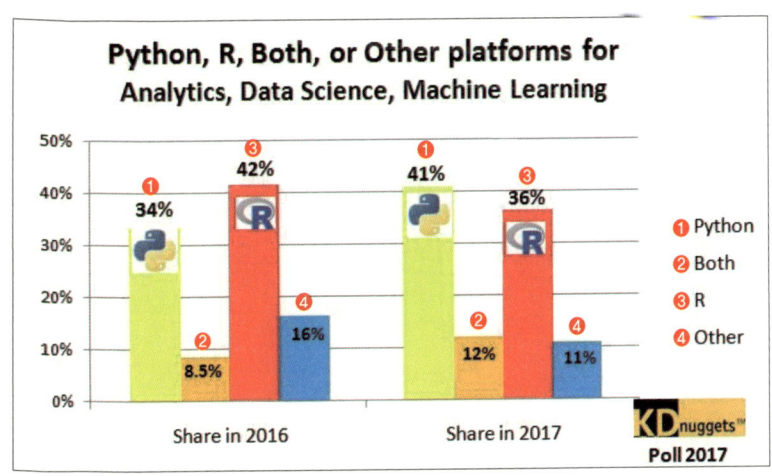

[그림 1-5] 케이디너겟츠: R을 따라잡고 있는 파이썬
(출처 : https://www.kdnuggets.com/2017/08/python-overtakes-r-leader-analytics-data-science.html)

### 4 놀라운 라이브러리를 갖고 있는 파이썬

대규모의 프로젝트를 진행할 때 공개된 라이브러리를 사용하면 그 시간과 비용을 크게 줄일 수 있습니다. 파이썬은 이러한 수많은 라이브러리를 갖고 있습니다. 수학 연산을 위한 NumPy, 과학 컴퓨팅을 위한 SciPy, 웹 개발을 위한 Django, 기계학습에는 scikit-learn, 자연어 처리에는 nltk, 사물인터넷(IoT), 정보보안 관련 등 유용한 라이브러리가 공개되어 있기 때문에 수많은 개발자들의 사랑을 받습니다.

### 5 믿을만하고 효율적인 파이썬

파이썬은 매우 안정적이며 효율적입니다. 파이썬은 90년대 처음 등장해 오랫동안 안정화 단계를 거쳐왔습니다. 모든 운영체제에 빠르게 파이썬을 설치할 수 있고 플랫폼에 상관없이 유사한 방식으로 실행할 수 있습니다. 웹 개발, PC 응용 프로그램, 모바일 응용 프로그램, 하드웨어 등의 여러 분야에서 사용할 수 있습니다.

### 6 배우기 쉬운 파이썬

파이썬은 초보자가 접근하기 매우 쉬운 언어입니다. 데이터 형을 자동으로 다루고 문법에 있어서 매우 자유로우며 자연적인 언어(사람이 사용하는 언어)에 가깝습니다. 파이썬 코드는 프로그램을 간결하게 짤 수 있기 때문에 초보자에게는 매우 훌륭한 언어입니다. 한국은 IT 분야에 입문하면 보통 C언어로 시작하는데, 개인적으로는 파이썬을 배워보라고 권하고 있습니다. 제가 경험한 바로는 초등학생도 어렵지 않게 배울 수 있습니다. 이렇게 초등학교 때 배운 프로그래밍이 실제 업무에서도 사용될 수 있다면 이 얼마나 신나고 보람찬 일일까요?

[그림 1-6] YBM에서 파이썬 마인크래프트 교육 모습

이 책의 주요 대상 독자는 다음과 같습니다.

- 마인크래프트를 즐기며 미래를 꿈꾸는 청소년
- 새로운 개념의 건축을 구상하는 마인크래프트 유저
- 파이썬에 입문하는 대학생
- 아이들과 함께 프로그래밍을 즐기고 싶은 부모님

너무 어린 학생들은 반드시 학부모와 함께 코딩하기를 권합니다. 지금까지 파이썬을 배워야 하는 이유에 대해서 설명했는데요, 우리는 파이썬을 즐기기 위한 장소로 마인크래프트를 활용할 겁니다. 게임이라는 재미있는 환경을 통해 파이썬을 익히다보면 나도 모르게 파이썬이 익숙해지고 발전해 감을 느낄 수 있을 겁니다. 그럼 지금부터 파이썬과 마인크래프트 공부를 본격적으로 시작해봅시다.

##  마인크래프트 설치하기

마인크래프트의 세계는 재미있고 창의적이며, 이 세계 안에서 극한의 자유를 느낄 수 있습니다. 농장을 만들고, 사냥, 생존게임도 할 수 있으며, 친구들과 숨바꼭질도

하고, 마을을 만들고 모험을 떠나기도 하며, 레드스톤을 활용한 전기회로 같은 자동 장치도 만들 수 있습니다. 굳이 파이썬이 아니더라도 마인크래프트의 세계는 그 자체만으로도 아주 방대하고 놀라운 세상입니다. 저도 게임을 즐기는 편이지만 마인크래프트와 같은 충격적인 게임은 두 번 다시 없을 것입니다. 참고로 이 책에서 소개하는 내용을 통틀어 오히려 코딩보다 설치가 더 어렵습니다. 차근차근 안내하는 내용을 따라서 설치하시기 바랍니다. 필자가 운영하는 유튜브 채널인 "재즐보프"를 통해 설치 방법을 영상으로 볼 수 있도록 마련했으니 이 점 참고하세요.

## 개발 환경 준비하기

마인크래프트를 설치해볼까요? 먼저 권장사양에 맞는 컴퓨터를 한 대 준비합니다. 최근에 나오는 노트북에서도 무난히 돌아갈 정도로 마인크래프트는 큰 성능을 요구하지는 않습니다. 독자 여러분의 거의 모든 분들이 컴퓨터를 다시 살 필요는 없을 겁니다. 세세한 사양을 [표 1-1]로 살펴보겠습니다.

[표 1-1] 마인크래프트 최소/권장 사양

| | |
|---|---|
| 최소 사양 | • CPU: 인텔 코어 i3-3210 3.2 GHz / AMD A8-7600 APU 3.1 GHz와 동급의 제품 RAM: 2GB<br>• GPU (내장): OpenGL 4.4가 내장된 인텔 HD Graphics 4000(아이비브릿지) / AMD 라데온 R5 시리즈(카베리)<br>• GPU (외장): OpenGL 4.4가 내장된 Nvidia 지포스 400 시리즈 또는 AMD 라데온 HD 7000 시리즈<br>• 하드디스크: 최소 1GB(게임 파일, 맵, 기타 파일을 위한 공간)<br>• 운영체제: 윈도우: 윈도우 7 이상 / 매킨토시: OS X 10.9 Maverick / 리눅스: 2014년 이후의 모든 배포판 |
| 권장 사양 | • CPU: 인텔 코어 i5-4690 3.5GHz / AMD A10-7800 APU 3.5 GHz 또는 동급의 제품 RAM: 4GB<br>• GPU: OpenGL 4.5를 지원하는 지포스 700 시리즈 또는 AMD 라데온 Rx 200 시리즈 (내장 칩셋 제외)<br>• 하드디스크: 4GB (SSD 추천)<br>• 운영체제(64비트 추천): 윈도우: Windows 10 / 매킨토시: macOS 10.12 Sierra / 리눅스: 2014년 이후의 모든 배포판 |

## 마인크래프트 구매하기

컴퓨터를 한 대 준비했다면 마인크래프트를 설치하기 위해 인터넷 브라우저를 열고 주소창에 mincraft.net을 입력해 사이트에 접속합니다. 마인크래프트를 검색하여 찾아도 되는데요, 게임을 이미 구매한 분들은 바로 '다운로드' 단계로 넘어가도 괜찮습니다. 마인크래프트를 구매하지 않은 사람들은 해외 결제가 가능한 신용카드를 준비해 주십시오. VISA, MasterCard, UnionPay 등의 문구가 써있는 카드들은 결제가 가능합니다. 뒤에 더 자세히 설명하겠습니다.

[그림 1-7] 마인크래프트 공식 홈페이지 (출처 : https://minecraft.net/ko-kr/)

마인크래프트는 유료 게임입니다. 한 번 구매하면 계정에 등록돼 영구적으로 사용 가능합니다. 마인크래프트의 2018년 6월 가격은 3만원입니다. [그림 1-7]에서 왼쪽에 있는 초록색 상자를 클릭하여 구매하도록 합니다.

## 마인크래프트 계정 등록하기

<구매 버튼>을 누르면 이메일과 암호를 입력하는 창이 나옵니다. 빈 칸 없이 모두 입력합니다. 마인크래프트는 이메일을 통해 계정을 관리하기 때문에 반드시 접속할 수 있는 이메일을 등록하기 바랍니다.

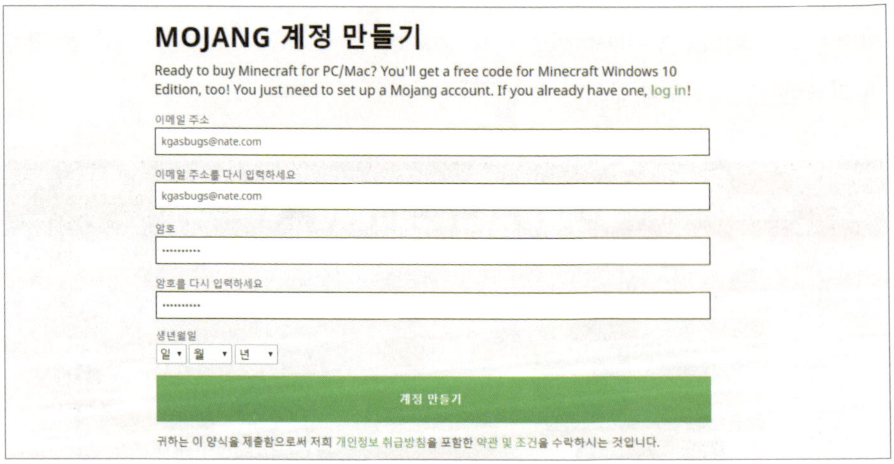

[그림 1-8] 계정 등록

계정 등록이 끝나려면 메일로 받은 확인 코드를 입력해야 합니다. 메일에서 받은 확인 코드를 입력합니다.

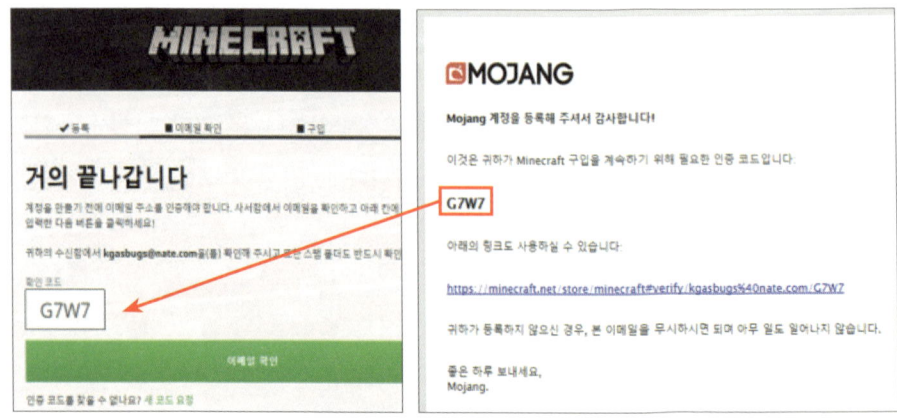

[그림 1-9] 계정 확인 코드 입력

## 결제하기

신용카드 정보를 적습니다. 신용카드 목록 중에 해당하는 신용카드를 찾아 결제합니다. 학생이라면, 반드시 부모님과 함께 결제하기 바랍니다. 모든 정보를 빠짐없이 기입하면 정상적으로 결제됩니다.

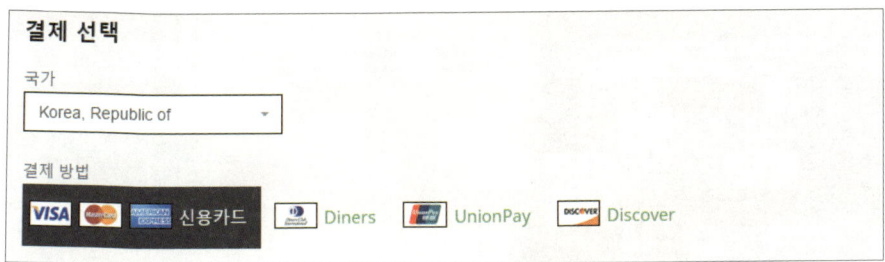

[그림 1-10] 결제방법 선택 - 신용카드

## 마인크래프트 설치하기

결제가 모두 끝났다면 로그인 후에 마인크래프트 홈페이지 상단에 있는 <다운로드> 버튼을 누릅니다. 리눅스와 맥OS용 모두 사용이 가능합니다. 대부분 사용자가 윈도우 환경이기 때문에 여기서는 윈도우 환경으로 안내합니다.

[그림 1-11] 윈도우용 마인크래프트 다운로드

설치할 때 별도로 건드릴 내용은 없습니다. 설치를 시작하면 <Next> 버튼과 <Install> 버튼을 누릅니다. 설치가 종료되면 <Finish> 버튼을 누릅니다.

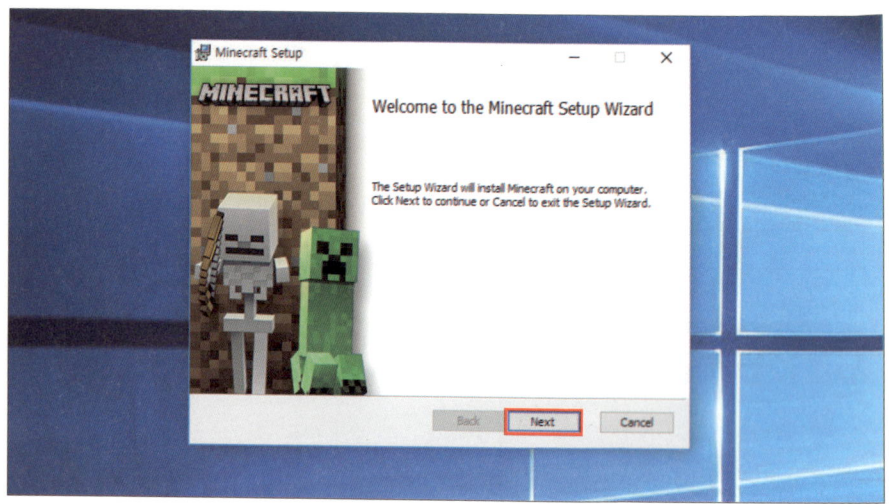

[그림 1-12] 윈도우 환경에서 마인크래프트 설치

조금 기다리면 이메일과 암호를 입력하는 창이 나옵니다. 등록한 이메일과 암호를 입력하고 <로그인> 버튼을 누릅니다. 로그인 하면 하단에 <플레이 - 다운로드 1.12.2 최신 릴리즈>라는 버튼을 눌러 프로그램을 다운로드합니다.

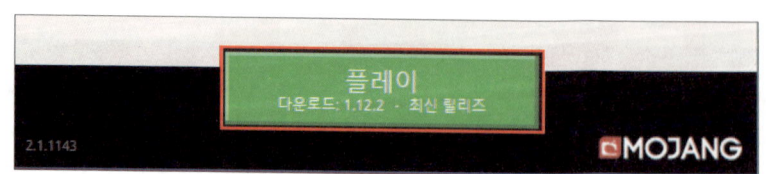

[그림 1-13] 하단의 플레이 버튼

1.12.2 버전이 아니라 다른 버전이 보인다면 [그림 1-14]의 상단에 메뉴 버튼을 클릭한 뒤, [실행 설정] - [추가하기]에서 1.12.2 버전을 설치하기 바랍니다. 샘플 파일로 함께 배포할 마인크래프트 접속 서버가 1.12.2 버전이므로 다른 버전이면 접속되지 않으니 주의하시기 바랍니다.

[그림 1-14] 1.12.2 버전이 없을 경우 〈추가하기〉 메뉴 이용하기

다운로드가 모두 끝나면 마인크래프트가 자동으로 실행됩니다. 영어로 보면 불편하니 한글로 언어 설정을 바꾸도록 합시다. [그림 1-15]에서 가장 아래 [Options]를 누르고 [Language]를 클릭하면 언어 설정을 바꿀 수 있습니다.

[그림 1-15] 마인크래프트 옵션

스크롤을 중간 이하로 내리면 [그림 1-16]과 같이 '한국어(대한민국)'이라는 글자가 보입니다. 클릭한 뒤 잠시 기다리면 한국어로 바뀝니다. 마인크래프트의 모든 설치가 완료됐습니다.

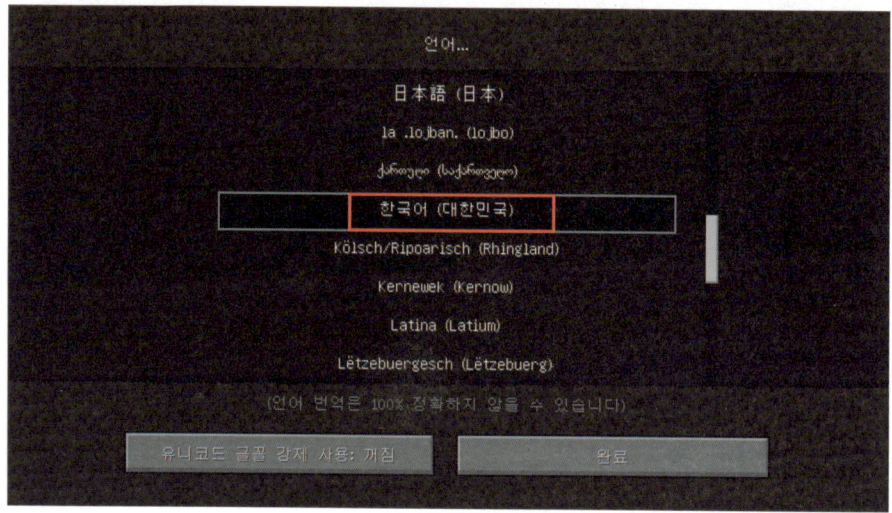

[그림 1-16] 한국어(대한민국)로 언어 설정 변경

[그림 1-17] 마인크래프트 한국어 설치 완료

## 1.3 마인크래프트 1.12.2 서버 설치하기

여기서는 마인크래프트 서버와 파이썬 모듈을 설치합니다. 과거에 비해 설치 과정이 많이 쉬워졌기 때문에 누구나 따라할 수 있습니다. 설치에 필요한 파일은 [표 1-2]와 같습니다.

[표 1-2] 설치 프로그램 설명과 다운로드 가능한 링크

| 프로그램 | 설명 | 링크 |
| --- | --- | --- |
| JDK 8 | 자바 설치 파일 | http://www.oracle.com/technetwork/java/javase/downloads/jdk8-downloads-2133151.html |
| 스피곳 서버 1.12.2 | 게임 서버 | https://getbukkit.org/get/Fpt2yFn7HRTrot5uE1b8NFWtpQlYlTgK |
| 스피곳 버킷.bat | 자체 제작 | - |
| 라즈베리주스 1.11 | 파이썬과 통신하는 플러그인 | https://dev.bukkit.org/projects/raspberryjuice/files |

### JDK 설치하기

우리가 사용할 마인크래프트 스피곳 서버는 자바를 통해 실행되기 때문에 JDK를 설치해야 합니다. JDK는 자바 언어를 사용하는 프로그램을 개발할 때 필요한 도구인데요, JDK에는 자바 가상 머신(JVM)과 컴파일러, 디버거, 그리고 자바 애플릿 및 응용 프로그램 개발을 위한 도구들이 포함되어 있습니다. 샘플 파일로 함께 제공이 되지만 오라클 사이트에서 직접 다운로드해도 됩니다. 약관에 동의한 뒤 JDK 8버전 중 설치하려는 운영체제에 맞게 선택하여 다운로드합니다.

**Java SE Development Kit 8u171**

You must accept the Oracle Binary Code License Agreement for Java SE to download this software.

Thank you for accepting the Oracle Binary Code License Agreement for Java SE; you may now download this software.

| Product / File Description | File Size | Download |
| --- | --- | --- |
| Linux ARM 32 Hard Float ABI | 77.97 MB | jdk-8u171-linux-arm32-vfp-hflt.tar.gz |
| Linux ARM 64 Hard Float ABI | 74.89 MB | jdk-8u171-linux-arm64-vfp-hflt.tar.gz |
| Linux x86 | 170.05 MB | jdk-8u171-linux-i586.rpm |
| Linux x86 | 184.88 MB | jdk-8u171-linux-i586.tar.gz |
| Linux x64 | 167.14 MB | jdk-8u171-linux-x64.rpm |
| Linux x64 | 182.05 MB | jdk-8u171-linux-x64.tar.gz |
| Mac OS X x64 | 247.84 MB | jdk-8u171-macosx-x64.dmg |
| Solaris SPARC 64-bit (SVR4 package) | 139.83 MB | jdk-8u171-solaris-sparcv9.tar.Z |
| Solaris SPARC 64-bit | 99.19 MB | jdk-8u171-solaris-sparcv9.tar.gz |
| Solaris x64 (SVR4 package) | 140.6 MB | jdk-8u171-solaris-x64.tar.Z |
| Solaris x64 | 97.05 MB | jdk-8u171-solaris-x64.tar.gz |
| Windows x86 | 199.1 MB | jdk-8u171-windows-i586.exe |
| Windows x64 | 207.27 MB | jdk-8u171-windows-x64.exe |

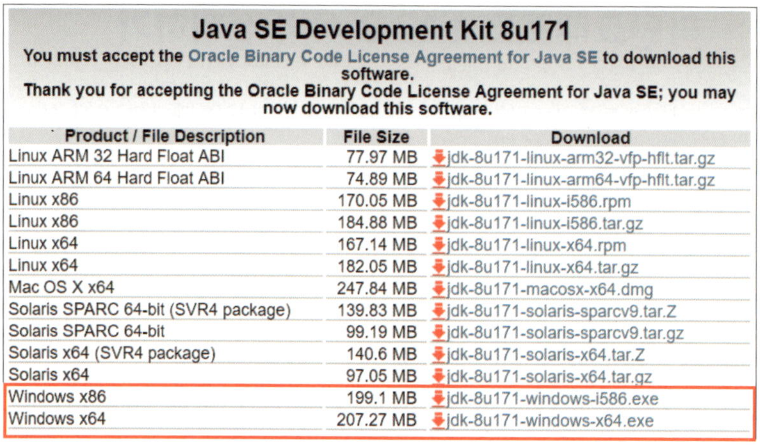

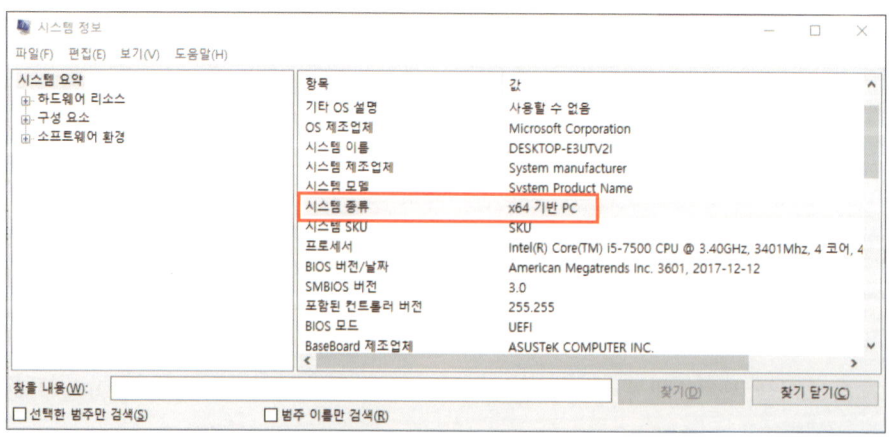

**[그림 1-18]** JDK 8 버전 다운로드 페이지

현재 내 컴퓨터의 운영체제 버전을 모른다면 [윈도우 키]를 누르고 "시스템 정보"라고 입력하여 '시스템 정보' 창을 엽니다. '시스템 정보' 창의 시스템 종류에 가면 자신의 운영체제가 x64인지, x32인지 확인할 수 있습니다.

**[그림 1-19]** 시스템 종류가 x64 기반임을 확인하는 화면

다운로드가 끝났다면 JDK 설치 파일을 실행해서 <Next> 버튼을 계속 눌러주면 설치가 쉽게 끝납니다. 설치 경로는 기본으로 설정된 경로로 진행하도록 합니다.

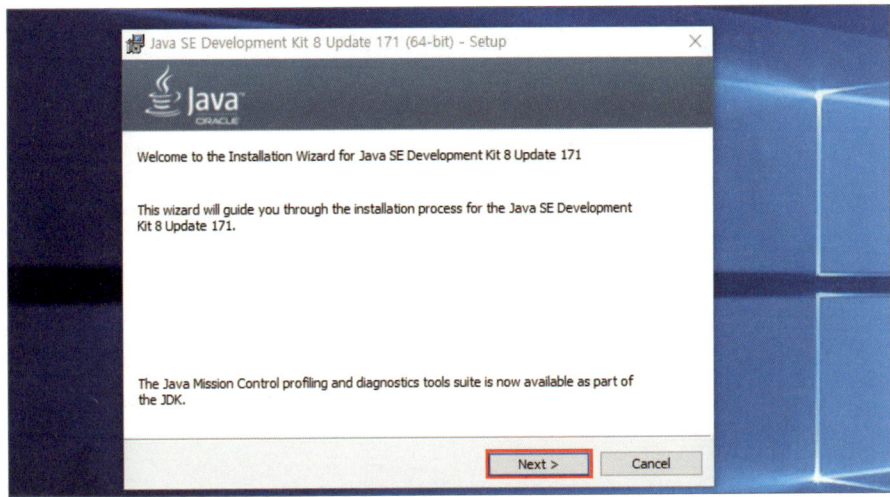

[그림 1-20] JDK 설치 화면

## 마인크래프트 서버 설치 후 실행하기

자바 설치가 완료 됐으니 마인크래프트 서버를 다운로드하여 실행해보도록 합시다. Getbukkit 사이트에 접속하면 [그림 1-21]과 같이 Spigot-1.12.2.jar 파일을 바로 내려 받을 수 있습니다. 이 파일 또한 샘플 파일이 같이 제공됩니다.

[그림 1-21] 스피곳 서버 다운로드 페이지

[그림 1-22]와 같이 샘플 파일로 함께 제공된 스피곳버킷.bat 파일과 같은 자리에 옮겨두고 스피곳버킷.bat 파일을 실행합니다. 실행하면 콘솔창이 하나 뜨면서 서버에 할당할 램 용량을 선택하라고 묻는 창이 [그림 1-23]처럼 뜹니다.

| 이름 | 수정한 날짜 | 유형 |
|---|---|---|
| jdk-8u171-windows-i586.exe | 2018-06-27 오전... | 응용 프... |
| jdk-8u171-windows-x64.exe | 2018-06-27 오전... | 응용 프... |
| MinecraftInstaller.msi | 2018-06-26 오후... | Window... |
| spigot-1.12.2.jar | 2018-06-27 오전... | Executa... |
| 스피곳버킷.bat | 2018-06-26 오후... | Window... |

[그림 1-22] 스피곳버킷과 Spigot-1.12.2.jar를 같은 디렉토리에 위치 시킴

먼저 서버를 이용을 위한 약관을 동의해야 합니다. 약관 관련 내용은 서버 실행 시 eula.txt에 있는 내용을 참고하기 바랍니다. 약관 동의를 위해 0을 넣고 엔터를 누릅니다.

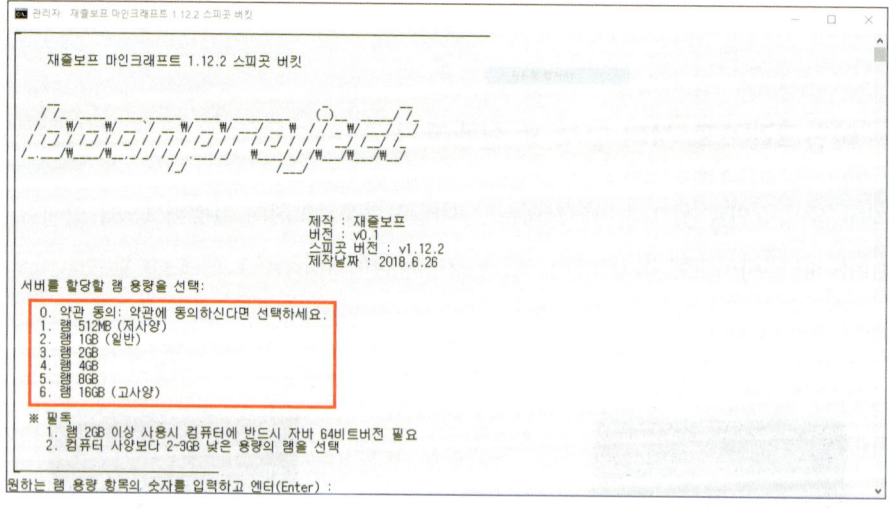

[그림 1-23] 스피곳버킷 실행 화면(2를 입력하고 〈Enter〉 클릭)

여기서 램 용량은 일반적으로 1GB를 선택하면 되지만 많은 사람들이 접속할수록 고사양을 선택하고 컴퓨터 사양이 좋지 않으면 저사양을 선택합니다. 우리는 혼자서 접속하여 테스트해볼 예정이기 때문에 2번 램 1GB 일반 모드로 실행합니다. [그림 1-23]의 화면에서 키보드에서 2를 입력하고 엔터를 치면 서버가 실행됩니다. 서버를 처음 실행하면 맵 생성 과정이 함께 포함되어 부팅에 오랜 시간이 시간이 걸립

니다. 'Done'이라는 문구가 마지막에 출력되면 서버가 완전히 잘 실행된 것입니다. 자바 설치가 잘못됐거나 약관에 동의하지 않은 경우에는 실행되지 않습니다. 서버 실행 시 방화벽 차단 메시지가 나오면 반드시 허용해주기 바랍니다.

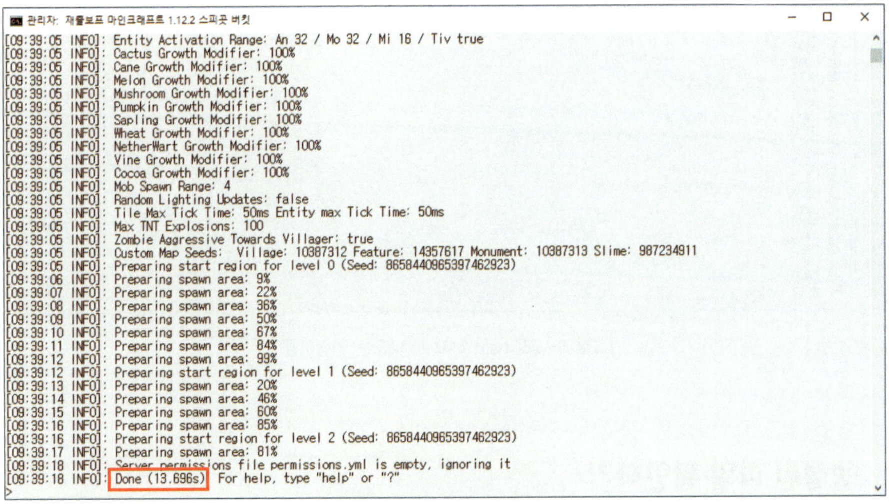

[그림 1-24] 서버 실행 완료

[그림 1-24]와 같이 서버 실행창은 수많은 마인크래프트 명령어를 입력할 수 있는 공간입니다. 이 창을 닫게 되면 서버가 종료되니 창을 닫지 않도록 주의합니다. 이 서버창은 여러 명령어를 실행할 수 있습니다. 그 도움말을 보기 위해 'help'를 입력해볼텐데요, 입력하면 [그림 1-25]와 같은 화면이 나옵니다. 이 명령어에 대해서는 뒤에서 필요한 내용만 자세히 알아보겠습니다.

[그림 1- 25] help 입력 시 나오는 명령어들

## 생성된 파일 확인하기

지금은 [그림 1-25]의 오른쪽 상단 닫기 버튼을 눌러 서버를 종료합니다. 서버가 잘 실행됐다면 [그림 1-26]과 같이 우리가 사용하던 폴더에 수많은 파일과 폴더들이 추가로 생성된 모습을 확인할 수 있습니다.

[그림 1-26] 월드 맵 관련 폴더와 플러그인 폴더

몇 가지 설명을 덧붙이면 world~로 시작하는 3개의 폴더들, 즉 [그림 1-26]에 상자로 표시된 폴더들은 맵에 관련된 파일입니다. 이 폴더를 삭제하면 마인크래프트 월드 맵이 초기화됩니다. 마인크래프트의 맵을 다시 생성하고 싶을 때 삭제하고 서버를 다시 실행하면 새로운 맵이 생성됩니다. 여기에 있는 plugins 폴더는 각종 마인크래프트 관련 플러그인을 설치할 수 있는 폴더입니다. 마인크래프트에 새로운 기능을 추가하고 싶다면 다양한 플러그인을 찾아서 여기에 설치하면 됩니다. 마인크래프트와 파이썬을 연결해줄 라즈베리주스 플러그인도 여기에 설치합니다.

## 라즈베리주스 플러그인 설치하기

[표 1-2]를 참고해 [그림 1-27]과 같이 라즈베리주스 링크를 접속하거나 제공된 샘플 파일을 통해 Raspberryjuice v1.11을 가져옵니다. 라즈베리주스는 파이썬과의 통신을 담당하기 때문에 설치하지 않으면 파이썬 코딩으로 마인크래프트를 제어할 수 없습니다. 이 파일을 plugins 폴더에 옮겨줍니다.

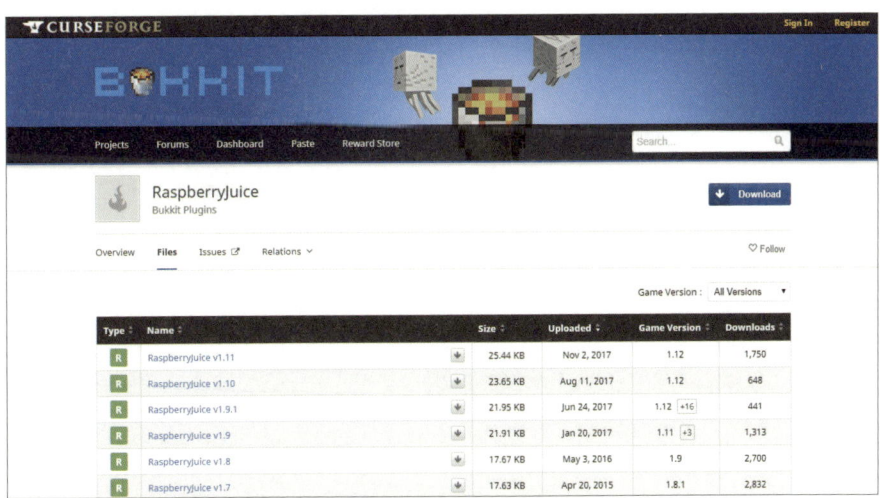

[그림 1- 27] Raspberryjuice v1.11 플러그인 다운로드

파일을 옮긴 뒤 다시 스피곳버킷.bat을 사용해 서버를 시작하면 이 플러그인이 자동으로 등록되어 실행됩니다. 서버를 실행하면 [그림 1-28]에 상자로 표기된 부분처럼 라즈베리주스가 잘 실행됐다는 문구가 뜨는 것을 확인할 수 있습니다.

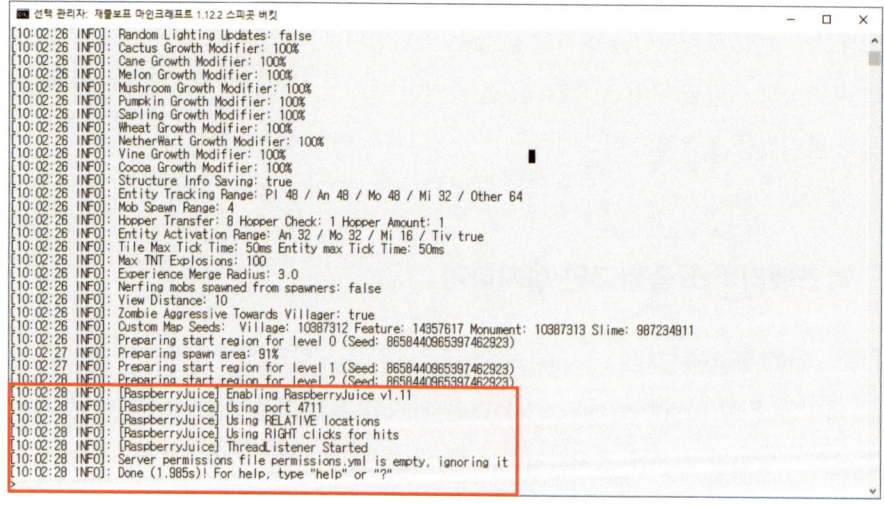

[그림 1-28] 라즈베리주스 플러그인이 설치된 서버

설치하기가 가장 어려운 서버가 서버 설치가 끝났습니다. 이제 마지막 단계인 파이썬 설치만이 남았습니다.

## 1.4 서버 설정

서버의 유용한 설정을 알아보고 원하는 설정을 조정합니다. 처음 서버를 사용하는 사용자는 서버 설정 관련 내용은 건너뛰기 바랍니다. 일반적인 환경에는 처음 서버 설정을 그대로를 사용해도 됩니다.

설정 파일 내용을 수정하면 서버의 여러 가지 기능 등을 켜거나 끌 수 있습니다. 가령, 서바이벌 모드에서도 하늘을 날아다니게 한다든지, 지옥 포탈 허용 여부, 서버 게임 모드, 월드 맵 구조 변경 등의 다양한 설정이 가능합니다. 독자분이 마인크래프트로 누군가를 가르쳐야 하는 선생님이라면 이런 기능들은 필수적으로 알아두는 것이 좋습니다. 다시 한번 설명하지만 아직 마인크래프트에 대해 잘 모르는 처음 사용자는 넘어가시기 바랍니다.

마인크래프트 서버는 설정 관련된 내용을 파일로 저장합니다. [그림 1-29]와 같이 서버 폴더에 가면 server.properties 파일이 생성되어 있습니다. 이 파일이 서버에 대한 내용을 저장한 파일입니다. 파일이 없는 경우에는 서버 시작 시 자동으로 생성됩니다. 파일을 잘못 수정했거나 초기화하고 싶은 경우에는 이 파일을 삭제하고 서버를 시작하면 됩니다.

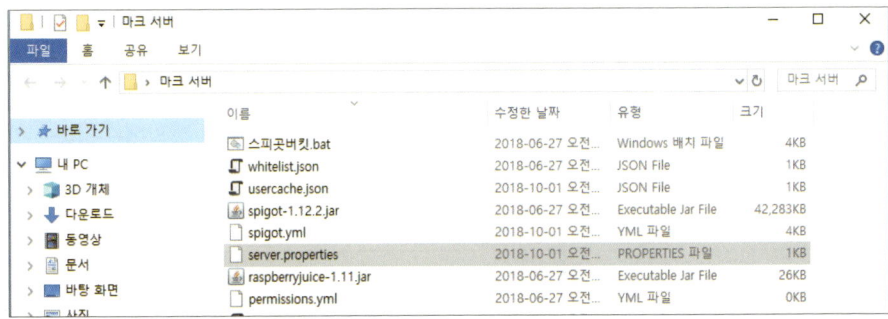

[그림 1-29] server.properties의 위치

메모장을 하나 열고 이 파일을 메모장으로 드래그 앤 드롭하여 파일을 엽니다. 게임피디아(https://minecraft-ko.gamepedia.com/Server.properties) 사이트에 이 server.properties 파일에 대한 자세한 정보를 확인할 수 있습니다. [그림 1-30]처럼 왼쪽에는 설정에 대한 분류가 적혀 있고 등호(=)를 사용하여 설정을 어떻게 적용할 것인지는 오른쪽에 적혀있습니다. '#'으로 시작하는 부분은 주석 처리된 부분으로 설정에는 영향이 없습니다.

```
#Minecraft server properties
#Mon Oct 01 11:17:04 KST 2018
spawn-protection=16
generator-settings=
force-gamemode=false
allow-nether=true
gamemode=0
broadcast-console-to-ops=true
enable-query=false
player-idle-timeout=0
difficulty=1
spawn-monsters=true
op-permission-level=4
pvp=true
snooper-enabled=true
```

[그림 1-30] 설정 파일 내용

게임 서버를 컨트롤 해 수강생들의 행동을 제어하지 못하면 교실이 마치 PC방처럼 변할 수 있습니다. 여기 [표 1-3]에서 몇 가지 유용한 설정에 대해 정리했습니다.

[표 1-3] 게임에서 사용할 수 있는 유용한 설정들

| 구분 | 설명 | 값 |
| --- | --- | --- |
| allow-nether | 지옥으로 가는 것을 허용 | false |
| difficulty | 게임 난이도 | 0 |
| max-players | 최대 접속 가능한 플레이어 | 30 |
| gamemode | 게임 모드 설정 | 2 |
| pvp | 플레이어들끼리 전투 | false |
| force-gamemode | 게임 모드 강제 설정 여부 | True |
| generate-structures | 마을과 같은 구조물 생성 여부 | false |
| level-type | 월드 맵 속성 | flat |
| spawn-monsters | 몬스터 스폰 여부 | false |
| spawn-animals | 동물 스폰 여부 | false |

먼저 게임 플레이어의 권한 설정입니다. allow-nether를 false로 사용하면 플레이어들이 '지옥'이라는 다른 맵으로 넘어가는 것을 제한할 수 있습니다. max-player는 기본으로 20으로 설정되어 있고 함께 해야하는 플레이어가 많은 경우에는 거기에 맞춰서 더 늘려주도록 합니다. gamemode는 사용자의 gamemode를 2(여행자 모드)로 고정합니다. 여행자 모드일 때는 블록을 부술 수 없습니다. force-gamemode는 gamemode를 2로 강제 고정합니다. pvp 모드를 활성화 해두면 서로의 캐릭터에게 데미지를 가할 수 있습니다. pvp도 false로 해두는 것이 좋습니다. 게임 난이도는 평화로움으로 해두어야 배고픔이 사라지고 플레이어의 HP가 달지 않습니다

다음은 맵 세팅입니다. 구조물이 생성되지 않도록 generate-structures를 false로 사용하고, level-type을 flat으로 합니다. 이 두 설정으로 월드 맵에 아무것도 없도록 세팅할 수 있습니다. spwan-monsters와 spawn-animals을 false로 사용하면 맵에 몬스터와 동물들이 스폰되지 않습니다. 학생들이 수업시간에 몬스터와 동물을 잡으러 뛰어다니는 장면은 보지 않아도 됩니다.

모든 설정을 지침에 따라 수정하고 서버에서 기존의 월드 맵 정보를 초기화합니다. 동작 중인 서버가 있다면 서버를 꺼줍니다. [그림 1-31]처럼 world와 world_nether, world_the_end 폴더를 찾습니다. 모두 클릭히고 [shift | Delete]키를 사용해 폴더를 완전히 삭제합니다. 이제 서버를 다시 시작하면 월드 맵이 자동으로 생성됩니다.

| 이름 | 수정한 날짜 | 유형 | 크기 |
|---|---|---|---|
| codes | 2018-07-01 오전... | 파일 폴더 | |
| logs | 2018-10-01 오전... | 파일 폴더 | |
| plugins | 2018-06-27 오전... | 파일 폴더 | |
| world | 2018-10-01 오전... | 파일 폴더 | |
| world_nether | 2018-10-01 오전... | 파일 폴더 | |
| world_the_end | 2018-10-01 오전... | 파일 폴더 | |
| banned-ips.json | 2018-10-01 오전... | JSON File | 1KB |
| banned-players.json | 2018-10-01 오전... | JSON File | 1KB |
| bukkit.yml | 2018-10-01 오전... | YML 파일 | 2KB |
| commands.yml | 2018-10-01 오전... | YML 파일 | 1KB |

[그림 1-31] 월드 맵 관련 파일들

서버에 접근해서 서버 인원이 올바로 세팅됐는지 확인합니다. [그림 1-32]에서 보는 것처럼 30명이면 적용이 잘 된 겁니다.

[그림 1-32] 30명으로 늘어난 서버 가용 인원

접속하여 설정사항이 제대로 적용됐는지 확인합니다. 처음 입장 시 모험자 모드로 접속되어 블록을 부술 수 있는지, 몬스터나 동물이 스폰되는지, 주변에 마을 따위 같은 구조물이 설치되었는지, 오랫동안 플레이할 경우 배고픔 현상이 생기는지 등을 확인합니다.

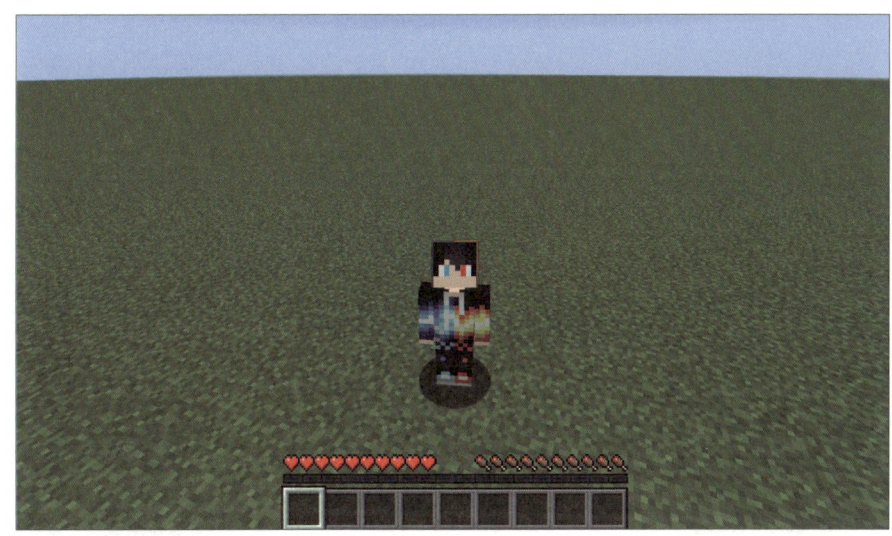

[그림 1-33] 깨끗한 맵

완전히 통제된 환경이 필요한 경우에 사용하면 됩니다. 잘못 사용하면 재미를 반감시킬 수 있으니 적절히 원하는 설정을 사용하도록 합니다.

 파이썬과 MCPI 설치하기

게임과 게임 서버가 설치가 끝났고 마지막으로 파이썬과 MCPI 설치를 진행합니다. MCPI는 'Minecraft Python'을 연결해주는 파이썬 라이브러리입니다. 파이썬을 설치하기 위해 필요한 파일은 다음과 같습니다.

[표 1-4] 파이썬 설치에 필요한 프로그램

| 프로그램 | 설명 | 링크 |
| --- | --- | --- |
| python-3.6.5.exe | 파이썬 설치 파일 | https://www.python.org/ |
| MCPI | 마인크래프트 라이브러리 | https://github.com/martinohanlon/mcpi |

파이썬은 공식 홈페이지에서 다운로드가 가능합니다. 우리의 코드는 3.x 버전에서 잘 동작합니다. 하지만 2.x 버전은 3.x 버전과 매우 다르니 2.x 버전은 사용하지 않길 바랍니다. MCPI는 별도의 다운로드가 필요 없이 파이썬 패키지 관리 프로그램인 pip로 설치가 가능합니다. pip는 파이썬을 설치하면 자동으로 설치됩니다.

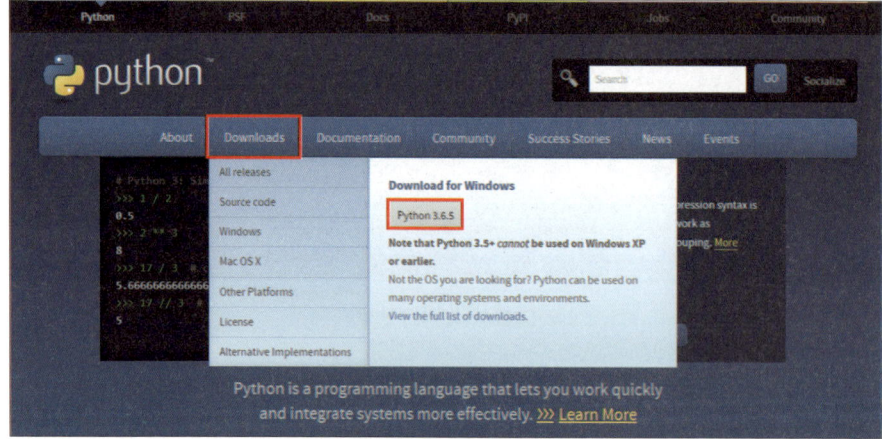

[그림 1-34] 파이썬 공식 홈페이지에서 3.6.5 다운로드

[그림 1-34] 화면처럼 파이썬을 내려 받고, [그림 1-35]와 같이 상자를 모두 체크한 후 <Install Now>를 눌러 설치를 시작합니다.

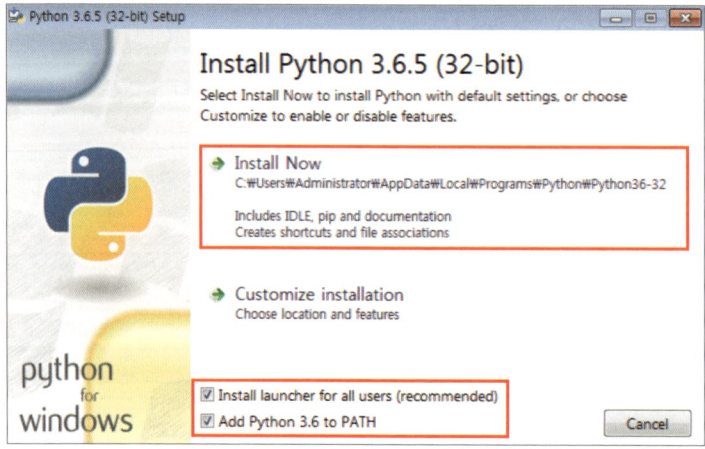

[그림 1-35] 파이썬 설치 설정

설치가 끝나면 [윈도우 키]를 눌러서 실행창을 띄우고 'cmd' 라고 입력하면 [그림 1-36]과 같이 cmd 프로그램을 찾을 수 있습니다. 아이콘에 커서를 두고 마우스 오른쪽 키를 눌러 관리자 권한으로 실행합니다. 관리자 권한으로 실행하지 않으면 제대로 동작하지 않을 수 있습니다.

[그림 1-36] 시작 창에 cmd 입력 후 관리자 권한으로 실행

커맨드 창이 뜨면 MCPI를 설치하기 위해 'pip install mcpi'를 입력하고 <Enter>키를 누릅니다. pip는 파이썬 라이브러리 관리자로 파이썬 라이브러리를 쉽게 설치할 수 있도록 도와줍니다. pip를 실행했을 때 오류가 발생하면 파이썬을 설치할 때 안내하는 대로 했는지 확인하기 바랍니다. 경로 추가 관련된 체크박스를 무시하면 pip 프로그램이 제대로 실행되지 않습니다. MCPI 설치가 잘 됐다면 [그림 1-37]과 같이 'Successfully' 라는 단어를 찾을 수 있습니다.

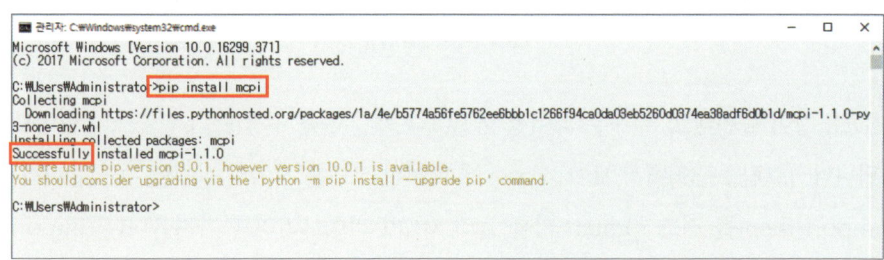

[그림 1-37] pip install mcpi 명령어 실행

01장 마인크래프트 만나기 29

## 1.6 헬로, 마인크래프트!

파이썬과 마인크래프트를 실행할 수 있는 모든 설치를 완료했습니다. 파이썬과 마인크래프트를 서로 연결하고 성공했는지 시험해보는 시간을 가져봅시다. MCPI는 여러 기능을 갖고 있는데, 여기서는 그 중 하나인 마인크래프트 서버 채팅 기능을 사용해 볼 겁니다. 이 기능을 사용하면 서버의 채팅 창에 글을 띄울 수 있습니다. 서버에 접속하려면 서버가 반드시 실행 중이어야 합니다. 코딩 진행에 앞서 서버를 구동시키는 것도 잊지 않도록 합니다.

서버를 켜고 나서 [윈도우 키]를 누르고 시작 창에 idle이라고 입력합니다. idle 프로그램을 찾았다면 클릭해서 실행합니다. 아이콘이나 문구는 [그림 1-38]과 다를 수 있습니다.

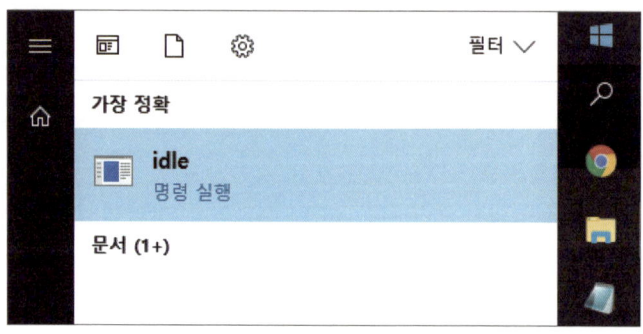

[그림 1-38] idle 실행

IDLE 창이 뜰텐데요, 문구는 파이썬 버전마다 약간 다를 수 있으니 신경쓰지 않아도 됩니다. [그림 1-39]에서 보이는 '>>>'에 파이썬 코드를 적어서 실행할 수 있습니다. import mcpi를 적고 <Enter>키를 눌러 MCPI 라이브러리를 가져옵니다. import는 '수입', '수입품'이라는 뜻인데요, 여기서는 MCPI 라이브러리를 가져온다는 의미 정도로 생각하면 됩니다. 시작하는 단계이니 뜻을 잘 모르고 따라오셔도 됩니다. 단! 대소문자와 띄어쓰기는 반드시 구별해서 적어야 합니다.

![Python 3.6.3 Shell 스크린샷]

[그림 1-39] MPCI 라이브러리 가져오기

우리는 MCPI 라이브러리 전체에서 필요한 친구가 정확히 딱 하나 있습니다. 바로 Minecraft라는 친구입니다. Minecraft는 MCPI 안에, minecraft 안에 존재하는데, 효율적으로 불러오려면 from mcpi.minecraft import Minecraft라고 코드를 작성해야 합니다. 해석하면 'mcpi의 minecraft에서 Minecraft를 불러줘'라는 뜻입니다. [그림 1-40]에 라이브러리의 구조를 나타내 보았습니다.

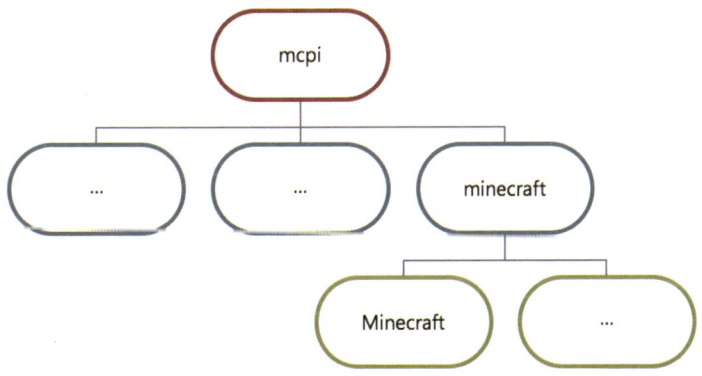

[그림 1-40] mcpi – mincraft – Minecraft

통신에 필요한 Minecraft를 불러오도록 합니다. 그리고 Minecraft를 통해서 mc라는 객체를 하나 만들겠습니다. [그림 1-41]을 참고하세요. 여기서 객체의 의미는 몰라도 되지만 지금은 하나의 물건 정도로 보도록 합니다. 객체 개념은 이 책을 다 끝내고 더 깊게 공부할 때 익히면 됩니다. mc 객체는 앞으로 파이썬과 마인크래프트를 이어주는 역할을 합니다. 이 책 끝까지 우리의 모든 여정에서 함께 할 겁니다.

![Python Shell 화면]

[그림 1-41] 마인크래프트와 연결

잘못 입력한 경우에는 에러가 나는데 무시하고 다시 적으면 됩니다. 다음 [코드 1-1] 내용을 입력합니다. 마지막에 추가된 mc.postToChat은 괄호 안에 있는 내용을 채팅 창에 보내는 기능이 있습니다. 이렇게 뒤에 괄호가 붙는 코드들은 특정한 기능을 갖고 있으며 '함수'라고 부릅니다.

```
>>> from mcpi.minecraft import Minecraft
>>> mc = Minecraft.create()
>>> mc.postToChat("Hello, Minecraft!")
```

[코드 1-1] 헬로 마인크래프트 코드 작성 및 실행

우리가 지금껏 사용한 IDLE은 <Enter>키를 누를 때마다 실행하는 특징이 있습니다. 때문에 우리가 입력한 코드는 모두 실행되었는데요, 서버 콘솔 창에 가서 서버에 어떤 반응이 있는지 확인해보겠습니다.

[그림 1-42] 헬로 마인크래프트 실행 시 서버 반응

커넥션이 열렸다는 내용(Opened connected …)과 "Hello, Minecraft!", 커넥션이 닫혔다는 내용(Closed connection …)이 서버 콘솔 창에 뜹니다. 우리가 작성한 코드

가 동작하면서 서버에 접속하고 채팅을 한 뒤 접속을 종료했다는 흔적입니다. 이 채팅은 실제 게임을 하고 있는 유저들에게 잘 보입니다. 이 실험은 나중에 더 해볼 예정입니다.

지금까지 코드를 실행해서 마인크래프트에 접속하고 실행하는 일련의 과정을 파이썬으로 수행했습니다. 앞서 말씀드린 것처럼 프로그램 설치가 가장 어렵습니다. 이제는 재미있게 즐기는 일만이 남았습니다.

##  멀티플레이로 MCPI 즐기기

MCPI는 서버가 설치된 컴퓨터가 아니더라도 다른 컴퓨터로 파이썬을 사용해 접속할 수 있습니다. 지금 당장 필요하지 않다면 이 부분은 건너 뛰어도 진도에 전혀 문제가 없습니다.

멀티플레이로 다른 사람과 같은 서버에서 게임을 하려면 IP의 개념을 알아야 합니다. 하지만 IP의 정보는 일반적으로 현재 NAT 기술을 많이 사용하고 있어 LAN 구간(공유기)에서만 활용 가능합니다. 즉, 같은 와이파이 구간이라면 친구와 함께 같은 서버에서 사용할 수 있습니다. 물론 세계 어디서든지 접근 가능하게 할 수 있지만 보다 복잡한 IT 지식이 필요하기 때문에 여기서는 다루지 않습니다.

먼저 현재 서버의 IP 정보를 확인합니다. IP는 인터넷상에서 컴퓨터가 가진 고유한 주소입니다. 이주소를 통해 외부에서 이 서버로 접근할 수 있습니다. <윈도우>키와 <R>키를 눌러 실행 창을 띄우고 [그림 1-43]과 같이 'cmd'를 입력한 뒤 <Enter>키를 누릅니다.

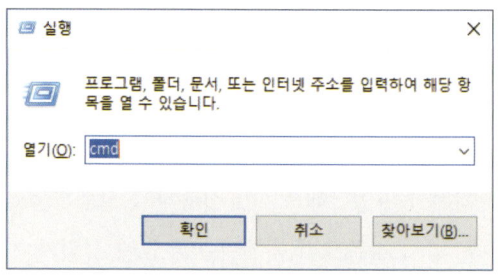

[그림 1-43] 실행창에 cmd를 입력

커맨드 창이 하나 뜨면 실행창에 'ipconfig'을 입력하고 <Enter>키를 누르면 [그림 1-44]와 같은 화면이 나옵니다. ipconfig는 현재 시스템의 네트워크 인터페이스의 설정을 볼 수 있는 창입니다. IPv4 항목을 보면 됩니다.

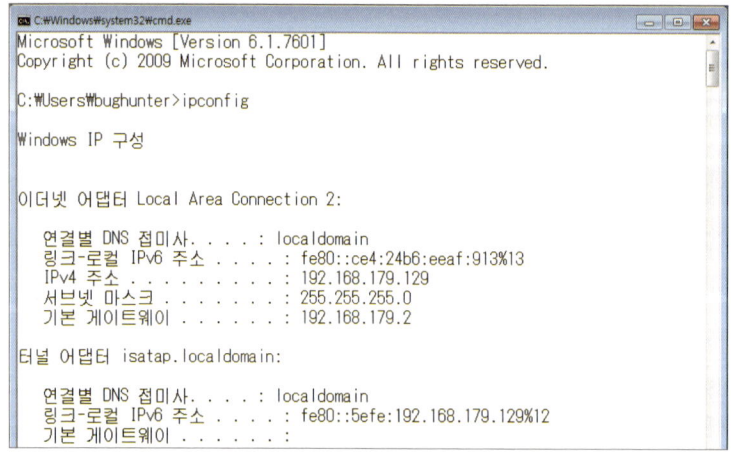

[그림 1-44] ipconfig 결과

이더넷 어댑터를 찾아서 IPv4의 주소를 확인합니다. 필자의 서버의 IP는 192.168.179.129입니다. 네트워크 인터페이스의 개수가 많으면 많이 보이겠지만 보통 컴퓨터에는 두 개 정도 이하입니다. 어렵지 않게 찾을 수 있을 겁니다. 와이파이로 연결된 경우는 와이파이 어댑터를 확인하기 바랍니다.

마인크래프트에서 이 서버에 접속하려면 [코드 1-2]와 같이 멀티플레이에서 서버 추가를 누르고 이 IP를 적습니다. <완료> 버튼을 누르고 접속하면 됩니다.

```
>>> from mcpi.minecraft import Minecraft
>>> mc = Minecraft.create("192.168.179.129")
>>> mc.postToChat("Hello, Minecraft!")
```

[코드 1-2] 헬로 마인크래프트 코드 작성 및 실행

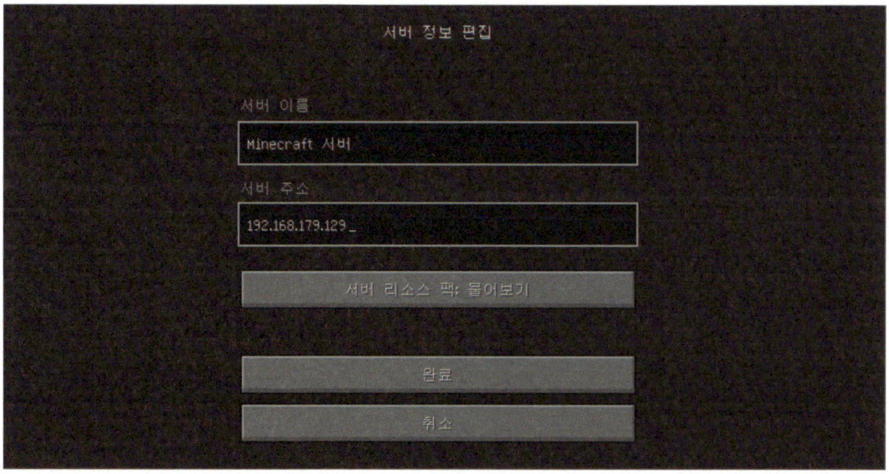

[그림 1-45] 서버 추가에 IP 입력

mcpi로 접근할 때도 아주 간단합니다.

## 마인크래프트 게임하기

마인크래프트 게임을 즐겨본 적이 있습니까? 저는 마인크래프트에 입문한 지 2년이 넘었습니다. 그러나 아직도 마인크래프트는 미지의 세계입니다. 마인크래프트는 놀라울 정도의 창의적인 세계관을 갖고 있습니다.

주부에게 필요한 도구가 무엇인지 알려면 주부가 되어 보는 것이 가장 좋은 방법입니다. 무언가 만들어야 한다면 그 분야에서 활동해보지 않는 이상 무엇이 필요한지 잘 모릅니다. 우리는 우선 마인크래프트 게임을 즐기고 마인크래프트에서 무엇이 필요한지 알아야 합니다. 그래야 마인크래프트에서 필요한 것이 무엇이고 어떻게 코딩할지 생각할 수 있습니다.

코딩은 우리 일상생활의 필요한 부분을 채워주는 중요한 요소입니다. 이 때문에 사람들에게 필요한 무언가를 만들었을 때 프로그램은 비로소 중요한 가치가 되고 사람들의 즐거움이 됩니다. 그럼 마인크래프트를 즐기면서 마인크래프트에서 필요한 것이 무엇인지 직접 느껴봅시다. 게임을 충분히 잘 즐기는 사람들은 바로 '1.13 꼭 알아야 하는 마인크래프트 명령어'절로 넘어가도 됩니다. 하지만 30대 이상의 어른들은 반드시 게임을 해봐야 합니다.

## 1.8 게임 접속하기

마인크래프트 서버를 구동한 상태로 게임을 켜도록 합니다. 나중에 파이썬 창과 함께 띄워 놓고 코딩도 해야 하니 게임을 창 모드로 바꾸도록 합니다. [그림 1-46]처럼 [설정] – [비디오 설정]에서 [전체 화면 : 꺼짐]으로 설정합니다.

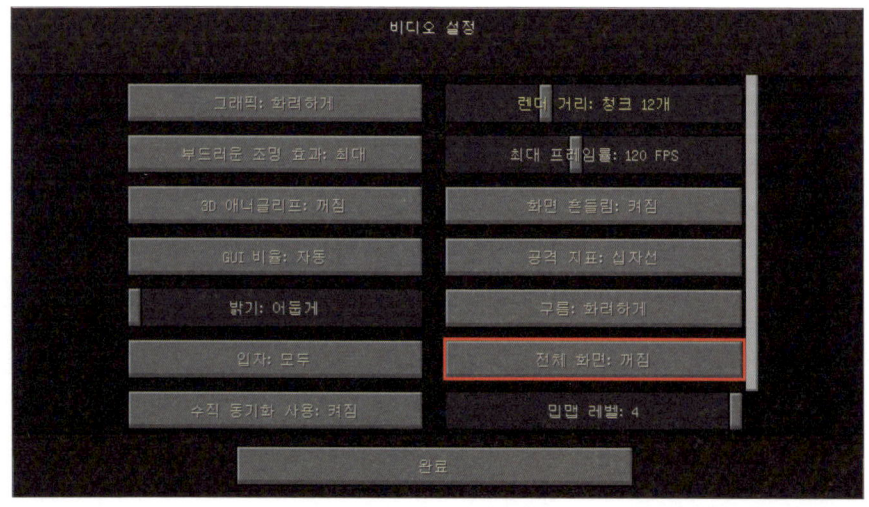

[그림 1-46] 전체 화면 꺼짐으로 게임 설정

마인크래프트 서버에 접속하려면 [그림 1-47]처럼 게임 메뉴에서 멀티플레이로 들어가야 합니다. 싱글 플레이는 혼자 게임하는 옵션으로 서버에 접속하지 않고 혼자 플레이하게 되는데요, 우리는 서버가 있으니 그 서버로 접속하도록 합니다. 방화벽 차단 메시지가 뜬다면 '엑세스 허용'을 클릭하도록 하세요.

 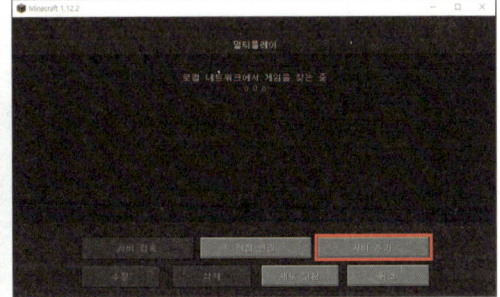

[그림 1-47] 시작 화면에서 [멀티플레이] - [서버 추가] 선택

서버에 대한 정보를 추가합니다. 필자는 [1-48]과 같이 서버 이름을 지었는데요, 서버 이름은 각자 원하는 대로 지어주면 되고 서버 주소는 127.0.0.1나 localhost로 합니다. 이 주소는 '나'를 지칭하는 주소입니다. 내 컴퓨터에 열려있는 마인크래프트 서버를 추가합니다. 모두 입력한 뒤에 완료 버튼을 누르면 서버가 하나 추가되어 있습니다.

[그림 1-48] 서버 정보 추가

[그림 1-49]를 보면, '일선이의 서버'라고 이름 지어진 이 서버는 오른쪽에 숫자와 와이파이 아이콘을 통해 정보를 알 수 있습니다. '0/20'의 의미는 20명 접속이 가능한데 0명 접속했다는 의미이고, 상자 안에 초록색으로 가득 차 있는 아이콘은 서버 접속 상태가 좋다는 것을 의미합니다. 초록색으로 접속 가능하다는 표시가 뜨지 않는다면 현 컴퓨터에 서버가 정상적으로 열려있는지 확인하시기 바랍니다. 여러분이 만든 서버를 더블 클릭하면 서버로 접속할 수 있습니다.

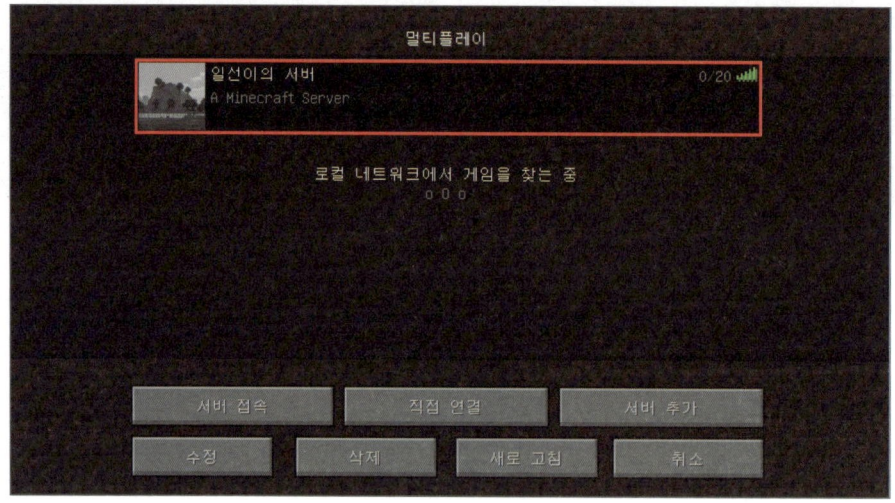

[그림 1-49] 서버 정보 확인

[그림 1-51]은 마인크래프트에 접속된 화면입니다. 만약 접속된 시간이 밤이라면 [그림 1-50]처럼, 서버로 가서 'time set day'를 입력합니다. 서버 시간을 낮으로 바꿔주는 명령어입니다. 마인크래프트는 10분 단위로 밤과 낮이 바뀌는데 밤에는 불 없이는 잘 보이지 않을 뿐 더러 위험한 몬스터도 많이 출현합니다. 처음 접속된 캐릭터로는 살아남을 방법이 없으니 서버 시간을 조절해 주도록 합니다.

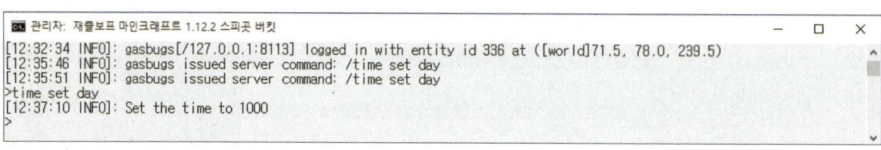

[그림 1-50] 마인크래프트 서버에서 time set day 명령어 실행

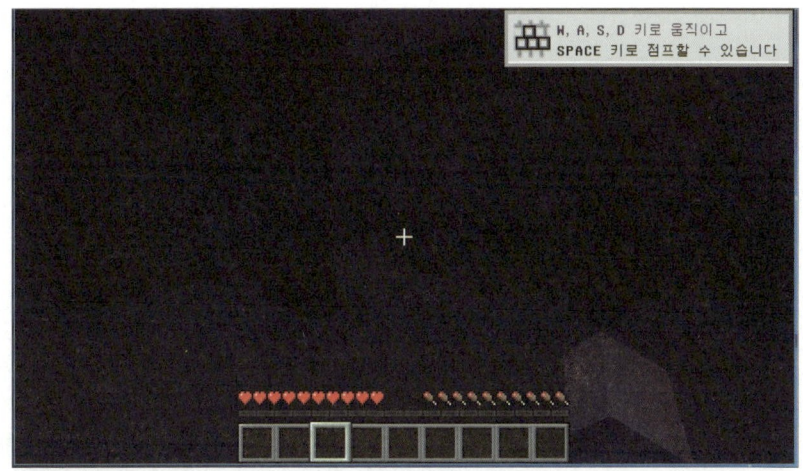

[그림 1-51] 초보자가 플레이하기 매우 어려운 마인크래프트에서의 밤

## 1.9 게임 인터페이스

게임을 본격적으로 시작하기 앞서 게임 조작 방법을 알아봅시다. 마인크래프트는 1인칭 시점이기는 하나 <F5>키를 눌러서 3인칭 시점으로 바꿀 수 있습니다. 그러나 1인칭 시점이 플레이하기는 가장 좋습니다.

[그림 1-52] 마인크래프트 인터페이스

## 생명 바

[그림 1-52] 아래쪽에 생명을 나타내는 하트가 있습니다. 생존을 하기 위해 필요한 가장 기본적인 요소입니다. 하트가 모두 소멸되면 목숨을 잃습니다.

## 포만도

하트 오른쪽에는 포만도를 나타내는 고기 그림이 있습니다. 포만도는 시간마다, 행동마다 다르게 지속적으로 줄어듭니다. 조리한 음식이나 날 것의 음식을 먹으면 다시 차오릅니다. 포만도가 모두 사라지면 이후로는 생명 바가 조금씩 줄어듭니다.

### 잠수 시간

포만도 상단에는 공기방울이 있는데 잠수 가능한 시간을 나타냅니다. 잠수를 하면 화면에 나타나고 물 밖으로 나오면 공기방울이 사라집니다. 포만도와 마찬가지로 공기방울이 다 사라지면 생명이 줄어듭니다.

### 채팅창

<T> 키를 누르면 채팅창이 뜨며 서버에 대한 명령어나 유저들과의 대화에 사용할 수 있습니다.

### 퀵 슬롯

퀵 슬롯 창은 오른손 왼손에 빠르게 장비할 수 있는 창입니다. 숫자 키나 마우스 스크롤을 움직여 오른손에 든 아이템을 빠르게 바꿀 수 있습니다. <F>키를 누르면 왼손으로 옮겨 집니다. 주 사용 아이템은 오른손에 장비합니다.

## 1.10 게임 단축키

[표 1-5]에 게임 단축키에 대하여 정리해 놓았습니다. 게임을 켜두고 모두 직접 테스트해보시기 바랍니다. 우리의 목표는 입성한 첫날밤에 살아 남는 것입니다. 단축키를 모르면 마인크래프트에서는 하룻밤도 살아남기 어렵습니다. 기본 조작법을 익힐 때까지는 서버 명령어를 사용해 게임 시간을 계속 낮으로 유지하도록 합니다. 밤에는 너무 어둡고 위험한 몬스터가 출현합니다.

[표 1-5] 마인크래프트 게임 단축키 1

| 키 | 설명 | 키 | 설명 |
|---|---|---|---|
| W | 앞으로 이동 | E | 인벤토리 창 |
| A | 왼쪽으로 이동 | F | 왼손과 오른손 |
| S | 오른쪽으로 이동 | [Tab] | 플레이어/핑 테스트 |
| D | 뒤로 이동 | 1 ~ 9 | 퀵 슬롯 단축키 |
| [Space] | 점프, 날기 | [F3] | 디버깅 스크린 |
| [Shift] | 웅크리기(이름 숨기기) | T | 채팅창 열기 |
| Q | 퀵 슬롯 아이템 한 개 버리기 | 마우스 왼쪽 키 | 블록 부수기<br>몬스터 공격 |
| [Ctrl] + Q | 퀵 슬롯 아이템 모두 버리기 | 마우스 오른쪽 키 | 음식, 포션 소비<br>블록 설치<br>블록이나 몬스터와 상호작용 |
| 왼쪽 [Ctrl] | 달리기 | 스크롤 | 퀵 슬롯 선택 아이템 바꾸기 |

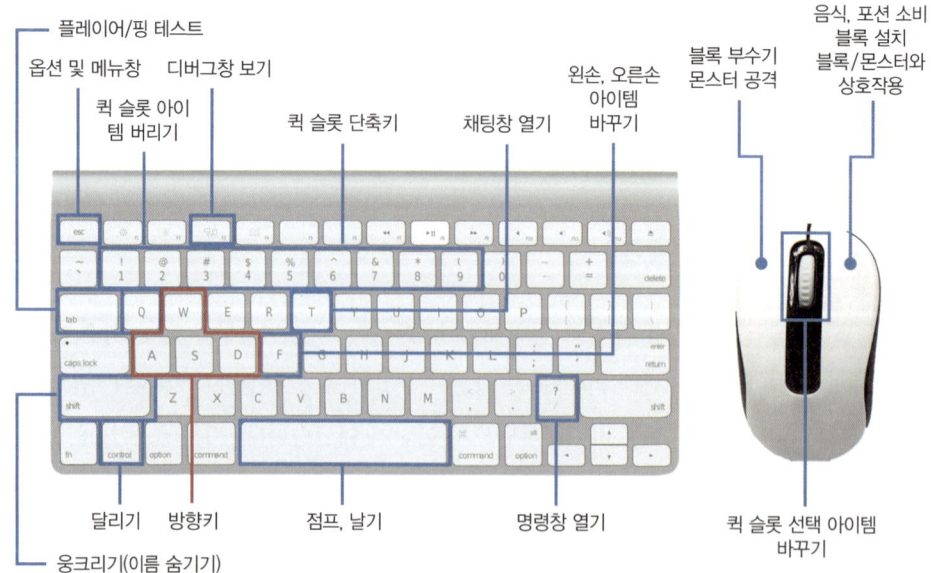

[그림 1-53] 마인크래프트 게임 단축키 2

## 1.11 아이템 조합 튜토리얼

지금부터는 아이템을 조합하는 방법을 배웁니다. 사실 게임을 시작하자마자 아이템 조합을 배운다는 점은 아주 당황스러운 일입니다. 보통 게임을 시작할 때 아이템 조합은 게임 초반부에는 전혀 할 필요가 없습니다. 어느 정도 게임이 적응되면 강력한 무기나 캐릭터를 얻고자 할 때나 아이템 조합 기능을 사용합니다. 하지만 마인크래프트에서는 다 하룻밤 생존을 위해 아이템 조합 방법에 대해 매우 자세히 알아둬야 합니다. 우리 생존에 필요한 대부분의 물건은 조합을 통해서만 얻을 수 있습니다.

여기서 사용하는 아이템들은 플레이를 위해 필요한 최소한의 제작법입니다. 양이 많지만 다 외울 필요는 없습니다. 사용하다 보면 외워지고 잊어버렸을 때는 다시 돌아와서 참고하기 바랍니다.

### 제작대 만들기

가장 먼저 만들어야 하는 아이템은 '제작대'입니다. <e>키를 누르면 [그림 1-54]처럼 제작 창이 나오며, 제작대는 오른쪽 상단에도 있는데 2×2 모양입니다. 이 제작 창으로는 실제로 제작할 수 있는 것이 거의 없습니다. 때문에 우리는 확장된 3×3의 제작 창을 사용할 수 있는 제작대를 먼저 만들겠습니다.

[그림 1-54] <e> 키를 눌러 제작 창 확인

나무를 맨손으로 때려서 부수면 나무 아이템 하나가 나옵니다. 나무를 때릴 때는 마우스 왼쪽 키를 연타하지 말고 마우스 왼쪽을 꾹 누르면 나무가 부서집니다. 이 나무를 <e>키를 눌러서 나오는 아이템 창의 제작 창에 넣습니다. 그러면 나무 판자 4개가 오른쪽 창에 뜨는 데 마우스로 클릭하여 드래그하면 [그림 1-55]와 같이 아래 아이템 창으로 꺼낼 수 있습니다.

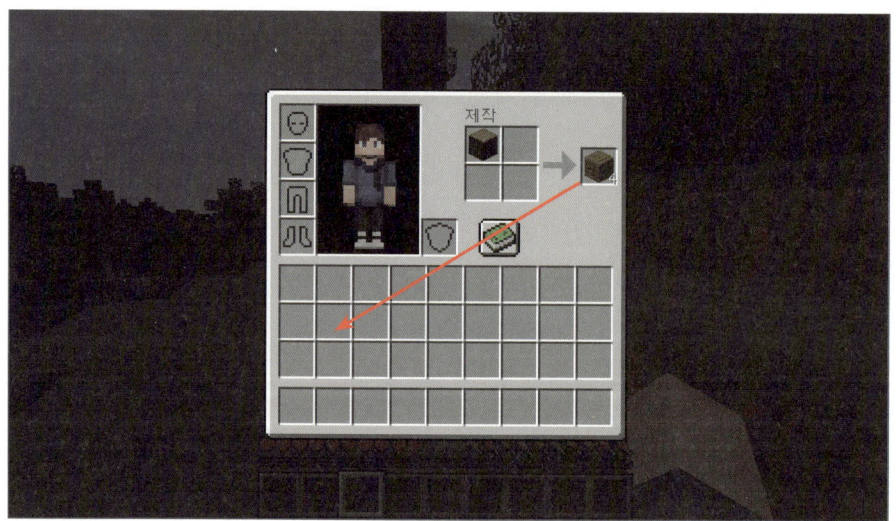

[그림 1-55] 나무를 쪼개서 나무 판자 4개 획득

나무의 종류는 여러 가지가 있는데 종류마다 다양한 색이나 무늬를 지닌 물건을 만들 수 있습니다. 혹시 캐릭터 주변에 나무가 보이지 않는다면 과감히 서버를 종료하십시오. 초보자가 나무가 없는 장소에서 나무가 나오는 장소로 이동하기까지는 굉장히 어렵습니다. 가끔 바다의 섬 한가운데서 시작하는 경우인데요, 이런 경우에는 새로운 맵에서 다시 시작하는 것이 낫습니다. 서버 폴더에서 world 관련 폴더를 모두 지운 뒤 서버를 다시 시작하면 맵이 자동으로 생성됩니다.

제작대를 만드는 방법은 간단합니다. [그림 1-56]처럼 방금 생성한 나무 판자 4개를 다시 제작 창에 모두 올립니다. 각 칸에 1개씩 2×2 창에 분배하면 됩니다. 이때 마우스 왼쪽 키를 누르면 모두 내려오니 마우스 오른쪽 버튼으로 하나씩 올립니다. 4개를 모두 올리면 오른쪽에 제작대가 뜹니다. 제작대를 들어올려 퀵 슬롯 창으로 가져옵니다.

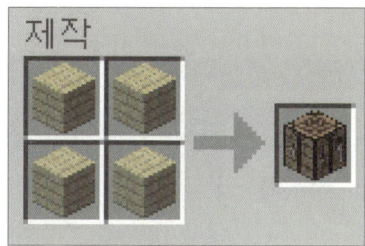
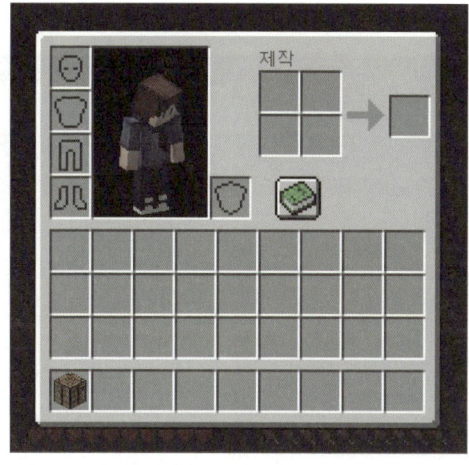

[그림 1-56] 제작대를 만들고 퀵 슬롯 창에 제작대 배치

<Esc>를 눌러 밖으로 나가면 마우스 휠이나 숫자 키를 사용하여 제작대를 손에 들 수 있습니다. 원하는 장소에 가서 마우스 오른쪽 버튼을 누르면 [그림 1-57]처럼 바닥에 제작대가 설치됩니다. 다시 아이템으로 가져오고 싶을 때는 제작대를 때려서 부숴 제작대 아이템이 습득합니다.

[그림 1-57] 제작대를 오른손에 들고 마우스 왼쪽 버튼 클릭

제작대가 설치됐습니다. 완성된 제작대를 사용해봅시다. 제작대에 대고 마우스 오른쪽 버튼을 누릅니다. [그림 1-58]과 같이 제작대는 3×3으로 구성되어 있어 마인크래프트의 모든 아이템의 대부분을 여기서 만들 수 있습니다. 앞으로는 아이템을 제작할 때는 이곳에 와서 필요한 아이템을 제작합니다.

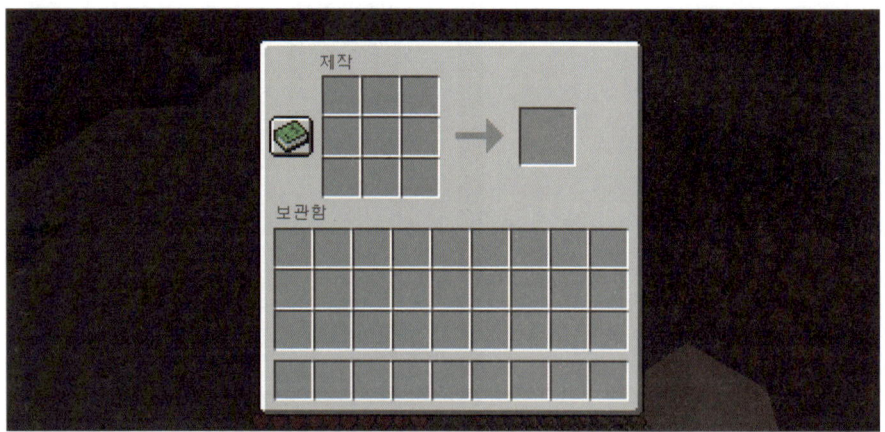

[그림 1-58] 3×3 제작대에서는 수많은 아이템을 조합 가능

## 도구 조합하기

도구 만드는 방법을 배워보도록 합니다. 일단 조합 방법만 빠르게 설명하고 실제 조합을 나중에 함께 해보겠습니다.

도구는 나무 판자, 조약돌, 철, 금, 다이아몬드, 흑요석 등과 막대기의 조합으로 도구를 만들 수 있습니다. 최초에는 구하기 쉬운 나무와 조약돌을 가지고 주로 아이템을 만들다가 철, 금을 얻으면 좀더 나은 아이템을 만들 수 있습니다. 나무나 조약돌 등은 귀한 자원인 철 등에 비해 내구력이 많이 약하고, 공격력도 낮습니다. 여기서는 구하기 가장 쉬운 나무 판자로 설명합니다. 나중에 철이나 기타 광석을 얻은 뒤 이것을 사용하여 도구를 만들고 싶다면 나무 판자 대신에 그 재료를 사용하면 됩니다.

도구는 곡괭이, 검, 괭이 등 여러 종류가 있습니다. 그리고 각 도구는 사용하는 용도가 정해져 있습니다. 사용 용도 외에 사용하면 제대로 된 효과가 나오지 않으니 주의하시길 바랍니다. 내구도 및 공격력은 사용하는 재료에 따라 다르며 도구를 사용하면 내구도가 떨어집니다. 막대기는 도구를 만드는데 필수 아이템입니다. [표 1-6]에 소개한 도구 제작 배치 방법을 확인하기 바랍니다. 제작대에 배치가 잘못되면 아이템 생성이 되지 않습니다.

[표 1-6] 도구 아이템 목록과 제작 방법

| 도구 | 사용처 | 재료 | 제작 배치 |
|---|---|---|---|
| 곡괭이 | 광물 채취 시 필요 채광 속도 상승 | 나무 판자×3 + 막대기 | |
| 검 | 몬스터나 플레이어와의 전투 시 필요 공격력 상승 | 나무 판자×2 + 막대기 | |
| 괭이 | 농사에 필요한 필수품 | 나무 판자×2 + 막대기 | |
| 도끼 | 나무 수집 속도를 올려 줌 | 나무 판자×3 + 막대기 | |
| 삽 | 땅을 파는 도구로 다른 도구에 비해 자원 소모가 덜함 | 나무 판자×1 + 막대기 | |

| 도구 | 사용처 | 재료 | 제작 배치 |
|---|---|---|---|
| 막대기 | 위 도구를 만드는데 필요한 필수품 | 나무 판자×2 | 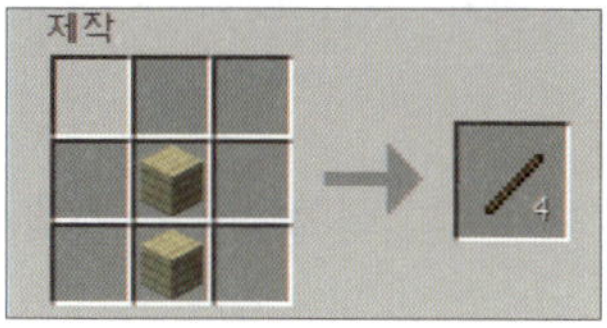 |

## 집 필수 아이템 조합하기

마인크래프트에서는 집이 꼭 필요합니다. 집에서는 잠을 잘 수도 있고 몬스터로부터 캐릭터를 보호할 수 있습니다. 집을 구성하는데는 문, 유리, 침대, 횃불 등의 요소가 필요합니다. 이 아이템들은 빛이 없는 고립된 공간 또는 밤에 우리의 안전을 책임질 아이템들입니다. 참고로 빛이 들지 않는 일정 크기 이상의 공간에는 몬스터가 자동으로 생성됩니다.

[그림 1-59] 집 필수 아이템 목록과 제작 방법

| 도구 | 사용처 | 재료 | 제작 배치 |
|---|---|---|---|
| 침대 | 싱글플레이 또는 멀티플레이(모두 함께 사용시) 때 밤을 순식간에 지나가게 하는 도구 | 양털×3 + 나무판자×3 | 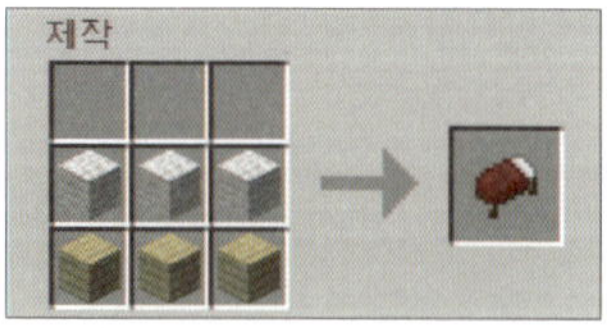 |
| 문 | 집에 출입을 조절해 줄 문 좀비는 문을 열 수 없지만, 문을 부수고 주민은 문을 열고 들어올 수 있음 | 나무판자×6 | 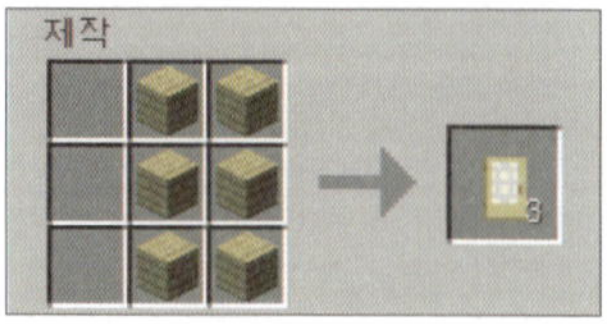 |

| 도구 | 사용처 | 재료 | 제작 배치 |
|---|---|---|---|
| 횃불 | 빛을 밝히는 기본 도구<br>밤을 뜬 눈으로 지새거나,<br>광산을 만들 때 사용 [F]<br>단축키를 활용해 왼손에<br>소지하거나 땅이나 벽에<br>설치 가능 | 목탄 or 석탄<br>+ 막대기 | |
| 화로 | 불을 지펴 아이템을 가공<br>할 수 있는 도구<br>연료는 여러 아이템이 가<br>능하지만, 주로 막대기, 석<br>탄, 목탄, 용암 등을 사용 | 조약돌×8 | |
| 목탄 | 석탄을 대체할 수 있는<br>연료 | 나무를 태우면 됨<br>(화로에서 연료를<br>넣고 재료를 태울<br>수 있음, 위 칸은<br>재료, 아래 칸은<br>연료) | |

## 방어구 조합하기

마인크래프트 세계를 여행하기 위해서는 존재하는 수많은 몬스터로부터 생명을 보호할 방어구가 필요합니다. 방어구는 투구, 바지, 갑옷, 신발, 방패로 구성되어 있습니다. 주로 가죽, 철괴, 다이아몬드괴를 아이템으로 만들 수 있습니다. 가장 구하기 쉬운 재료는 가죽이며 가격 대비 성능은 철괴가 가장 좋습니다. 다이아몬드괴로 만든 방어구는 내구력이 가장 좋고 방어력도 아주 뛰어나지만 가장 희귀한 아이템입니다. 가죽은 동물을 사냥해서 얻을 수 있고, 철괴와 다이아몬드는 광석을 캐면 나오는 원석을 화로에서 가공하여 얻을 수 있습니다.

[그림 1-60] 집 필수 아이템 목록과 제작 방법

| 도구 | 사용처 | 재료 | 제작 배치 |
|---|---|---|---|
| 투구 | 몬스터로부터 머리를 보호 | 철괴(또는 가죽)×5 | |
| 바지 | 몬스터로부터 다리를 보호 | 철괴(또는 가죽)×7 | |
| 갑옷 | 몬스터로부터 몸을 보호 | 철괴(또는 가죽)×8 | |
| 신발 | 몬스터로부터 발을 보호 | 철괴(또는 가죽)×4 | |
| 방패 | 몬스터의 공격으로부터 방어<br>[F] 키를 사용해 왼손에 장비를 들게 하는 것이 가능하며 마우스 오른쪽 버튼으로 방패막기 | 철괴×1<br>+ 나무 판자×6 | |

## 1.12 첫날밤 생존 계획

자, 이제 생존에 필요한 모든 것을 배웠습니다. 지금부터는 생존 계획을 세워봅시다.

이 게임은 사실 초반은 생존 게임입니다. 게임이 시작하자마자 하루를 버틸 수 있는 방법을 찾지 못하면 반드시 밤중에 죽게 됩니다. 밤에 죽으면 아이템을 모두 잃어버리기 때문에 처음부터 다시 시작하는 셈입니다. 죽어서 드롭된 아이템은 5분 후에는 사라집니다.

마인크래프트의 게임 시간은 현실 시간으로 20분 주기이며 20분이 하루 단위입니다. 낮과 밤이 각각 10분입니다. 밤이 시작되면 좀비, 크리퍼, 스켈레톤, 거미들이 끊임없이 공격하니 낮 동안에 안전한 거처를 마련하여 생존하도록 해야 합니다.

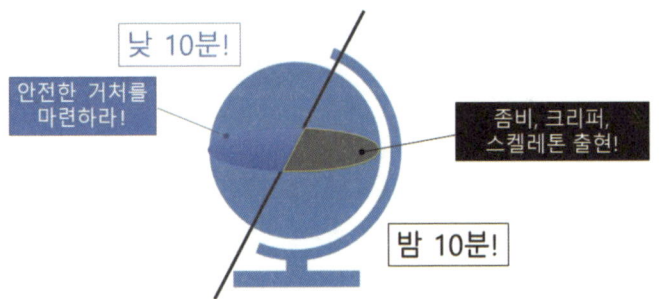

[그림 1-61] 10분마다 바뀌는 마인크래프트의 낮과 밤

우리의 계획은 [그림 1-62]와 같습니다.

1. 제작대 만들기
2. 나무, 양털 얻기 (침대 재료 수집)
3. 거처 마련하기
4. 조약돌 얻기
5. 화로 만들기
6. 횃불 만들기

[그림 1-62] 생존 계획서

첫날 안에는 최소한 2번 계획까지는 진행해야 밤을 무난하게 넘길 수 있습니다. 나무를 얻어 제작대를 만들고, 이후엔 도끼를 만듭니다. 충분한 나무가 확보되면 주변의 양 소리를 잘 듣고 양을 사냥해 양털 3개 획득해 침대 제작하여 잠듭니다. 해가 저물 때가 되면 마우스 오른쪽 버튼을 사용하면 잘 수 있습니다.

이튿날부터는 거처 마련을 위해 흙을 파내서 침대 주위를 두르고 조약돌을 얻습니다. 조약돌은 땅을 조금만 깊이 파도 많이 나옵니다. 조약돌을 많이 얻었다면 화로를 만들고 나무를 목탄으로 만든 뒤 그 재료를 갖고 횃불을 만듭니다.

거처를 완전하게 만들었다면 이후로는 지하로 내려가 다양한 광물을 획득하기 위해 횃불로 불을 밝히고 철광석을 얻으면서 마인크래프트의 숨겨진 스토리를 진행하면 됩니다.

첫날밤 생존 계획 부분은 게임을 실제로 플레이해야 이해를 할 수 있습니다. 3~4시간 충분히 게임에 익숙해지도록 합니다. 필자는 유튜브 채널 "재즐보프"를 운영 중이며 초보자의 생존을 위한 영상을 마련해 두었습니다.

게임은 충분히 잘 즐기셨나요? 하룻밤을 꼭 생존하신 이후에 다음 내용을 진행하시기 바랍니다. 게임 플레이 어려우면 무엇이 필요한지 알 수 없습니다. 반대로 게임을 잘 할 수 있다면 마인크래프트에서 무엇이 필요한지 더 잘 알 수 있게 됩니다.

## 1.13 꼭 알아야 하는 마인크래프트 명령어

여기서는 몇 가지 명령어에 대해 알아봅시다. 우리는 이미 명령어를 사용해 봤습니다. 앞서 사용한 time set day는 시간을 변경하는 명령어입니다. 명령어의 종류는 수십 가지로 다 외우기는 어렵습니다. 여기서 몇 가지 명령어만 익히고 사용해보도록 합니다. 그리고 먼저 설명하는 op, time, weather, gamemode에 대한 사용법에 대해서는 꼭 숙지하도록 합니다.

명령어들은 캐릭터가 관리자 권한이 있다면 채팅창에서도 사용할 수 있습니다. 채팅창에 명령어를 실행할 때는 '/명령어'와 같이 앞에 '/'를 붙여야 합니다.

### 명령어 : Op

[그림 1-63]과 같이 플레이어에게 관리자 권한을 줍니다. 이 명령어를 사용해야지 다른 명령어들을 실행 가능합니다. 서버에서 이 명령어로 우리 아이디에 관리자 권한을 주도록 합니다.

▶ 사용 예: op 〈플레이어 아이디〉

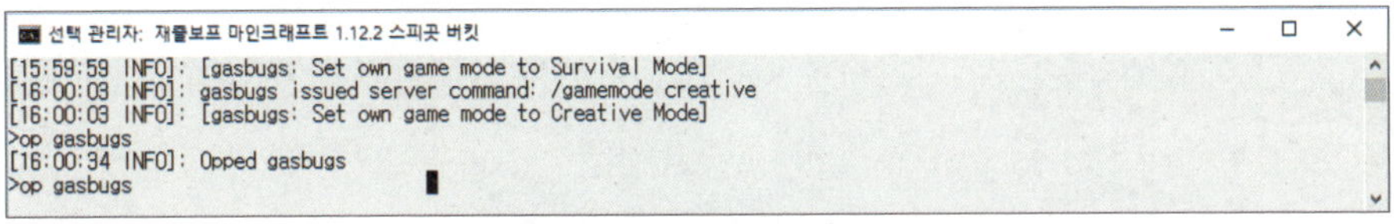

```
[15:59:59 INFO]: [gasbugs: Set own game mode to Survival Mode]
[16:00:03 INFO]: gasbugs issued server command: /gamemode creative
[16:00:03 INFO]: [gasbugs: Set own game mode to Creative Mode]
>op gasbugs
[16:00:34 INFO]: Opped gasbugs
>op gasbugs
```

[그림 1-63] op 명령어를 사용해 플레이어에게 관리자 권한 부여

### 명령어 : time

time은 시간을 설정하는 명령어입니다. set 이외에도 query, add의 옵션이 있으나 set만 쓸 줄 알아도 됩니다. time set 뒤에는 숫자가 나오도록 되어 있지만 day나 night 같은 단어도 쓸 수 있습니다.

▶ 사용 예: time set day, time set 24000

### 명령어 : Weather

날씨를 변경하는 명령어입니다. Weather 뒤에는 맑음(clear), 비(rain), 폭풍

(thunder)의 명령어를 사용할 수 있으며 그 뒤에 원하는 시간을 초 단위로 적을 수 있습니다. 시간은 생략 가능합니다.

▶ 사용 예: Weather clear, weather thunder 100

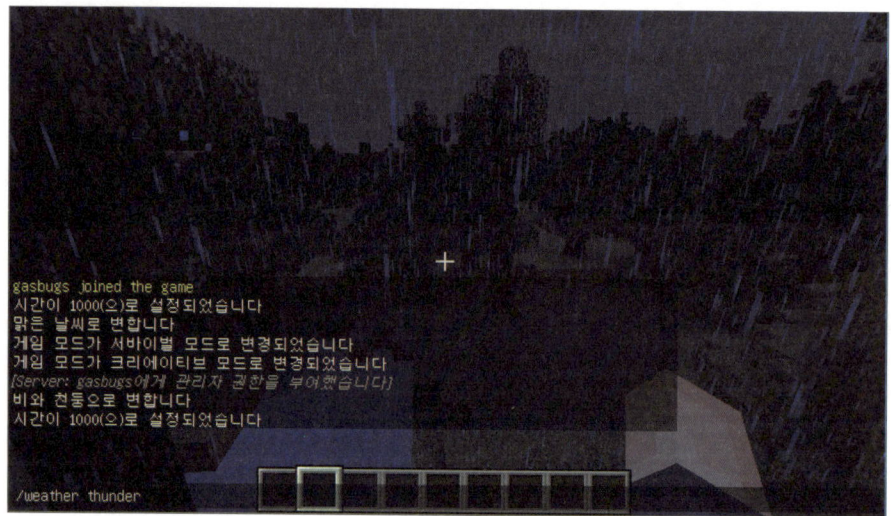

[그림 1-64] 날씨 명령어

## 명령어 : Gamemode

게임 방식을 바꾸는 명령어입니다. 마인크래프트의 게임 모드는 서바이벌 모드(0, survival), 크리에이티브 모드(1, creative), 모험 모드(2 adventure), 관전 모드(3, spectator)가 있으며 우리가 주로 사용할 모드는 서바이벌 모드와 크리에이티브 모드입니다. 서바이벌 모드는 몬스터가 출현하고 건설 및 블록 파괴가 가능한 일반적인 게임 모드입니다. 크리에이티브 모드는 캐릭터가 마인크래프트의 모든 블록을 제한 없이 사용할 수 있는 모드입니다. 빠른 건설을 위해서 많은 사람들이 크리에이티브를 사용합니다.

▶ 사용 예: gamemode 0, gamemode creative

[그림 1-65] 크리에이티브 모드에서의 아이템 창, 모든 아이템이 사용 가능

## 명령어 : Difficulty

게임의 난이도를 설정하는 명령어입니다. 평화로움(peaceful, 0) 모드에서는 몬스터가 공격하지 않으며 숫자가 오를수록 몬스터의 등장이 잦아지고 몬스터의 레벨이 올라가 게임이 어려워집니다. 난이도는 평화로움(peaceful, 0), 쉬움(easy, 1), 보통(normal, 2), 어려움(3, hard)까지 총 4단계가 있습니다.

▶ 사용 예: difficulty peaceful, difficulty 3

## 명령어 : Kill

플레이어 캐릭터를 강제로 사망하게 하는 명령어입니다. Kill 명령어 뒤에 플레이어 이름을 전달하면 해당 플레이어가 사망합니다.

▶ 사용 예: kill gasbugs

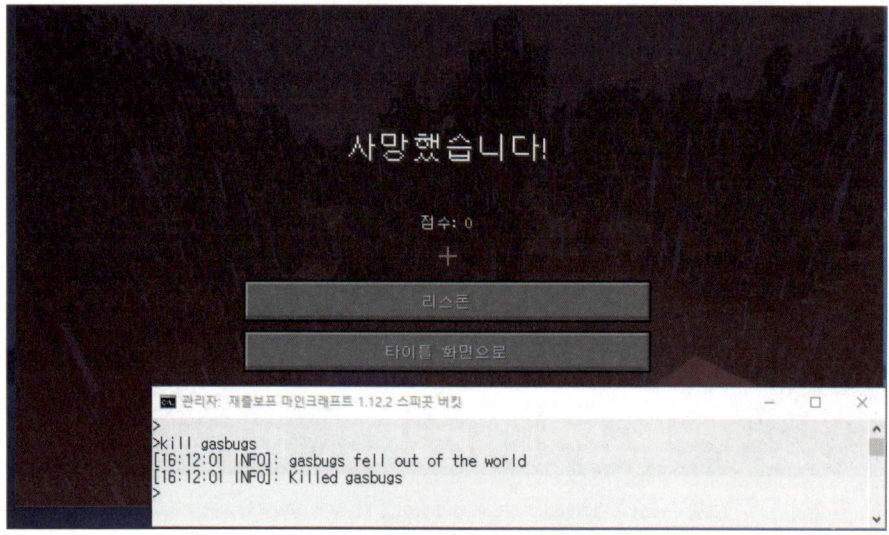

[그림 1-66] 사망해 버린 gasbugs

## 명령어 : Enchant

플레이어가 들고 있는 아이템에 마법을 부여하는 명령어입니다. 플레이어의 무기를 더 강력하게 만듭니다. 플레이어 아이디와 부여할 마법 번호를 적으면 됩니다. 마법 부여 번호는 다음 링크를 들어가서 원하는 마법을 찾으시길 바랍니다. 마법 부여 ID 관련 링크는 http://minecraft.gamepedia.com/Data_values#Enchantment_IDs 로 가면 됩니다.

▶ 사용 예: enchant gasbugs minecraft:sharpness 3 (gasbugs의 무기에 날카로움 레벨 3 부여, 공격력 증가)

[그림 1-67] 마법 부여에 성공해 반짝반짝 빛나는 황금 검

## 명령어 : Locate

가장 가까운 특별한 건물에 대한 좌표를 알려줍니다.

▶ 사용 예: locate ⟨키워드⟩

[표 1-7] locate로 실행 가능한 키워드와 장소

| 키워드(대소문자 구분) | 장소 |
| --- | --- |
| EndCity | 엔더 시티 |
| Fortress | 지옥 유적 |
| Mansion | 산림 대저택 |
| Mineshaft | 광산 |
| Monument | 바다 유적 |
| Stronghold | 엔더 유적 |
| Temple(Desert_pyramid, Igloo, Jungle_pyramid, Swamp_Hut) | 피라미드, 정글 사원, 마녀의 집, 이글루 |
| Village | 마을 |

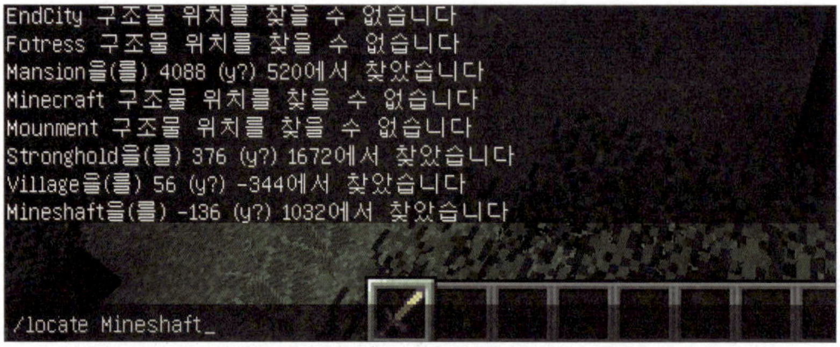

[그림 1-68] 로케이트 명령어 실행 결과

## Title

플레이어 게임 화면에 거대한 글씨를 띄웁니다.

▶ 사용 예: title 〈캐릭터 명〉 title 〈원하는 문구〉, title gasbugs title Hello!!

[그림 1-69] 타이틀 명령어를 사용해 "Hello!!" 문구 띄우기

### Ban/Ban-IP/Pardon

Ban과 Ban-IP 명령어는 플레이어나 IP를 사용해 강제 퇴장시키는 명령어입니다. Pardon은 이러한 Ban을 해제해 주기 위해 사용합니다.

▶ 사용 예: Ban gasbugs, Ban-IP 127.0.0.1, Pardon gasbugs

# CHAPTER 02

## 파이썬 시작하기

마인크래프트 게임에 대해 어느 정도 학습했습니다. 이제 파이썬을 배워볼 차례입니다. 파이썬은 그 문법의 간결함과 안정성이 매우 탁월하기 때문에 배우다 보면 시간 가는 줄 모릅니다. 프로그래머들 사이에는 '백견이 불여일타'라는 말이 있습니다. 코드를 백 번 보는 것보다 한 번 직접 타이핑하는 것이 낫다는 말입니다. 저를 비롯한 프로그래머들의 대다수가 이 내용에 동의합니다. 저는 새로운 영역 프로그램에 도전하게 되면 모든 내용을 타이핑해보는 습관이 있습니다. 물론 시간은 오래 걸리지만 교육 방식에 있어서는 훨씬 탁월합니다. 프로그래밍은 보고 생각하면서 익히는 것보다는 직접 타이핑하면서 배울 때 더욱 빠르게 성장합니다. 여러분도 모두 타이핑하면서 따라오길 바랍니다. 이해하지 못해도 괜찮습니다. 노력은 결코 배신하지 않습니다.

## 2.1 헬로, 파이썬!

개발자 도구는 개발을 쉽게 할 수 있도록 프로그래머를 도와주는 프로그램입니다. 대표적인 파이썬 개발자 도구는 스파이더(Spyder), 주피터 노트북(Jupyter Notebook), 파이참(Pycharm), 비주얼 스튜디오(Visual Studio) 등이 있습니다.

여기서는 가장 기본적인 파이썬 개발자 도구인 IDLE에 대해 알아보겠습니다. 하나를 잘 쓰면 다른 도구도 잘 쓰게 됩니다. 파이썬 실력이 늘면 어떤 도구를 주로 사용할지를 직접 사용해보고 선택하시기 바랍니다.

IDLE은 [윈도우 키]를 눌러 'idle'을 입력하여 실행합니다. IDLE은 셀 모드와 에디트 모드의 두 가지 모드가 존재합니다. 셀 모드는 우리가 전에 사용해 본 방식입니다. 코드를 치는 부분이 있고 <Enter>키를 누르면 바로 결과를 확인했던 그 창입니다. 셀 모드와 에디트 모드의 특징을 각각 살펴봅시다. 그리고 사용할 때는 각각의 장점에 맞게 사용합니다.

[표 2-1] 셀 모드와 에디트 모드 비교

| 셀 모드 | 에디트 모드 |
| --- | --- |
| 실시간으로 작업하기 편함<br>결과를 빠르게 확인 가능 | 모듈을 자동화<br>필요한 순간에 도구로 활용 |

셀 모드는 실시간으로 작업하기 편하기 때문에 테스트 코드를 작성하거나 문법적인 부분들을 확인할 때 주로 사용합니다. 반면 에디트 모드는 저장해두고 코드를 처음부터 끝까지 실행합니다. 중간에 오류가 발생하면 더 이상 실행되지 않습니다. 프로그램을 한 번 개발해두면 지속적으로 사용할 수 있는 장점이 있습니다.

파이썬 셀 모드를 실행해 다음 내용을 타이핑해봅시다. IDLE을 실행하면 가장 먼저 뜨는 창이 셀 모드 창입니다.

```
>>> print("Hello, Python")
Hello, Python
>>> import os
>>> os.system(calc)
Traceback (most recent call last):
  File "<pyshell#2>", line 1, in <module>
    os.system(calc)
NameError: name 'calc' is not defined
>>> os.system("calc")
0
>>>
```

[코드 2-1] 파이썬 셸 모드 시험 코드

실행한 내용을 하나씩 뜯어보겠습니다.

`print("Hello, Python")`

말그대로 print하는 함수입니다. 전달 받는 내용을 콘솔에 출력해줍니다.

`import os`

os 라이브러리를 가져옵니다. OS는 운영체제(Operation System)를 뜻합니다. os 라이브러리에는 운영체제에 관련된 라이브러리를 포함하고 있으며 주로 파일시스템 탐색, 커맨드 실행 등의 운영체제의 주요 기능과 밀접한 유용한 코드들을 많이 갖고 있습니다.

`os.system("calc")`

os 라이브러리의 system 함수를 사용해 calc를 실행했으나 처음에는 에러가 발생합니다. 셸 모드에서 오류는 실시간으로 확인이 가능합니다. calc는 계산기를 실행하는 명령어입니다. 쌍따옴표(")로 감싸주면 잘 동작하는 것을 확인할 수 있습니다.

이번엔 에디트 모드를 실행해봅시다. 셀 모드에서 상단 메뉴 바의 [File] - [New File]을 클릭하거나 단축키 <Ctrl> + <n>키를 사용해 에디트 창을 엽니다. 셀 모드에서 입력했던 내용과 비슷한 내용을 입력합시다.

```
print("Hello, Python")

import os
os.system("calc")
```

[코드 2-2] Hello, Python

에디트 모드에서 실행할 때는 오류가 발생하면 프로그램이 멈춥니다. 오류가 발생하는 코드는 삭제해야 합니다. 또한 이 코드는 반드시 파일로 저장해야만 실행할 수 있습니다. <Ctrl> + <s>키를 사용해 파일을 "Hello_Python"라는 이름으로 바탕화면에 저장하도록 합니다. 실행하는 단축키는 <F5>키입니다. <F5>키를 눌러 실행하면 셀 모드 창에서 "Hello, Python" 문구를 확인할 수 있습니다. 에디트 모드에서 실행하면 셀 모드에 print 함수를 사용한 내용이 기록됩니다.

셀 모드에서는 코드에 리턴 값이 있으면 그 내용이 출력이 되지만 에디트 모드에서는 print로 실행하는 내용만 출력합니다. 앞으로 특별히 셀 모드를 쓰라는 말이 없다면 에디트 모드에서 코드를 저장하며 실행하도록 합니다.

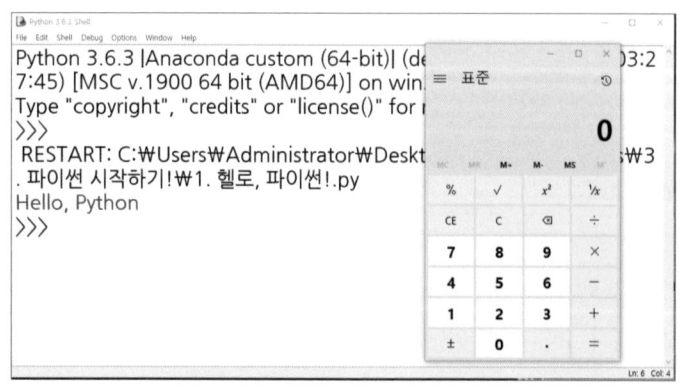

[그림 2-1] 파이썬 에디트 모드 실행 결과

## 2.2 파이썬, 덧셈과 뺄셈을 부탁해!

파이썬은 계산 작업을 아주 간단하게 해냅니다. 변수를 사용해 계산하는 프로그램을 간단하게 작성해봅시다. 변수는 모든 프로그래밍 언어에서 등장하는 개념입니다. 프로그램은 연산을 위해서 결과들을 변수라는 저장 공간에 데이터를 저장합니다. 메모리에 저장하는 방식은 여러 가지가 있지만 변수가 가장 대표적인 방법입니다.

변수는 데이터를 담기 위한 그릇이라고 보면 됩니다. 채소를 담기 위해 a라는 그릇에 채소를 넣으면 그 채소는 a에 보관됩니다. 그리고 다른 재료를 담을 때는 기존에 있던 내용물을 버리고 a에 새로운 재료를 넣을 수 있습니다. 이 예에서 a라는 그릇은 변수이고 채소는 데이터입니다.

IDLE의 셸 모드에서 직접 실행해 변수를 하나 만들고 데이터를 넣고 빼봅시다. 처음에는 a에 1이라는 데이터를 넣었습니다. 그리고 2를 다시 넣으면 기존에 들어있던 1이 사라지고 2만 있습니다.

```
>>> a = 1
>>> a
1
>>> a = 2
>>> a
2
```

[코드 2-3] a에 변수 선언

파이썬은 계산기처럼 사용할 수도 있습니다. 파이썬은 더하기(+), 빼기(-), 곱하기(*), 나누기(/), 나머지 구하기(%) 등의 다양한 연산이 가능합니다. 괄호를 사용하면 더 복잡한 수식도 적용할 수 있습니다. 파이썬의 math라는 라이브러리를 사용하면 루트, 삼각함수, 등의 더 어렵고 복잡한 수식도 만들 수 있습니다. 실제 이러한 파이썬 라이브러리를 사용해 각종 산업 분야에서 파이썬이 사용되고 있습니다.

```
>>> 1 + 2
3
>>> 1 - 2
-1
>>> 1 * 2
2
>>> 1 / 2
0.5
>>> 1 % 2
1
>>> import math
>>> math.pi
3.141592653589793 // 원주율
>>> (30 - 3 * 5) /3 - 2
3.0
```

[코드 2-4] 셀 모드에서 더하기, 빼기 코드 작성

파이썬의 계산 기능은 변수를 사용해서도 가능합니다. 변수 a와 b를 각각 1과 2로 만들고 두 수를 더해 보겠습니다. 변수끼리 더하면 더해진 데이터가 반환됩니다.

```
>>> a = 1
>>> b = 2
>>> a + b
3
```

[코드 2-5] a와 b 변수를 선언하고 a와 b 저장하기

 ## 2.3 간단한 계산기 프로그램 만들기

앞서 학습한 계산 방법과 변수를 사용해 간단한 계산기 프로그램을 만들어봅시다. 프로그램은 사용자로부터 입력을 받습니다. 파이썬은 입력을 input()이라는 함수로 받을 수 있습니다. 에디트 모드를 실행해 [코드 2-6]을 작성하고 <F5>키를 눌러 실행합니다.

```
a = input("첫 번째 숫자를 넣어주세요: ")
b = input("두 번째 숫자를 넣어주세요: ")

print(a)
print(b)
```

[코드 2-6] 사용자 입력 받기

프로그램을 실행하면 "첫 번째 숫자를 넣어주세요"라는 문구가 나타납니다. 여기에 직접 키보드로 1을 입력하고 <Enter>키를 누르면 a 변수에 1이 전달됩니다. 마찬가지로 "두 번째 숫자를 넣어주세요"에 2를 넣고 <Enter>키를 누르면 b라는 변수에 2가 전달됩니다. 실행 결과는 다음과 같습니다. 우리가 직접 전달한 1과 2가 모니터에 출력됩니다.

```
첫 번째 숫자를 넣어주세요: 1
두 번째 숫자를 넣어주세요: 2
1
2
```

[코드 2-6 실행결과] 사용자 입력 받기 코드를 실행한 결과

이제 우리 계산기는 사용자의 입력으로 데이터를 입력 받고 변수를 선언할 수 있게 되었습니다. 다음의 [코드 2-7]을 참고하여 전달받은 데이터를 더하는 더하기 프로그램을 만들어봅시다.

```
a = input("첫 번째 숫자를 넣어주세요: ")
b = input("두 번째 숫자를 넣어주세요: ")

print(a + b)
```

[코드 2-7] a와 b 변수를 선언하고 a와 b 더해서 출력하기

결과가 어떻습니까? 결과가 아주 엉뚱한 결과가 나옵니다. 1+2이 3이 아니라 12가 나옵니다. 어떻게 된 것일까요?

```
첫 번째 숫자를 넣어주세요: 1
두 번째 숫자를 넣어주세요: 2
12
```

[코드 2-7 실행결과] 엉뚱한 결과가 나오는 잘못된 프로그램

우리가 입력한 데이터 1과 2는 문자열이라는 데이터 형으로 전달됩니다. 이것은 숫자가 아닙니다. 데이터 형(data type)이란 데이터의 모양을 뜻합니다. 파이썬에는 정수 데이터, 부동소수점 데이터, 문자열 데이터, 리스트 데이터 등 다양한 데이터 형이 존재합니다. type()이라는 함수를 사용해 데이터 형을 확인할 수 있습니다. [코드 2-8]을 통해 셸 모드에서 type 함수를 시험해봅시다.

```
>>> a = 1
>>> type(a)
<class 'int'>
>>> b = 2.5
>>> type(b)
<class 'float'>
>>> c = 'abc'
>>> type(c)
<class 'str'>
>>> d = input("d: ")
d: 1234
>>> type(d)
<class 'str'>
```

[코드 2-8] type 함수 테스트

a에는 정수(int)를, b에는 부동소수점(float), c에는 문자열(string), d에는 input 함수 결과를 각각 넣고 결과를 [코드 2-8]로 확인했습니다. 일반적인 다른 언어에서는 변수를 만들 때 담을 데이터 형을 알려줘야 합니다. 예를 들어 정수형 데이터를 담을 a를 만들고자 한다면 "int a"와 같이 써야 합니다. 하지만 파이썬은 자동으로 데이터 형을 인식해 적당한 변수 모양으로 만들어줍니다. 다른 언어들에서는 모든 데이터 형을 신경 써야 하는 것에 비해서 파이썬은 데이터 형을 자동으로 만들어주는 편의

성을 제공하는 것입니다.

[코드 2-8]의 마지막을 보면 우리가 입력한 데이터는 정수나 부동소수점으로 인식이 되지 않고 문자열로 인식하는 것을 볼 수 있습니다. input 함수의 결과가 문자열로 나오기 때문인데 이 결과를 숫자로 바꿔줘야 합니다. 바꾸는 방법은 간단합니다. int 함수를 쓰면 문자열을 숫자로 바꿀 수 있습니다. 간단히 "123456"이라는 문자열을 하나 만들고 int 함수로 감싸줍니다. 그리고 데이터 형을 확인합니다. [코드 2-9]를 참고하세요.

```
>>> a = int("123456")
>>> type(a)
<class 'int'>
```

[코드 2-9] int 함수를 사용한 데이터 형 변환

문자열을 정수형으로 바꾸는 방법을 알았습니다. 이제 완전한 더하기 계산기를 만들 수 있습니다. [코드 2-10]을 볼까요? a와 b로 데이터를 받고 정수형으로 변환한 뒤 더해줍니다.

```
a = input("첫 번째 숫자를 넣어주세요: ")
b = input("두 번째 숫자를 넣어주세요: ")
a = int(a)
b = int(b)

print(a + b)
```

[코드 2-10] 완전한 계산기 프로그램

```
첫 번째 숫자를 넣어주세요: 1
두 번째 숫자를 넣어주세요: 2
3
```

[코드 2-10 실행결과] 완전한 계산기 프로그램을 실행한 결과

[코드 2-10 실행결과]에서 보듯이 이제는 결과가 정상적으로 3이라고 나옵니다. 이 코드가 익숙해졌다면 [코드 2-11]과 같은 코드에 도전해보는 것도 좋습니다. 한 줄로 구성된 코드이니 지면 공간에서 줄바꿈이 있더라도 중간에 <Enter>를 치지 않습니다. 한 번 타이핑해보고 어떤 원리인지 고민해봅시다. 결과는 같습니다.

```
print(int(input("첫 번째 숫자를 넣어주세요: ")) + int(input("두 번째 숫자를 넣어주세요: ")))
```

[코드 2-11] 한 줄로 구성된 더하기 프로그램

# CHAPTER 03

# 마인크래프트 파이썬 입문

여기서는 파이썬으로 할 수 있는 마인크래프트 함수들을 배웁니다. 앞서 설치한 mcpi 라이브러리가 이를 도와주고 있습니다. mcpi에서 제공되는 함수를 배우면 파이썬으로 채팅을 하거나 블록을 생성, 삭제 그리고 플레이어의 위치를 변경, 조회하는 다양한 행동을 할 수 있습니다. 2장에서 배운 더하기 프로그램이 앞으로 큰 도움이 될 것입니다. 준비가 됐다면 마인크래프트 서버를 구동하고 게임을 실행하여 접속합니다.

## 3.1 postToChat: 파이썬으로 마인크래프트에 외치다!

가장 먼저 마인크래프트에 외치기 프로그램을 [코드 3-1]과 같이 작성해봅니다. '1.6

'헬로, 마인크래프트'절에서도 이미 한 번 작성했던 코드입니다. 이번에는 에디트 모드에서 작성하고 <F5>키로 실행합니다.

▶ postToChat 사용법 : mc.postToChat(message)

```
from mcpi.minecraft import Minecraft
mc = Minecraft.create()
mc.postToChat("Hello, Minecraft!")
```

[코드 3-1] 헬로 마인크래프트 코드 작성 및 실행

마인크래프트 게임으로 접속된 상태에서 실행하면 채팅창 하단에 원하는 글이 작성됩니다. 아쉽게도 한글은 지원되지 않습니다.

[그림 3-1] 안녕, 마인크래프트

## 3.2 getPos: 플레이어 위치 조회 서비스

GPS는 우리의 위치를 실시간으로 알려주는 장치입니다. 마인크래프트에도 GPS와 비슷한 기능이 있습니다. 파이썬으로 플레이어 위치를 조회하는 코드를 작성합니다. mcpi 라이브러리를 사용해 셀 모드로 접속하고 접속한 플레이어에 대해 조사합니다. getPlayerEntityId 함수를 사용하면 접속한 플레이어의 ID를 반환합니다.

▶ getPlayerEntityId 사용법 : _id = mc.getPlayerEntityId(player_name)

```
>>> from mcpi.minecraft import Minecraft
>>> mc = Minecraft.create()
>>> mc.getPlayerEntityId('gasbugs')
293
```

[코드 3-2] gasbugs 플레이어의 ID 값 얻기

mc를 사용해 gasbugs 플레이어에 대한 정보를 얻어봅시다. 정수형 데이터인 293을 반환합니다. 이 사용자는 현재 서버에서 293이라는 아이디로 동작하고 있습니다. 컴퓨터 게임에서는 주로 이런 고유한 ID를 가지고 각 플레이어를 제어합니다. 이 숫자는 다시 마인크래프트에 접속할 때 바뀔 수 있습니다. mc의 getPlayerEntityIds()를 사용하면 접속된 모든 플레이어의 아이디를 가져올 수 있습니다. 현재 접속된 플레이어는 저 혼자이기 때문에 다른 아이디는 나오지 않습니다.

```
>>> mc.getPlayerEntityIds()
[293]
```

[코드 3-3] 접속된 플레이어의 ID 값 얻기

결과를 보면 대괄호([, ])로 감싸여 있는데 이 데이터 형은 리스트입니다. 리스트는 데이터를 여러 개 담을 수 있어 다수의 데이터를 관리하기가 쉬운 데이터 구조입니다. 접속된 플레이어에 대한 데이터를 가져올 때 다수의 ID가 반환되는데 이 함수

는 정수형인 ID를 모두 하나의 리스트에 담고 있습니다. 리스트에 관련된 내용은 후에 더 자세하게 다루겠습니다.

이제 플레이어의 위치를 조회해봅시다. 게임에서는 <F3>키를 눌러서 쉽게 조회할 수 있습니다. <F3>키는 디버깅 정보를 보여주는 역할을 하는데 다양한 정보를 모니터링 할 수 있습니다.

[그림 3-2] ⟨F3⟩키를 눌러서 XYZ 좌표를 확인

위치 정보로 볼 수 있는 데이터는 Block과 XYZ입니다. [그림 3-3]에서 XYZ는 캐릭터의 좌표이며 Block은 현재 위치의 정수 표현입니다. 3D 그래픽을 가진 게임들은 게임의 좌표를 3차원으로 나눕니다. X, Y, Z 좌표를 각각 나누는데 마인크래프트는 X와 Z 좌표가 지면의 가로와 세로 선이고, Y좌표는 높이입니다. 현재 플레이어의 좌표는 89.974, 79.000, 278.472입니다.

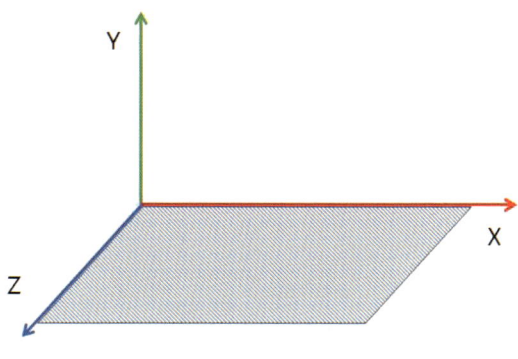

[그림 3-3] 게임에서 XYZ 좌표

파이썬으로 조회해봅시다. mc의 getPos라는 함수는 플레이어의 위치를 조회하는 기능이 있습니다. id를 전달해주면 그 id의 위치를 부동소수점 데이터 묶음으로 전달합니다.

▶ getPos 사용법 : pos = mc.entity.getPos(player_id)

```
from mcpi.minecraft import Minecraft
mc = Minecraft.create()
_id = mc.getPlayerEntityId('gasbugs')
pos = mc.entity.getPos(_id)
print(pos)
```

[코드 3-4] 접속된 플레이어의 위치 얻기

실행결과는 Vec3라는 데이터로 출력됩니다. Vec3는 파이썬의 데이터 형이 아니라 mcpi의 객체입니다. pos에는 x좌표, y좌표, z좌표에 대한 데이터를 담을 수 있게 만들어졌습니다.

```
Vec3(9.97380097981916,15.0,30.47167408099341)
```

[코드 3-4 실행결과] 접속된 플레이어의 위치 결과

이번에는 pos가 갖고 있는 x, y, z좌표를 각각 출력해봅시다. [코드 3-5]와 같이 마지막에 세 줄만 추가하면 됩니다. '.'을 통해서 pos가 가지고 있는 x, y, z 변수를 가져올 수 있습니다.

```python
from mcpi.minecraft import Minecraft
mc = Minecraft.create()
_id = mc.getPlayerEntityId('gasbugs')
pos = mc.entity.getPos(_id)
print(pos)
print(pos.x)
print(pos.y)
print(pos.z)
```

[코드 3-5] 접속된 플레이어의 위치 값 따로 출력

[코드 3-5 실행결과]처럼 x, y, z의 출력 결과는 잘 보입니다. 하지만 우리가 방금 얻은 데이터와는 많은 차이가 있습니다. 마인크래프트의 디버깅 정보와 전혀 일치하지 않는다는 사실을 알 수 있습니다(책의 데이터와 여러분이 조회한 데이터는 다른 것이 정상입니다). 이유는 알 수 없지만 데이터를 다루는 방법의 차이로 추측합니다. 이렇게 서로 다른 데이터를 보면 많이 혼란스러울 수 있으니 이 데이터를 서로 같은 값이 나오도록 맞춰주도록 합시다. 마인크래프트 게임의 데이터는 바꿀 수 없으니 파이썬에서 바꾸는 것이 좋겠습니다. 우리는 이미 계산기 프로그램을 통해 계산하는 방법을 배웠습니다. 좌표도 같은 방법으로 조정해주면 됩니다.

```
Vec3(9.97380097981916,15.0,30.47167408099341)
9.97380097981916
15.0
30.47167408099341
```

[코드 3-5 실행결과] 접속된 플레이어의 위치 값 따로 출력 결과

[표 3-1]을 보면 디버깅 정보와 MCPI 정보를 비교했을 때 소수점 데이터가 같음을 알아챌 수 있습니다. [코드 3-6]을 참고하여 파이썬을 사용해 두 수의 차를 구해봅

시다. 이 정보는 맵 마다 모두 다릅니다. 때문에 반드시 여러분 스스로 찾아야 하는 값입니다.

[표 3-1] MCPI를 통해 얻은 값과 디버깅 정보의 차이

| 디버깅 정보 | MCPI 정보 | 두 수의 차 |
|---|---|---|
| 89.974 | 9.97380097981916 | 80.00019902018084 |
| 79.000 | 15.0 | 64.0 |
| 278.472 | 30.47167408099341 | 248.00032591900657 |

```
>>> 89.974 - 9.97380097981916
80.00019902018084
>>> 79.000 - 15.0
64.0
>>> 278.472 - 30.47167408099341
248.00032591900657
```

[코드 3-6] 보정 값 구하기

[코드 3-6]을 보면 두 좌표의 차가 각각 x는 80, y는 64, z는 248이 나옵니다. 두 좌표의 차이를 알았으니 기존 코드에 보정할 수 있도록 [코드 3-7]과 같이 기능을 추가합니다. x, y, z 좌표 각각에 80, 64, 248의 숫자를 더해서 출력합니다.

```
from mcpi.minecraft import Minecraft
mc = Minecraft.create()
_id = mc.getPlayerEntityId('gasbugs')
pos = mc.entity.getPos(_id)
print(pos.x + 80)
print(pos.y + 64)
print(pos.z + 248)
```

[코드 3-7] 접속된 플레이어의 위치 값 보정해서 출력

마지막에 출력된 데이터는 게임상의 디버깅 정보와 완벽하게 일치합니다.

```
89.97380097981916
79.0
278.4716740809934
```

[코드 3-7 실행결과] 접속된 플레이어의 위치 값 보정해서 출력 결과

플레이어의 데이터를 소수점 자리까지 알아내는 방법을 getPos를 통해 살펴봤습니다. 하지만 경우에 따라 디버깅의 Block 데이터처럼 정수형 데이터가 필요할 때가 있습니다. 이때는 getPos 대신에 getTilePos를 사용하면 정수 형태로 플레이어의 위치 데이터를 받을 수 있습니다.

## 3.3 setPos: 플레이어 위치 변경 서비스

플레이어의 현재 위치를 알아내는 방법을 학습했으니 이번에는 플레이어의 위치를 변경하는 방법을 익혀봅시다. 여기서 주의할 점은 앞서 임의로 더해진 x, y, z축의 보정값(80, 64, 248)을 빼서 플레이어의 위치를 전달하도록 해야 한다는 것입니다. 필자는 현재 캐릭터를 현재 위치에서 100만큼 위로 이동한 곳에 배치시켜 보겠습니다.

gamemode를 1로 조정해 크리에이티브 모드로 하도록 해야 캐릭터가 죽지 않습니다. y축으로 100만큼 이동시키면 캐릭터가 공중에 위치하기 때문에 서바이벌 모드에서는 캐릭터가 죽을 수 있습니다. 크리에이티브 모드에서는 점프를 두 번 누르면 하늘에 떠 있을 수 있습니다. 캐릭터를 지상에서 살짝 띄운 뒤 실습하면 100만큼 위로 이동한 상태로 확인할 수 있습니다.

```
/gamemode 1
```

[표 3-2] 크리에이티브 모드로 변경하는 명령어

먼저 위치를 변경하는 프로그램을 [코드 3-8]과 같이 작성합시다. x, y, z에는 이동하기 원하는 좌표를 먼저 선언하고 setPos를 할 때 보정 값을 적용하도록 합니다.

▶ mc.entity.setPos 사용법 : pos = mc.entity.setPos(_id, x, y, z)

```
from mcpi.minecraft import Minecraft
mc = Minecraft.create()
_id = mc.getPlayerEntityId('gasbugs')
x = 89.974
y = 79.000 + 100
z = 278.472
pos = mc.entity.setPos(_id, x-80, y-64, z-248)
print("Move!!!")
```

[코드 3-8] 원하는 위치로 이동하는 코드

코드를 실행해볼까요? 코드가 잘 실행된다면 원하는 위치로 변경되어 눈 깜짝할 새 하늘에 떠 있는 플레이어를 발견할 수 있습니다. 디버깅 창의 x, y, z축을 확인하면 우리가 원하는 위치에 정확히 도달했다는 사실을 알 수 있습니다. 위치 조회 서비스와 같이 정수형을 전달할 수 있는 setTilePos 함수도 존재하니 사용해보길 바랍니다.

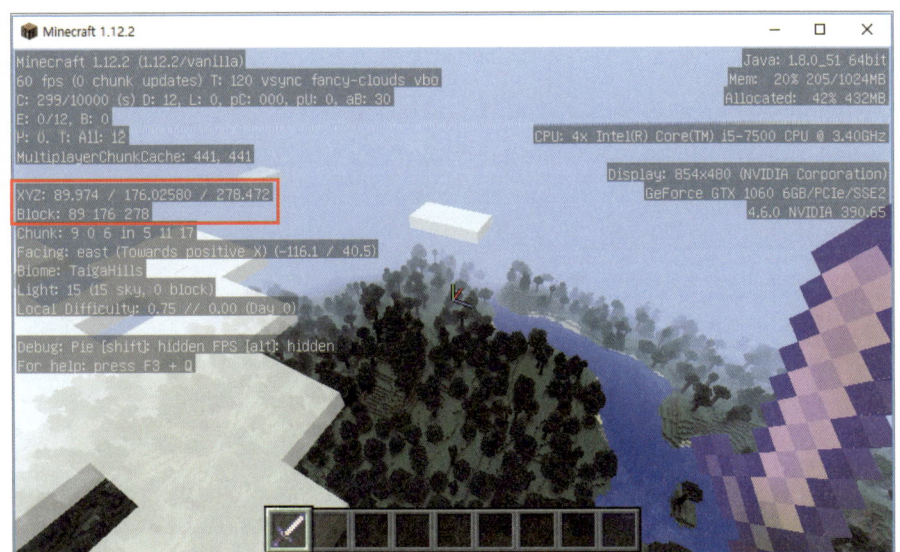

[그림 3-4] 원하는 위치로 캐릭터가 이동하는 코드를 실행한 결과

# 3.4 setBlock: 블록 생성하기

마인크래프트에서는 손에 들고 있는 아이템을 마우스 오른쪽 버튼을 사용해서 블록으로 놓습니다. 블록을 마인크래프트 세상에 놓기 위해서는 어떤 정보들이 필요할까요? 최소한 블록의 ID 정보와 위치에 대한 데이터가 필요합니다. 게임들은 각 게임 아이템, 또는 직업, 맵마다 고유한 ID를 갖게 합니다. 그리고 각각의 정보가 필요할 때 ID를 통해 대상 데이터를 가져옵니다. 마찬가지로 우리도 ID를 모르면 우리가 원하는 어떤 블록도 가져올 수 없습니다.

다행히도 게임피디아 사이트에서 마인크래프트의 관련된 블록 ID 관련 데이터를 찾을 수 있습니다. 다음 사이트에 접속해서 블록의 ID들을 확인해보도록 합니다.

> 데이터 값/블록 ID 게시물 URL : https://minecraft-ko.gamepedia.com/데이터_값/블록_ID

마인크래프트에서 블록은 각 고유한 ID가 있습니다. 여기서 이 블록에 대한 정보를 얻으면 됩니다. [그림 3-5]를 보면 0번에 특이하게 "공기"라는 데이터를 볼 수 있는데 놓은 블록 위치에 공기 블록을 놓으면 삭제 효과를 가져옵니다. Dec는 십진수를 뜻하는 용어인데 우리는 이 값을 사용해서 블록을 놓습니다.

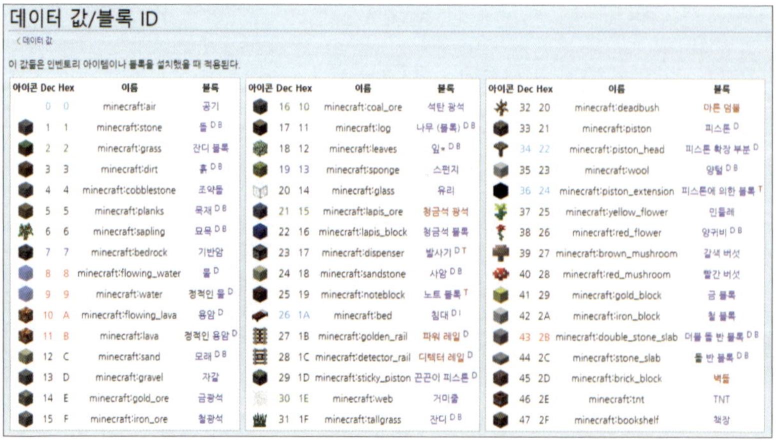

데이터 값/블록 ID

< 데이터 값

이 값들은 인벤토리 아이템이나 블록을 설치했을 때 적용된다.

| 아이콘 | Dec | Hex | 이름 | 블록 |
|---|---|---|---|---|
| | 0 | 0 | minecraft:air | 공기 |
| | 1 | 1 | minecraft:stone | 돌 D B |
| | 2 | 2 | minecraft:grass | 잔디 블록 |
| | 3 | 3 | minecraft:dirt | 흙 D B |
| | 4 | 4 | minecraft:cobblestone | 조약돌 |
| | 5 | 5 | minecraft:planks | 목재 D B |
| | 6 | 6 | minecraft:sapling | 묘목 D B |
| | 7 | 7 | minecraft:bedrock | 기반암 |
| | 8 | 8 | minecraft:flowing_water | 물 D |
| | 9 | 9 | minecraft:water | 정적인 물 D |
| | 10 | A | minecraft:flowing_lava | 용암 D |
| | 11 | B | minecraft:lava | 정적인 용암 D |
| | 12 | C | minecraft:sand | 모래 D B |
| | 13 | D | minecraft:gravel | 자갈 |
| | 14 | E | minecraft:gold_ore | 금광석 |
| | 15 | F | minecraft:iron_ore | 철광석 |
| | 16 | 10 | minecraft:coal_ore | 석탄 광석 |
| | 17 | 11 | minecraft:log | 나무 (블록) D B |
| | 18 | 12 | minecraft:leaves | 잎 D B |
| | 19 | 13 | minecraft:sponge | 스펀지 |
| | 20 | 14 | minecraft:glass | 유리 |
| | 21 | 15 | minecraft:lapis_ore | 청금석 광석 |
| | 22 | 16 | minecraft:lapis_block | 청금석 블록 |
| | 23 | 17 | minecraft:dispenser | 발사기 D T |
| | 24 | 18 | minecraft:sandstone | 사암 D B |
| | 25 | 19 | minecraft:noteblock | 노트 블록 T |
| | 26 | 1A | minecraft:bed | 침대 D I |
| | 27 | 1B | minecraft:golden_rail | 파워 레일 D |
| | 28 | 1C | minecraft:detector_rail | 디텍터 레일 D |
| | 29 | 1D | minecraft:sticky_piston | 끈끈이 피스톤 D |
| | 30 | 1E | minecraft:web | 거미줄 |
| | 31 | 1F | minecraft:tallgrass | 잔디 D B |
| | 32 | 20 | minecraft:deadbush | 마른 덤불 |
| | 33 | 21 | minecraft:piston | 피스톤 D |
| | 34 | 22 | minecraft:piston_head | 피스톤 확장 부분 D |
| | 35 | 23 | minecraft:wool | 양털 D B |
| | 36 | 24 | minecraft:piston_extension | 피스톤에 의한 블록 T |
| | 37 | 25 | minecraft:yellow_flower | 민들레 |
| | 38 | 26 | minecraft:red_flower | 양귀비 D B |
| | 39 | 27 | minecraft:brown_mushroom | 갈색 버섯 |
| | 40 | 28 | minecraft:red_mushroom | 빨간 버섯 |
| | 41 | 29 | minecraft:gold_block | 금 블록 |
| | 42 | 2A | minecraft:iron_block | 철 블록 |
| | 43 | 2B | minecraft:double_stone_slab | 더블 돌 반 블록 D B |
| | 44 | 2C | minecraft:stone_slab | 돌 반 블록 D B |
| | 45 | 2D | minecraft:brick_block | 벽돌 |
| | 46 | 2E | minecraft:tnt | TNT |
| | 47 | 2F | minecraft:bookshelf | 책장 |

**[그림 3-5]** 각 고유한 ID를 갖고 있는 마인크래프트의 블록들

자, 그럼 일단 적당한 장소를 찾도록 합시다. 이번엔 넓은 평지에서 진행합니다. 그리고 우리의 위치 정보를 확인합시다. [그림 3-6]에서 보면, 현재 좌표는 228.819, 69, 155.275입니다. 평지를 빠르게 찾고 싶다면 크리에이티브 모드를 사용해서 하늘에서 떠서 찾는 것이 가장 쉽습니다.

[그림 3-6] 넓은 평지로 이동

좌표 정보를 모두 얻었다면 가장 먼저 할 일은 어떤 블록을 놓을지 정하는 일입니다. 플레이어 옆에 주크박스를 하나 놓도록 합시다. 주크박스의 ID는 몇인가요? [그림 3-7]과 같이 게임피디아 사이트를 방문해 Dec 항목을 찾아서 가져옵시다.

| 아이콘 | Dec | Hex | 이름 | 블록 | 아이콘 | Dec | Hex | 이름 | 블록 |
|---|---|---|---|---|---|---|---|---|---|
| | 80 | 50 | minecraft:snow | 눈 | | 96 | 60 | minecraft:trapdoor | 다락문 D |
| | 81 | 51 | minecraft:cactus | 선인장 D | | 97 | 61 | minecraft:monster_egg | 몬스터 알 D |
| | 82 | 52 | minecraft:clay | 점토 | | 98 | 62 | minecraft:stonebrick | 석재 벽돌 D B |
| | 83 | 53 | minecraft:reeds | 사탕수수 D I | | 99 | 63 | minecraft:brown_mushroom_block | 갈색 거대 버섯 D |
| | 84 | 54 | minecraft:jukebox | 주크박스 D T | | 100 | 64 | minecraft:red_mushroom_block | 빨간 거대 버섯 D |
| | 85 | 55 | minecraft:fence | 울타리 | | 101 | 65 | minecraft:iron_bars | 철창 |
| | 86 | 56 | minecraft:pumpkin | 호박 D | | 102 | 66 | minecraft:glass_pane | 유리판 |
| | 87 | 57 | minecraft:netherrack | 네더랙 | | 103 | 67 | minecraft:melon_block | 수박 |
| | 88 | 58 | minecraft:soul_sand | 소울 샌드 | | 104 | 68 | minecraft:pumpkin_stem | 호박 줄기 D |
| | 89 | 59 | minecraft:glowstone | 발광석 | | 105 | 69 | minecraft:melon_stem | 수박 줄기 D |
| | 90 | 5A | minecraft:portal | 네더 포탈 | | 106 | 6A | minecraft:vine | 덩굴 D |
| | 91 | 5B | minecraft:lit_pumpkin | 잭 오 랜턴 D | | 107 | 6B | minecraft:fence_gate | 울타리 문 D |
| | 92 | 5C | minecraft:cake | 케이크 블록 D I | | 108 | 6C | minecraft:brick_stairs | 벽돌 계단 D |
| | 93 | 5D | minecraft:unpowered_repeater | 레드스톤 중계기 (비활성화) D I | | 109 | 6D | minecraft:stone_brick_stairs | 석재 벽돌 계단 D |
| | 94 | 5E | minecraft:powered_repeater | 레드스톤 중계기 (활성화) D I | | 110 | 6E | minecraft:mycelium | 균사체 |
| 25px | 95 | 5F | minecraft:stained_glass | 스테인드글라스 | | 111 | 6F | minecraft:waterlily | 연꽃잎 |

[그림 3-7] 주크박스의 ID 찾기

주크박스의 ID는 84, 플레이어 좌표는 228.819, 69, 155.275입니다. 플레이어 좌표에서 가로로 1만큼 떨어진 곳에 주크박스를 생성해봅시다. 주크박스를 생성하는 함수는 mc.setBlock이라는 함수입니다.

▶ setBlock 함수 사용법 : mc.setBlock(x, y, z, block_id)

블록을 놓는 함수와 주크박스의 ID, 블록을 놓을 좌표도 알았으니 필요한 정보는 모두 갖추었습니다. 파이썬으로 [코드 3-9]를 참고하여 코딩해보도록 합시다.

```
from mcpi.minecraft import Minecraft
mc = Minecraft.create()
jukebox = 84
x = 228.819
y = 69
z = 155.275
mc.setBlock(x+1, y, z, jukebox)
print("Set!!!")
```

[코드 3-9] 주크박스 놓기 코드

주크박스가 생성되었나요? 그렇지 않을 것입니다. 무언가 놓친 것이 있습니다. 먼저 알아차렸다면 당신은 이미 훌륭한 프로그래머입니다. 바로 보정 값입니다. [코드 3-10]을 참고하여 mc.setBlock() 함수에 보정 값을 추가해 작성하도록 합니다.

```
from mcpi.minecraft import Minecraft
mc = Minecraft.create()
jukebox = 84
x = 228.819
y = 69
z = 155.275
mc.setBlock(x+1-80, y-64, z-248, jukebox)
print("Set!!!")
```

[코드 3-10] 주크박스 놓기 코드(최종)

완전히 잘 실행되면 바로 옆에 놓인 주크박스를 찾을 수 있습니다. 크리에이티브 모드라면 원하는 음반을 선택하여 재생할 수도 있습니다.

[그림 3-8] 옆에 놓인 주크박스

지금쯤 여러분들은 코드를 실행하면서 반복되는 불편함을 느끼셨을 겁니다. 일일이 좌표를 확인하고 좌표를 코드에 저장하는 작업이 굉장히 번거롭습니다. 매번 해당하는 지점의 좌표값을 기억하고 하나씩 적어주어야 합니다. 지금처럼 플레이어의 위치가 변경되면 따라다니면서 이 정보를 매번 손으로 옮겨야 할까요? 그렇지 않습니다. 프로그램은 사용자의 편안함에 궁극적인 목표를 두고 있습니다. 우리는 이미 플레이어의 위치를 얻는 방법을 알고 있습니다. 그렇다면 [코드 3-11]처럼, 플레이어의 위치를 실시간으로 얻은 다음 옆에 금덩이를 놓는 코드를 작성해봅시다. 실시간으로 데이터를 얻어오는 과정이라면 데이터를 보정할 필요는 없습니다.

```
from mcpi.minecraft import Minecraft
mc = Minecraft.create()
gold = 41

# 플레이어 데이터 얻기
_id = mc.getPlayerEntityId('gasbugs')
pos = mc.entity.getTilePos(_id)
print(pos)

# 플레이어 옆에 금 놓기
mc.setBlock(pos.x+1, pos.y, pos.z, gold)
print("Set!!!")
```

[코드 3-11] 실시간 좌표 조회해 옆에 금 놓기

지금 작성한 [코드 3-11]에는 배운 적이 없는 '#'으로 시작하는 한글이 보입니다. 이 문법은 '주석'이라는 기능입니다. 앞에 #이 붙었을 경우에는 코드로 해석하여 실행하지 않습니다. 주로 코드에 대한 설명을 적어 놓는 용도로 사용합니다. 우리가 작성하는 프로그램들은 갈수록 기능이 많아지고 코드도 복잡해집니다. 따라서 코드에 대한 요약 내용을 읽기 쉽게 간단하게 작성해두면 누구나 이 코드에 대해 빠르게 파악하고 잘 사용할 수 있습니다. 이로써 우리는 자동으로 플레이어 옆에 블록을 놓는 프로그램을 작성했습니다.

[그림 3-9] 캐릭터 옆에 놓여진 금덩이

##  setBlocks: 블록 여러 개 생성하기

블록을 하나씩 놓아서는 거대한 건축물을 만들어내기가 어렵습니다. 이번에는 setBlocks 함수를 배워봅시다. setBlocks는 setBlock의 복수형입니다. 뒤에 문자 's'가 붙었는데 영어 그대로 다수의 블록을 놓는 함수입니다.

▶ setBlocks 사용법 : mc.setBlocks(x1, y1, z1, x2, y2, z2, block_id)

setBlocks 함수를 실행하려면 훨씬 많은 데이터가 필요합니다. 기존의 x, y, z 좌표에 함께 또 다른 x, y, z 좌표가 있어야 하는데요, [그림 3-10]을 살펴볼까요? setBlocks 함수는 이 두 좌표 사이에 존재하는 모든 블록들에 블록을 채우는 함수입니다.

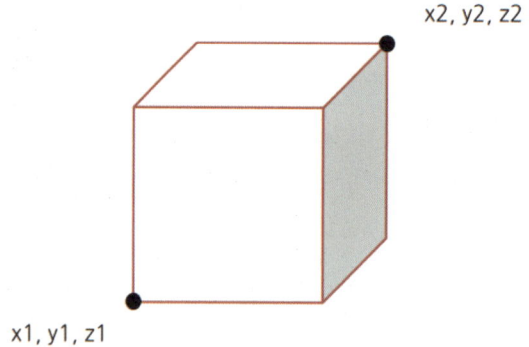

[그림 3-10] setBlocks의 블록 놓는 범위

setBlocks 함수를 사용해 공중에 거대한 정육면체 잭 오 랜턴(할로윈용 호박등)을 만들어봅시다. [코드 3-12]처럼 잭 오 랜턴의 id는 91번이고 정육면체의 각 변의 길이는 20으로 합니다. 각 변의 길이는 원하는 대로 정하면 되지만 너무 크게 만들면 과부하로 서버가 다운될 수 있으니 주의하시기 바랍니다.

```
from mcpi.minecraft import Minecraft
mc = Minecraft.create()
pumpkin = 91 # 잭 오 랜턴
length = 20 # 정육면체 각 변의 길이

# 플레이어 데이터 얻기
_id = mc.getPlayerEntityId('gasbugs')
pos = mc.entity.getTilePos(_id)
print(pos)

# 플레이어 머리 위에 잭 오 랜턴 놓기
mc.setBlocks(pos.x,            pos.y + 10,            pos.z,
             pos.x + length, pos.y + 10 + length, pos.z + length,
             pumpkin)
print("Set!!!")
```

[코드 3-12] 잭 오 랜턴 정육면체 코드

작성한 코드를 실행해볼까요? [그림 3-11]과 같이 머리에서부터 y축으로 10만큼 떨어진 곳에 각 변의 길이가 20인 잭 오 랜턴이 생성됐습니다. 다 만들고 낮에 이를 보면 좀 징그러운 느낌이 들기도 합니다. 훈훈한 배경을 위해 'time set night' 명령어를 사용해 밤에 보면 예쁘게 보입니다.

[그림 3-11] 밤에 본 잭 오 랜턴 정육각형

## 3.6 getBlock : 블록 데이터 얻기

블록 데이터를 얻는 방법은 비교적 쉽습니다. 블록의 좌표를 적절히 전달하면 블록의 데이터를 반환해줍니다. 알아보기 원하는 블록을 먼저 하나 찾아봅시다. 그리고 [그림 3-12]와 같이 <F3>키로 디버깅 모드를 사용해 현재 바라보고 있는 블록의 데이터 좌표를 알아봅시다.

[그림 3-12] 디버깅 창([F3] 키)에서 바라보고 있는 블록의 위치 파악 가능

플레이어가 바라보고 있는 블록의 좌표는 201, 70, 149입니다. [코드 3-13]을 참고하여 getBlock 함수를 사용해 블록의 데이터를 가져옵시다. 이때 보정 값을 적용해야 합니다.

▶ getBlock 함수 사용법 : data = mc.getBlock(x, y, z)

```
from mcpi.minecraft import Minecraft
mc = Minecraft.create()
x = 201
y = 70
z = 149
data = mc.getBlock(x-80, y-64,z-248)
print(data)
```

[코드 3-13] getBlock 함수로 모래의 데이터를 얻기

12

[코드 3-13 실행결과] 파이썬을 통해 얻어진 블록 ID 값

88

얻어진 결과가 정확한지 게임피디아 사이트의 정보와 비교해봅시다. 여기에서도 12번 모래를 확인할 수 있습니다. getBlock 함수가 정확한 값을 가져오고 있습니다.

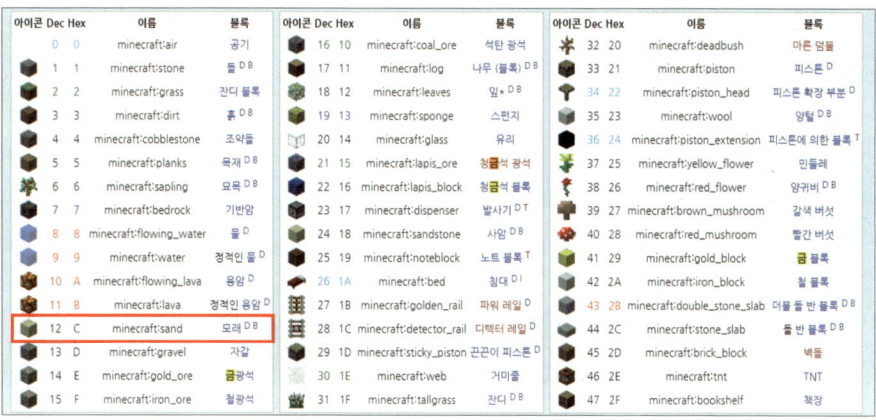

[그림 3-13] 모래의 ID가 12임을 표시하는 화면

##  getBlockWithData: 블록 데이터 얻기

하지만 단순히 ID를 아는 것으로는 부족합니다. 그 대표적인 예로 양털을 들 수 있습니다. [그림 3-13]의 블록 목록에서 양털의 정보를 찾아봅시다. 양털은 하나의 ID인 35를 갖는 것으로 나옵니다.

하지만 실제로 마인크래프트에 접속해서 크리에이티브 모드에서 장비 창([e]키)에서 검색해보면 양털의 종류가 다양한 것을 알 수 있습니다. [그림 3-14]와 같이 오른쪽 상단에 나침반 아이콘을 클릭하면 검색할 수 있습니다.

[그림 3-14] 크레이티브에서 양털 꺼내기

검색한 양털을 종류별로 8개 정도만 꺼내서 [그림 3-15]와 같이 배치합시다.

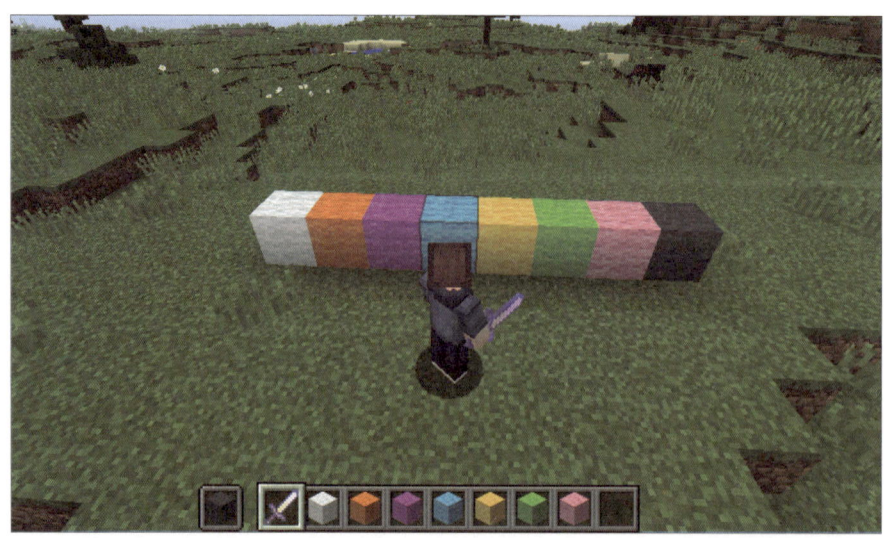

[그림 3-15] 양털 배치하기

이 양털들은 모두 35라는 아이디를 갖지만 다양한 표현을 하기 위해 별도의 두 번째 ID를 갖고 있는데요, 하지만 방금 사용한 코드로는 35라는 데이터밖에 얻을 수가 없습니다. 이런 다양한 블록의 데이터를 확인할 때는 getBlockWithData()를 사용해야 합니다. 이 함수는 추가적인 데이터를 가져와서 보여줍니다. 다음의 [코드 3-14]를 보죠.

```
from mcpi.minecraft import Minecraft
mc = Minecraft.create()
x = 207
y = 72
z = 129
data = mc.getBlockWithData(x-80, y-64,z-248)
print(data)
```

[코드 3-14] 양털의 블록 데이터 얻기

받은 데이터에 또다른 데이터가 하나 추가된 것을 확인할 수 있습니다. 두 숫자 중 첫 번째는 35번으로 양털 블록의 ID입니다. 두 번째 숫자를 확인해봅시다. [코드 3-14 실행결과]처럼 하얀 양털부터 확인해보면 받은 숫자가 0부터 증가한다는 사실을 알 수 있습니다. 하양은 0, 주황은 1입니다.

```
Block(35, 1)
```

[코드 3-14 실행결과] 양털의 블록 데이터 얻기 결과

블록을 배치할 때도 같은 방법으로 좀더 상세하게 블록을 지정할 수 있습니다. 방금 전처럼 양털의 번호를 35라고만 지정하면 하얀색 양털밖에 만들지 못합니다. 때문에 원하는 색의 양털을 배치하려면 뒤에 숫자를 함께 전달하면 됩니다. [코드 3-15]와 같이 wool10으로 10번 양털 (35, 10)에 대한 변수 하나를 선언하고 데이터를 넣습니다. 10번 양털 블록은 이전에 배웠던 블록을 놓는 함수로 놓을 수 있습니다. 단순하게 mc.setBlock 함수에 ID 부분에 전달하여 블록 생성 코드를 작성합니다.

```
from  mcpi.minecraft import Minecraft
mc = Minecraft.create()
x = 207
y = 72
z = 130
wool10 = (35,10) # 양털 ID 35번의 10번 데이터
mc.setBlock(x-80, y-64, z-248, wool10)
print("Set!!!")
```

[코드 3-15] 10번 양털 생성하기

[그림 3-16]을 볼까요? 보라색 양털이 잘 생성되었나요? 이 10번 보라색 양털은 검색 창에서도 찾을 수 있습니다. 데이터 번호 순서대로 양털이 조회됩니다. 크리에이티브 모드 인벤토리로 보면 11번째 자리에 위치합니다. 왼쪽 위부터 0번으로 시작해서 정확히 10번에 이 양털이 존재하니 참고하기 바랍니다. 참고로 컴퓨터의 세계에서는 숫자를 0부터 셉니다.

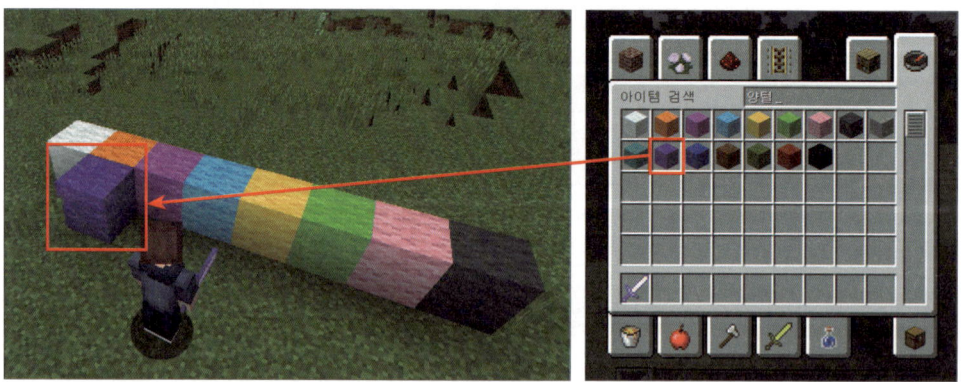

[그림 3-16] 10번 양털 배치하기

## 3.8 정리

[표 3-3]에 지금까지 배운 함수들에 대해서 정리해보았습니다. 하나씩 읽어볼까요?

[표 3-3] 유용한 MCPI 함수 목록

| 함수 형태 | 기능 |
| --- | --- |
| mc.postToChat(message) | 마인크래프트의 채팅 창을 사용한다. |
| _id = mc.getPlayerEntityId(player_name) | 플레이어의 아이디를 가져온다. |
| mc.getPlayerEntityIds() | 접속된 모든 플레이어의 아이디를 가져온다. |
| pos = mc.entity.getPos(player_id) | 플레이어의 위치를 float 형으로 가져온다. |
| pos = mc.entity.getTilePos(player_id) | 플레이어의 위치를 int 형으로 가져온다. |
| mc.entity.setPos(player_id) | 플레이어의 위치를 float 형으로 설정한다. |
| mc.entity.setTilePos(player_id) | 플레이어의 위치를 int 형으로 설정한다. |
| mc.setBlock(x, y, z, block_id) | x, y, z 좌표에 블록을 생성한다. |
| mc.setBlocks(x1, y1, z1, x2, y2, z2, block_id) | x1, y1, z1 좌표와 x2, y2, z2 사각형 영역에 블록들을 생성한다. |
| data = mc.getBlock(x, y, z) | x, y, z 좌표에 있는 블록의 정보를 가져온다. |
| data = mc.getBlockWithData(x, y, z) | x, y, z 좌표에 있는 블록의 상세 정보를 가져온다. |

지금까지 MCPI의 다양한 기능에 대해서 배웠습니다. 살펴보지 않은 몇 가지 기능들이 있지만 볼 필요가 없거나 책 뒤에서 전달할 내용은 아직 설명하지 않았습니다. 앞으로는 배운 mcpi의 여러 기능들을 통해 마인크래프트 세상을 멋지게 꾸며보도록 하는 일만 남았습니다!

# CHAPTER 04

# 초급 텔레포트

파이썬을 사용해 초급 텔레포트를 사용해봅시다. 단순한 플레이어 위치 변경이 아닙니다. 더 고급의 초급 텔레포트에는 몇 가지 추가적인 파이썬 문법을 사용합니다. 여기서는 파이썬 함수를 만드는 방법, 조건을 나누는 방법, 프로그램을 천천히 실행하는 방법 등의 좀 더 효과적인 파이썬 코딩을 위한 학습을 합니다.

##  더하기 함수 만들기

단순한 플레이어 위치 변경을 위해서 우리는 좌표에서 보정 값을 임의로 더하거나 뺍니다. 매번 x, y, z 좌표 보정 값을 외우고 있을 수 없고 코드에 계속 더하기 빼기를 추가하는 것도 매우 번거로운 일입니다. 함수를 사용하면 이런 번거로움을 덜어낼 수 있습니다.

이미 우리는 수많은 함수를 사용해봤습니다. 함수란 특정 데이터를 넣어주면 함수의 알고리즘을 거쳐 반환 값을 주는 것을 말합니다. 즉 어떤 입력을 넣었을 때 특정 기능이 동작해 결과를 출력하는 것이 바로 함수입니다.

예를 들어 블록에 대한 데이터를 넣으며 블록을 생성하는 함수(setBlock)를 호출하면 이 함수에 대한 입력 값은 블록 데이터가 되고, 출력 값은 블록을 놓는 행위가 됩니다. 플레이어 위치를 얻는 함수(getPos)도 마찬가지입니다. 이 함수를 실행할 때는 플레이어의 아이디를 전달하고 결과로 좌표를 받습니다.

[코드 4-1]을 통해 가장 먼저 간단한 더하기 함수를 구현해봅시다. 이미 더하기 프로그램을 만들어 봤으니 그리 어렵지는 않습니다. 함수를 사용하기 전에 함수를 선언해야 합니다. 함수를 선언한다는 것은 어떤 기능을 할지 미리 코딩해서 정해두는 것입니다. 선언할 때 코드의 내용은 실행되지 않고 앞으로 해당 함수를 실행하면 이렇게 행동을 하겠다는 기능 저장의 역할만 합니다.

```python
# add1 함수 선언
def add1(a, b): # 함수 사용 시 a와 b를 전달
    c = a + b
    return c # a와 b를 더한 값을 리턴

# add1 함수 실행
print(add1(1, 3)) # a에는 1 b에는 2 전달
```

**[코드 4-1]** add1 함수 만들고 실행

프린트 함수에 있는 add1 함수를 실행했습니다. 위 def add1을 통해 생성된 함수는 실행되지 않고 함수 선언만 합니다. 실제로 함수가 실행되는 라인은 print 함수가 있는 부분입니다. [코드 4-1]를 한 줄씩 살펴보도록 합니다.

```python
def add1(a, b): # 함수 사용 시 a와 b를 전달
```

가장 첫 줄에는 함수 모양에 대한 선언을 하는데 def로 시작하며 입력에 대한 정의를 넣습니다. 여기서는 add1 함수에는 a와 b를 전달하기로 약속했습니다. 입력 값이 항상 필요하지는 않습니다. 필요하지 않을 때는 비워 둘 수도 있습니다. 마지막에는 반드시 콜론(:)이 뒤따릅니다. 이 콜론은 뒤따라오는 코드가 있음을 나타냅니다.

```
c = a + b
```

함수 두 번째 줄부터는 반드시 들여쓰기(indent)를 해줘야 합니다. 만약 들여쓰기를 하지 않는다면 오류를 출력합니다. 파이썬에서 들여쓰기의 의미는 앞쪽에 포함된다는 의미입니다. return이라는 코드는 def로 선언된 내용보다 안쪽으로 들여쓰기가 되어 있습니다. return 코드가 def 코드에 포함되어 있다는 의미이며 들여쓰기를 하지 않는 줄부터는 def에 속한 함수가 아닙니다.

```
return c # a와 b를 더한 값을 리턴
```

함수 마지막에는 return을 사용하면 돌려주는(출력) 값을 정할 수 있습니다. 입력 값과 마찬가지로 출력 값은 항상 필요하지는 않습니다. add1 함수는 1, 3을 더해서 반환하는 역할을 합니다

```
print(add1(1, 3)) # a에는 1 b에는 2 전달
```

들여쓰기가 끝납니다. 들여쓰기가 종료된 줄부터는 함수에 포함되는 내용이 아닙니다. 함수의 종료를 나타내는 부분이기도 합니다. print 함수는 add1 함수의 결과를 받아서 바로 출력해 줍니다. 앞서 선언된 add1 함수가 실행되며 a와 b에 각각 1, 3을 전달합니다. 함수가 호출되며 a와 b를 더하고 출력하는 코드가 실행됩니다. 결과는 4를 출력하게 됩니다.

## 4.2 위치 보정 함수 만들기

우리가 이번에 만들 위치 보정 함수의 기능은 단순합니다. 이 함수는 마인크래프트상에서의 좌표를 전달하면 mcpi 좌표로 바꿔서 반환하고, 반대로 mcpi 좌표를 넣으면 마인크래프트상에서의 좌표를 전달합니다.

[코드 4-2]에서 보듯이 x에는 80, y에는 64, z에는 248을 더하거나 빼주면 됩니다. 그동안 매번 좌표를 서로 간에 맞춰주기 위해 사용했던 덧셈, 뺄셈을 함수로 만들어 사용하면 중복되는 코드 없이 필요할 때 꺼내 사용할 수 있습니다.

```python
# 게임에서 mcpi로 보낼때 사용하는 함수
def corr_pos_to_mcpi(x, y, z):
    x -= 80
    y -= 64
    z -= 248
    return x, y, z

# mcpi에서 게임으로 보낼때 사용하는 함수
def corr_pos_to_game(x, y, z):
    x += 80
    y += 64
    z += 248
    return x, y, z

x, y, z = corr_pos_to_mcpi(89, 79, 278)
print(x, y, z)
x, y, z = corr_pos_to_game(x, y, z)
print(x, y, z)
```

[코드 4-2] corr_pos_to_mcpi와 corr_pos_to_game 정의 및 실행

corr_pos_to_mcpi와 corr_pos_to_game 두 함수를 정의합니다. 함수의 이름을 먼저 살펴보겠습니다. 함수의 이름은 그 기능에 따라 뜻을 명확하게 하는 것이 좋습니다. 뜻이 애매하면 오랜 시간이 지난 후에 사용할 때는 이 함수가 무슨 역할을 하

는지 파악되지 않을 수 있고 다른 사람이 사용하기도 어렵습니다. 개발은 보통 여러 사람이 함께 진행하기 때문에 함수 이름에 신경 쓰는 것이 좋습니다. 함수의 이름을 명확하게 적어 두면 재활용하기 매우 좋습니다. 참고로 변수 이름도 마찬가지입니다.

함수의 이름 'correct the position'은 위치를 보정한다는 뜻으로 corr_pos라고 지었습니다. 그 뒤에는 to_mcpi와 to_game이 나오는데 mcpi로 보낼 때는 to_mcpi 함수를 사용해서 보정하고 game으로 보낼 때는 to_game 함수를 쓰면 된다는 의미입니다. 방향에 따라 더하거나 빼거나 하는 내용이 포함됩니다.

```
x += 80
```

함수 중간에 처음 보는 수식 '+='과 '-='이 등장합니다. 이 코드는 기존의 x 값에 80을 더해 다시 x에 저장하는 코드입니다. x = x + 80과 같은 의미입니다.

이 코드에는 헷갈릴 수 있는 부분이 있습니다. x, y, z가 여러 곳에서 선언된다는 점인데요. x, y, z가 각 함수에서도 선언되고 함수 밖에서도 선언됩니다. 그러나 결코 혼란스럽게 생각할 필요는 없습니다. 각 변수들은 함수 안에서 선언되기 때문에 함수 내에서만 고립되어 쓰입니다. 이런 변수들을 지역 변수라고 부릅니다. 그래서 x, y, z는 서로 같지 않고 데이터를 공유하지도 않습니다. 함수는 독립된 공간을 갖고 있기 때문에 같은 변수명을 써도 서로에게 아무런 영향을 미치지 않습니다. 전역 변수를 사용하게 되면 같이 공유할 수 있지만 전역 변수에는 global이라는 코드를 적어줘야 합니다. 변수에 global이 붙지 않으면 그 변수는 지역 변수입니다.

코드를 실행하면 보정된 값을 잘 출력합니다.

```
9 15 30
89 79 278
```

[코드 4-2 실행결과] 보정된 값을 출력하는 함수

 ## 집으로 텔레포트 함수 만들기

이제 텔레포트 함수를 만들겠습니다. 먼저 집으로 텔레포트하는 함수를 만들어봅시다.

집으로 이동하려면 집이 있어야 하니 집을 하나 만들고 시작합니다. 아직 건축은 서투니 손으로 뚝딱뚝딱 만들어줍니다. 그리고 '집으로 텔레포트'에 사용할 집 안 좌표를 하나 적어 둡니다. 필자의 집 좌표는 249, 71, 160입니다.

[그림 4-1] 집 하나 뚝딱 뚝딱 완성!

이제 집도 완성됐으면 집으로 가는 함수를 만들어 보도록 합니다. 함수의 이름은 go_home입니다.

```
# 게임에서 mcpi로 보낼때 사용하는 함수
def corr_pos_to_mcpi(x, y, z):
    x -= 80
    y -= 64
    z -= 248
    return x, y, z
```

```python
# mcpi에서 게임으로 보낼때 사용하는 함수
def corr_pos_to_game(x, y, z):
    x += 80
    y += 64
    z += 248
    return x, y, z

def go_home(mc):
    x, y, z = 249, 71, 160
    x, y, z = corr_pos_to_mcpi(x, y, z)
    _id = mc.getPlayerEntityId("gasbugs")
    mc.entity.setPos(_id, x, y, z)

from mcpi.minecraft import Minecraft

mc = Minecraft.create()
go_home(mc)
```

[코드 4-3] go_home 함수와 실행 코드

앞서 제작한 함수인 값을 보정하는 함수를 포함시켰습니다. 앞으로는 지면 절약을 위해 생략하겠습니다. corr_pos로 시작하는 함수가 사용된다면 지면에 내용이 없더라도 corr_pos 함수 둘을 먼저 선언하고 코드를 작성하기 바랍니다. [코드 4-3]에서 corr_pos 함수를 제외한 나머지 코드를 살펴봅시다.

```
def go_home(mc):
```

go_home 함수는 mc 객체를 전달받습니다. mc를 전달받아야 관련 함수를 실행할 수 있습니다. 물론 mc를 함수 내부에서 하나 더 만들 수 있지만 mc로 다른 행동을 하는 코드가 추가되면 매번 mc가 생성되고 지워지고를 반복하게 됩니다. 이 작업이 반복되면 쓸모 없는 코드 때문에 컴퓨터 자원의 소모가 커집니다. 자원 소모가 커진다면 컴퓨터 성능에 영향이 갑니다. mc는 최초 한 번만 생성하도록 하고 함수를 실행할 때 전달받으면 자원을 아낄 수 있습니다. 이러한 이유로 mc는 한 번 생성하고 함수에서 사용할 경우에는 인자로 mc를 넘겨주도록 코딩합니다.

함수 내부에는 mcpi로 좌표를 변환하고 집 좌표로 위치 변경을 하는 코드를 작성했습니다. 앞에서 모두 배운 내용이니 하나씩 복습해보기 바랍니다. 코드가 결코 어렵지 않습니다.

우리가 배운 것과 달리 이 함수 끝에는 return이 없습니다. 앞서 본 함수들은 모두 return이 있었지만 리턴 값은 생략이 가능합니다. go_home 함수는 돌려 받을 만한 데이터가 존재하지 않아서 return 코드를 작성하지 않았습니다. 대신 집으로 텔레포트하는 캐릭터를 눈으로 확인할 수 있습니다. 하지만 가능하면 return을 통해 코드가 잘 실행됐는지 여부를 확인할 수 있도록 하는 편이 좋습니다.

## 4.4 단거리 이동 텔레포트

두 번째로 작성해볼 텔레포트는 단거리 이동 텔레포트 함수입니다. 현재 위치에서 얼마 떨어지지 않은 곳으로 원하는 만큼 x, y, z좌표로 이동하는 텔레포트 함수를 만들어봅시다. '집으로 텔레포트'와는 다르게 플레이어의 위치를 먼저 조회하고 그 후에 원래 있던 자리에서 상대적인 위치로 이동합니다. 지금까지 해온 내용과 상당히 중복된 형태라 익숙할 만한 내용입니다. 할 수 있다면 혼자 작성해봐도 좋습니다. 모두 작성하신 뒤에 필자가 작성한 [코드 4-4]와 비교해보기 바랍니다.

```python
from mcpi.minecraft import Minecraft

def go_short(mc, x, y, z):
    _id = mc.getPlayerEntityId("gasbugs")
    _x, _y, _z = mc.entity.getPos(_id)
    mc.entity.setPos(_id, _x + z, _y + y, _z + z)

mc = Minecraft.create()
go_short(mc, 10, 10, 10)
```

[코드 4-4] 단거리 이동 텔레포트 코드

코드가 아주 간단하게 작성됐습니다. go_short 함수에 mc와 x, y, z 좌표를 전달하면 상대적 위치에 떨어지도록 구성했습니다. _x, _y, _z 좌표에는 현재 캐릭터의 위치의 조회 결과가 반환되고, 그 주소로부터 x, y, z 만큼 떨어진 곳으로 텔레포트하게 됩니다.

## 4.5 타이밍 텔레포트

우리가 지금까지 작성했던 코드는 아주 빠르게 실행됩니다. 이 프로그램들은 1초도 되지 않는 시간 동안에 실행되어 우리가 코드의 결과를 눈으로 확인하려면 재빠른 화면 전환이 필요했습니다. 대부분은 플레이어가 결과를 보기도 전에 끝나고 마는데요, 그러면 파이썬에 타이밍을 걸어두면 어떨까요? 파이썬의 time이란 라이브러리에는 sleep이란 함수가 있습니다. sleep 함수를 사용하면 실행 중인 스레드에게 원하는 만큼 쉬는 시간을 줄 수 있습니다.

스레드(Thread)란 개념이 새롭게 등장합니다. 스레드의 개념을 살펴보기 위해 예를 하나 들겠습니다. 사무실이 하나 있습니다. 거기에는 일하는 직원도 있습니다. 만약 사무실만 있고 직원이 없다면 그 회사는 일을 할 수 있을까요? 우리가 프로그램을 실행해도 같은 원리로 동작합니다.

컴퓨터의 세계에서 프로그램을 실행하면 프로그램은 메모리라는 공간에 올라가서 프로세스(Process)가 됩니다. 그래서 우리는 흔히 간단하게 '프로세스는 실행 중인 프로그램이다'라고 이야기합니다. 이 프로세스는 자원을 할당하고 전체적으로 프로그램을 관리하는 역할을 합니다. 프로세스는 인간 세계의 사무실과 유사합니다. 자원을 할당하고 장소를 마련해주지만 실제로 일을 하는 직원은 아닙니다.

여기서 일을 하는 '직원', 그것이 바로 스레드입니다. 실질적으로 업무를 처리하고 일을 해주는 코드를 실제로 실행시키는 실행 단위입니다. 직원이 여러 명 존재할 수 있는 것처럼 하나의 프로세스에는 다수의 스레드가 존재할 수 있으며 이 스레드는 서로 상호보완하는 역할을 갖습니다.

결국 실행 시간을 적절히 조절하려면 프로세스를 다루는 것이 아니라 스레드의 속도를 조절하는 것이 필요합니다. 오늘날 존재하는 대부분 프로그램은 다수의 스레드를 사용해 동작합니다. 이번 시간은 이 스레드를 잠시 멈추게 하는 타이밍 텔레포트를 배워봅시다.

먼저 sleep 함수를 시험해봅니다. 스레드가 sleep 함수를 실행하면 전달해주는 초 시간 만큼 실행을 잠시 멈춥니다. sleep 함수는 time 라이브러리에 속합니다. 코드 가장 위에 import time을 사용해 time 라이브러리를 불러옵니다.

```
import time

print("0초가 지났습니다.")
time.sleep(1)
print("1초가 지났습니다.")
time.sleep(2)
print("3초가 지났습니다.")
time.sleep(3)
print("6초가 지났습니다.")
```

[코드 4-5] time.sleep 시험하기

[코드 4-5]를 실행하면 바로 "0초가 지났습니다"라는 문구가 먼저 뜨고 1초 후에 다음 문구, 2초 후에 그 다음 문구, 그리고 3초 후에 그 다음 문구가 출력됩니다. sleep을 한 시간만큼 기다려야 다음 print가 실행된다는 사실을 알 수 있습니다.

sleep 함수 사용 방법을 알았으니 로켓 타이밍 텔레포트 함수를 만들어보겠습니다. 로켓 타이밍 텔레포트는 10부터 1초마다 거꾸로 센 다음 정해진 시간이 모두 소진되면 5씩 캐릭터가 위로 상승하는 함수입니다. 역시 마찬가지로 [코드 4-6]에 모든 힌트는 주어졌으니 할 수 있다면 혼자 작성해봐도 좋습니다. 중복되는 코드가 많으니 복사해서 붙여넣기 해도 좋습니다.

```
import time
from mcpi.minecraft import Minecraft

def go_short(mc, x, y, z):
    _id = mc.getPlayerEntityId("gasbugs")
    _x, _y, _z = mc.entity.getPos(_id)
    mc.entity.setPos(_id, _x + z, _y + y, _z + z)

mc = Minecraft.create()
mc.postToChat("Start countdown.")
mc.postToChat("10s")
time.sleep(1)
mc.postToChat("9s")
time.sleep(1)
mc.postToChat("8s")
time.sleep(1)
mc.postToChat("7s")
time.sleep(1)
mc.postToChat("6s")
time.sleep(1)
mc.postToChat("5s")
time.sleep(1)
mc.postToChat("4s")
time.sleep(1)
mc.postToChat("3s")
time.sleep(1)
mc.postToChat("2s")
time.sleep(1)
mc.postToChat("1s")
time.sleep(1)
mc.postToChat("0s")
go_short(mc, 0, 10, 0)
go_short(mc, 0, 10, 0)
go_short(mc, 0, 10, 0)
go_short(mc, 0, 10, 0)
go_short(mc, 0, 10, 0)
go_short(mc, 0, 10, 0)
```

```
go_short(mc, 0, 10, 0)
go_short(mc, 0, 10, 0)
go_short(mc, 0, 10, 0)
go_short(mc, 0, 10, 0)
go_short(mc, 0, 10, 0)
go_short(mc, 0, 10, 0)
go_short(mc, 0, 10, 0)
go_short(mc, 0, 10, 0)
go_short(mc, 0, 10, 0)
go_short(mc, 0, 10, 0)
```

[코드 4-6] 로켓 타이밍 텔레포트

코드가 실행되면 [그림 4-2]에서 보는 것과 같이 화면 왼쪽에 10부터 카운트가 시작됩니다. 카운트되는 숫자가 0이되면 모두 떨어진 후에 위쪽 방향으로 10씩 텔레포트를 하기 시작합니다. 코드가 모두 실행되면 순식간에 하늘에 떠있는 체험을 할 수 있습니다. 로켓 타이밍 텔레포트는 보다시피 중복되는 코드가 매우 많아 코드가 매우 난잡합니다. 코드를 줄이는 방법은 고급 텔레포트에 들어가서 배우니 지금은 시간을 제어할 수 있다는 것만 기억하시면 됩니다.

[그림 4-2] 카운트 다운 시작!

## 4.6 마인크래프트 건축물 일일투어!

마인크래프트에는 숨겨진 건축물들이 매우 많습니다. 초급 텔레포트의 마지막으로 건축물 좌표를 하나씩 탐방하는 코드를 작성해봅시다. 게임을 하다 보면 마인크래프트의 기이한 건축물들을 가끔 우연히 만나기도 합니다. 하지만 우리는 명령어와 파이썬을 잘하기 때문에 원하면 얼마든지 원하는 건축물들에 방문할 수 있습니다.

'1.13 꼭 알아야 하는 마인크래프트 명령어'절에서 배운 마인크래프트 명령어 중에는 locate라는 명령어가 있습니다. locate 명령어는 건축물의 좌표를 파악하는 명령어입니다. 초급 텔레포트 파이썬을 사용해 그 장소로 이동할 수 있습니다. 한 곳씩 locate 명령어를 사용해 건축물의 좌표를 파악합니다. 각 건축물의 x, y, z 좌표 모두 찾은 뒤 텔레포트하도록 코딩합니다. /locate <키워드>를 사용해 존재하는 건축물부터 찾아냅니다. 각 맵마다 존재하지 않는 건축물도 있을 수 있습니다. 우리는 이 건축물들을 일일 관광투어 서비스를 제공하는 파이썬 코드로 제작합니다.

[표 4-1] 필자의 맵에 존재하는 건축물들

| 키워드(대소문자 구분) | 장소 |
|---|---|
| EndCity | 찾을 수 없음 |
| Fortress | 찾을 수 없음 |
| Mansion | −13624, (?), 3080 |
| Mineshaft | −13304, (?), 3672 |
| Monument | −13512, (?), 5000 |
| Stronghold | −13608, (?), 4952 |
| Temple | −13624, (?), 3400 |
| Village | −13576, (?), 3288 |

locate를 사용하면 y좌표는 나오지 않습니다. 캐릭터를 텔레포트할 때 너무 높은 위치에 관광객을 텔레포트시키면 관광객이 사망하게 됩니다. 그리고 지면보다 아래에

텔레포트시키면 블록 사이에 캐릭터가 낍니다. 편한 관광 제공을 위해 y축을 완전히 파악해서 코딩해야 안전하게 캐릭터를 옮기는 성공적인 투어가 가능합니다.

MCPI의 getHeight라는 함수를 사용하면 어떤 x, z 좌표의 y축에서 가장 높이 있는 블록의 좌표를 찾아낼 수 있습니다. getHeight 함수를 시험하기 위해 좌표를 하나 고릅시다. 지금 서있는 장소의 가장 높은 블록은 x좌표는 -13592, y좌표는 69, z좌표는 4928입니다.

[그림 4-3] 지금 현재 서있는 좌표

mc.getHeight 함수에 x와 z 좌표를 보내 y를 받는 코드를 [코드 4-7]과 같이 작성합니다. corr_pos_to_mcpi와 corr_pos_to_game는 그대로 유지해서 사용하도록 합니다.

```
# 게임에서 mcpi로 보낼때 사용하는 함수
def corr_pos_to_mcpi(x, y, z):
    x -= 92
    y -= 64
    z -= 256
```

```
        return x, y, z

# mcpi에서 게임으로 보낼 때 사용하는 함수
def corr_pos_to_game(x, y, z):
    x += 92
    y += 64
    z += 256
    return x, y, z

from mcpi.minecraft import Minecraft

mc = Minecraft.create()
x, y, z = -13593, 0, 4928
_x, _y, _z = corr_pos_to_mcpi(x, y, z) # mcpi로 쓸 수 있게 변환
_y = mc.getHeight(_x,_z) # mcpi가 y의 좌표를 가져옴
print(corr_pos_to_game(_x, _y, _z)) # 게임 상의 좌표로 출력
```

[코드 4-7] getHeight 시험하기

[코드 4-7]에서 보면 코드 중간에는 쓰이지 않는 y값이 0으로 선언되어 있습니다. 이 값은 corr_pos_to_mcpi 함수에 필요하기 때문에 0으로 세팅하여 씁니다. 아무것도 쓰지 않기 원한다면 사용하는 함수들의 모양을 수정해줘야 합니다. 그러면 더 많은 작업을 해야 하기 때문에 y에 0을 전달하는 편이 낫습니다. 출력되는 결과는 (-13593, 70, 4928)입니다. 정확히 우리가 서있는 블록에서 y에 1이 더해진 좌표입니다. 즉 우리가 서있는 좌표라 할 수 있습니다.

getHeight를 사용해 x, y, z 좌표를 모두 얻는 방법을 익혔습니다. 몇 개의 건축물들은 땅속이나 물속을 들어가야 하기 때문에 투어가 어려울 수 있습니다. 땅속에 있는 경우에는 미리 해당 좌표를 찾아가서 수직으로 땅을 파두고, 물속에 있는 구조물을 보고 싶을 때는 '야간 투시의 물약'을 미리 준비하여 사용하면 됩니다. '야간 투시의 물약'은 크리에이티브의 모드에서 쉽게 구할 수 있습니다. 그럼 바로 코딩을 시작해봅시다.

```
import time
from mcpi.minecraft import Minecraft

def go_tour(mc, x, y, z, str1):
    mc.postToChat("Welcome to "+ str1 + ".")
    x, y, z = corr_pos_to_mcpi(x, y, z)
    y = mc.getHeight(x, z)
    _id = mc.getPlayerEntityId("gasbugs")
    mc.entity.setPos(_id, x, y, z)
    mc.postToChat("You can tour this site for 1min.")
    time.sleep(60)
    mc.postToChat("We move to next in 5sec")
    time.sleep(5)


mc = Minecraft.create()
mc.postToChat("Let's start 1 day tour.")
time.sleep(5)
go_tour(mc, -13624, 0, 3080, "Mansion")
go_tour(mc, -13304, 0, 3672, "Mineshaft")
go_tour(mc, -13304, 0, 5000, "Monument")
go_tour(mc, -13608, 0, 4952, "Stronghold")
go_tour(mc, -13624, 0, 3400, "Temple")
go_tour(mc, -13576, 0, 3288, "Village")
```

[코드 4-8] 건축물 일일 투어 코드

작성한 [코드 4-8]을 살펴볼까요?

go_tour 함수는 각 관광지로 텔레포트해주고 안내문구를 띄워주는 역할을 합니다. 지금까지 배운 위치 이동, 채팅, y 좌표 구하기 등의 다양한 기능들이 모두 포함됩니다.

```
def go_tour(mc, x, y, z, str1):
    mc.postToChat("Welcome to "+ str1 + ".")
```

go_tour 함수를 선언합니다. mc 객체와 x, y, z 좌표를 각각 넘겨주었고 str1에 장소 이름도 함께 전달합니다. 함수에 들어가면 가장 먼저 환영 메시지를 장소 이름과 함께 마인크래프트 채팅창에 출력합니다.

```
x, y, z = corr_pos_to_mcpi(x, y, z)
    y = mc.getHeight(x, z)
    _id = mc.getPlayerEntityId("gasbugs")
    mc.entity.setPos(_id, x, y, z)
```

보정된 값을 적용하여 x, y, z 좌표를 찾고 y 높이를 구합니다. 원하는 플레이어의 이름을 기반으로 ID를 찾고 해당 유저를 원하는 위치로 옮깁니다.

```
mc.postToChat("You can tour this site for 1min.")
    time.sleep(60)
    mc.postToChat("We move to next in 5sec")
    time.sleep(5)
```

캐릭터를 옮긴 뒤 관광할 수 있도록 60초의 시간을 줍니다. 안내 문구에서도 1분 동안 투어하라는 메시지가 나옵니다. 그리고 go_tour 함수가 끝나기 5초 전에는 5초 남았다는 메시지도 띄워줍니다.

```
mc.postToChat("Let's start 1 day tour.")
time.sleep(5)
go_tour(mc, -13624, 0, 3080, "Mansion")
go_tour(mc, -13304, 0, 3672, "Mineshaft")
go_tour(mc, -13304, 0, 5000, "Monument")
go_tour(mc, -13608, 0, 4952, "Stronghold")
go_tour(mc, -13624, 0, 3400, "Temple")
go_tour(mc, -13576, 0, 3288, "Village")
```

각각의 관광지를 다녀올 수 있도록 안내 메시지를 띄우고 각 관광지의 좌표와 관광지 이름을 적어주면 함수가 동작하며 각 관광지를 60초씩 방문하게 됩니다.

이로써 마인크래프트를 모르는 친구들에게 마인크래프트 일일 관광 코스를 제공하는 코드를 만들었습니다. 60초는 매우 짧으니, 시간을 알맞게 조절해서 관광시켜줄 수 있으면 좋겠지요?

[그림 4-4] Masion: 산림 대저택

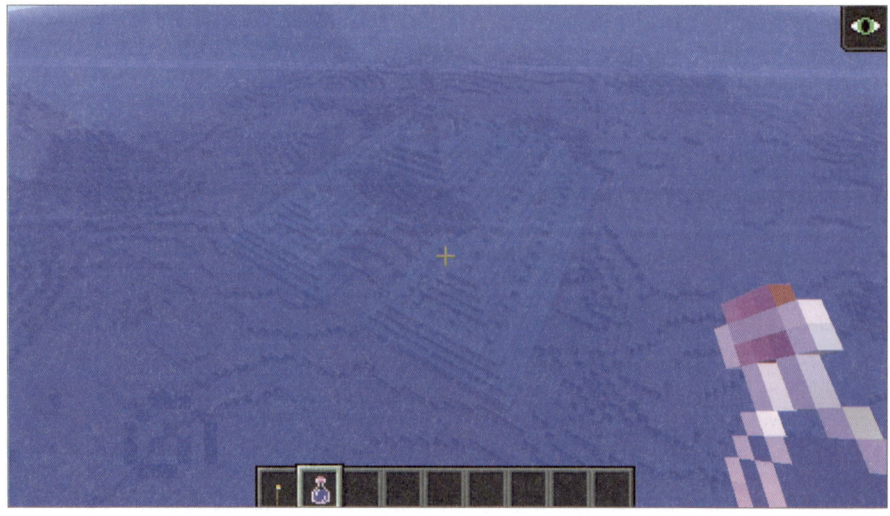

[그림 4-5] Monument: 바다유적('야간 투시의 물약' 사용)

[그림 4-6] Temple: 사막 피라미드

초급 텔레포트에서는 여러 가지 역할을 하는 함수를 직접 만들어 봤습니다. 집으로 가는 코드, 단거리를 이동시키는 텔레포트, 로켓 타이밍 텔레포트, 마지막에는 일일 관광을 안내하는 코드까지 구현해보았는데요, 여러분에게 좋은 아이디어가 있다면 코딩하면서 지금까지 배운 내용을 다른 곳에 응용해보기 바랍니다. 우리가 배운 여러 기술들을 마인크래프트 세상에 조금씩 적용시키면 더 재미있는 마인크래프트의 세상을 만들 수 있습니다.

# CHAPTER 05

## 고급 텔레포트

세상의 모든 프로그래머가 추구하는 목표는 모든 작업의 자동화입니다. 컴퓨터를 더 똑똑하게 만들어서 기존의 사람들이 하는 일들을 보다 편안하고 효율적이고 자동으로 이뤄지도록 하는 겁니다. 최근에는 AI 개발이 빠르게 이뤄지면서 사람 음성에 반응하는 기계들, 세금을 계산하는 시스템, 요리하는 로봇, 의료기기 자동화 등이 세상에 쏟아져 나오고 있습니다. 머지 않아서 사람들이 직업을 모두 잃어버려 대량의 실업자가 발생하지 않을까 염려하는 사람도 있습니다. 이 모든 일의 중심엔 핵심 소프트웨어인 프로그램이 동작 중입니다. 우리가 사용하는 파이썬도 이런 세상의 중심에 있는 매우 중요한 언어입니다.

청소기 로봇을 관찰해본 경험이 있습니까? 청소기 로봇의 핵심 알고리즘은 선택을 하는 방법에 있습니다. 청소기 로봇의 예를 하나 들어봅시다. 청소기 로봇은 일단 청소를 시작하면 앞에 장애물이 나올 때까지 앞으로 쭉 갑니다. 청소기가 장애물을 만나면 왼쪽으로 돌지 오른쪽으로 돌지 선택하고 돕니다. 그리고 또 앞으로 쭉 갑니다.

적당한 만큼 앞으로 가면 유(U)턴을 해서 왔던 방향의 반대 방향으로 돌아옵니다.

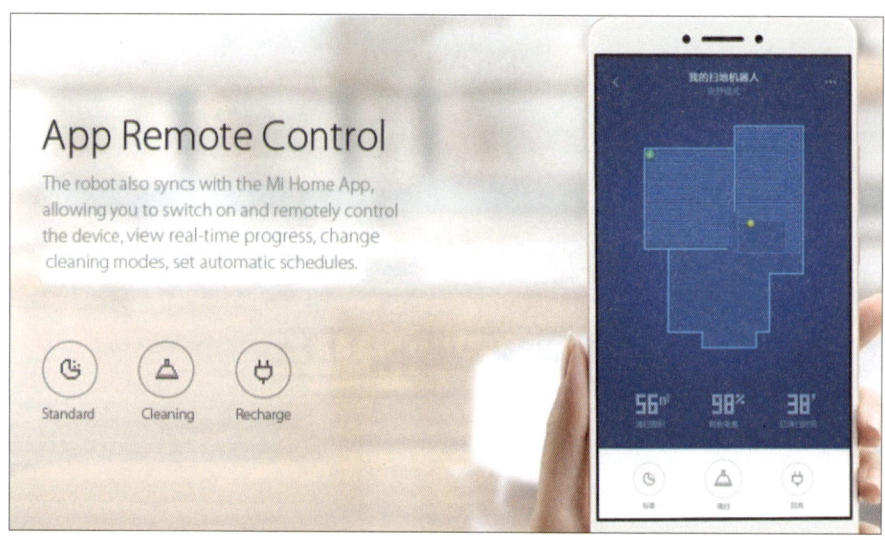

[그림 5-1] 샤오미 청소기 로봇의 움직임을 나타내는 앱

청소기 로봇은 장애물에 따라 자신이 이동할 경로를 결정합니다. 로봇은 '만약 앞에 장애물이 있다면'을 반복하면서 앞에 장애물이 있는지를 센서를 통해 항상 검사합니다. 프로그래밍에서는 if라는 구문을 사용해서 프로그램이 조건에 따라 다른 행동을 할 수 있도록 코드를 고릅니다.

청소기는 이런 반복 업무를 계속 수행합니다. 코드를 짠다면 어떻게 될까요? 우리가 배운 파이썬 범위 안에서 고민한다면 코드가 너무 쓸모 없이 길진 않을까 생각해야 합니다. 청소기가 100평 이상의 아파트를 청소하게 하려면 같은 코드를 얼마나 나열해야 할까요? 초급 텔레포트에서 배웠던 로켓 타이밍 텔레포트는 같은 코드를 반복함으로써 코드를 완성했습니다. 앞으로 배울 파이썬 문법으로 이 코드를 더 짧고 강력하게 만들 수 있습니다.

이번 장에서는 고급 텔레포트에 대해 배웁니다. 이전에 배운 코드로는 할 수 없었던 수많은 반복 과정을 효과적으로 제어하고 가정법을 통해 돌발상황에 반응해 행동하도록 할 수 있습니다. 파이썬의 다양한 문법을 통해 더 지능적으로 사용할 수 있는 코드로 최대의 효과를 가져오는 코드 작성을 하도록 합니다.

##  반복 작업 자동화를 위한 list

파이썬에서 반복문에 가장 많이 사용되는 문법은 리스트(list)와 for문입니다. 이 둘을 잘 다루면 다양한 반복 행동들을 효과적으로 제어할 수 있습니다.

### 리스트 만들기

먼저 리스트에 대해 살펴봅시다. list는 다른 언어에서는 배열이라고 불리는 데이터 형입니다. 이 데이터 형은 문자열, 숫자형 데이터들을 여러 개를 하나의 그릇에 담을 수 있습니다. 우리는 이전에 ID를 조회할 때 리스트로 데이터를 받은 적이 있습니다. 리스트는 대괄호([, ])를 사용하여 매우 간단히 만들 수 있습니다.

```
>>> list1 = [1,2,3,4,5,6]
>>> list1
[1, 2, 3, 4, 5, 6]
>>> list2 = ['a','b','c','d','e','f']
>>> list2
['a', 'b', 'c', 'd', 'e', 'f']
```

list1, list2 두 개의 리스트를 만들었습니다. list1에는 정수 1부터 6까지를 갖고 있고, list2는 알파벳 a부터 f까지 갖고 있습니다.

range 함수를 사용하면 매우 긴 리스트를 매우 쉽게 만들어 낼 수 있습니다. range는 범위라는 뜻을 갖고 있습니다. range 함수에 숫자를 전달하면 다음과 같은 규칙에 따라 범위를 만들어 줍니다.

[표 5-1] range 함수 사용법

| 함수 사용법 | 설명 | 예 |
|---|---|---|
| range(10) | 0이상 10미만의 정수를 만든다. | 0, 1, 2, 3, 4, 5, 6, 7, 8, 9 |
| range(5,10) | 5이상 10미만의 정수를 만든다. | 5, 6, 7, 8, 9 |
| range(0,10,2) | 0이상 10미만의 정수를 2씩 더하며 만든다. | 0, 2, 4, 6, 8 |

range 함수는 범위를 만들어 줄 뿐 리스트를 직접 반환하지는 않습니다. range 함수로 나온 범위를 list()를 사용해서 형 변환하면 리스트로 바꿔서 사용할 수 있습니다. 다음 [코드 5-1]을 작성하며 range 함수로 나온 결과를 리스트로 바꾸고 그 결과를 직접 확인합니다.

```
>>> range(10)
range(0, 10)
>>> list(range(10))
[0, 1, 2, 3, 4, 5, 6, 7, 8, 9]
>>> list(range(5,10))
[5, 6, 7, 8, 9]
>>> list(range(0,10,2))
[0, 2, 4, 6, 8]
```

[코드 5-1] range 함수로 리스트 만들기

### 리스트 조회하기

이 두 리스트는 각각 자신이 갖고 있는 리스트를 관리할 수 있습니다. 이번에는 각 리스트에서 원하는 값을 가져오는 방법을 익혀봅시다.

```
>>> list1[0]
1
>>> list1[1]
2
```

```
>>> list1[3]
4
>>> list1[7]
Traceback (most recent call last):
  File "<pyshell#7>", line 1, in <module>
    list1[7]
IndexError: list index out of range
```

[코드 5-2] 리스트 데이터 조회

각 리스트는 순번이 0번부터 시작합니다. 이 순번을 따라서 조회할 수 있고 순번이 리스트의 범위를 넘으면 에러가 발생합니다. 7번은 list1은 갖고 있지 않은데 7번을 조회하니 에러가 발생합니다. 번호는 하나씩 불러올 수도 있지만 범위를 지정해서 불러올 수 있습니다.

```
>>> list2[0:2]
['a', 'b']
>>> list2[2:4]
['c', 'd']
```

[코드 5-3] 리스트 범위 조회 1

순번을 생략하면 가장 앞과 끝의 숫자로 인식합니다. 예를 들어 ' :2'는 '0:2'와 같은 문법으로 이해합니다. 반대로 '2:'는 '2:6'으로 인식합니다.

```
>>> list2[ :2] #[0:2]
['a', 'b']
>>> list2[2: ] #[2:6]
['c', 'd', 'e', 'f']
```

[코드 5-4] 리스트 범위 조회 2

순번에 음수를 넣으면 뒤에서부터 데이터를 조회할 수 있습니다. -1을 넣으면 가장 뒤의 데이터를 반환합니다. 물론 음수도 양수와 동일하게 범위로 조회가 가능합니다.

```
>>> list1[-1]
6
>>> list1[-2]
5
>>> list1[:-2]
[1, 2, 3, 4]
```

[코드 5-5] 리스트 범위 조회 3

## 리스트에 데이터 넣기

리스트에 데이터를 넣는 방법은 아주 간단합니다. 기존에 있는 데이터는 조회를 사용하여 교체 할 수 있습니다. 현재 list1에 있는 3번째 데이터를 100으로 교체하도록 시도해봅시다.

```
>>> list1[3]
4
>>> list1[3] = 100
>>> list1
[1, 2, 3, 100, 5, 6]
```

[코드 5-6] 리스트 데이터 교체

데이터를 추가하는 방법은 append를 사용하면 됩니다. 추가하기 원하는 리스트의 append를 사용하면 뒤에 데이터를 계속 더할 수 있습니다.

```
>>> list1.append(7)
>>> list1.append(8)
>>> list1.append(9)
>>> list1.append(10)
>>> list1
[1, 2, 3, 100, 5, 6, 7, 8, 9, 10]
```

[코드 5-7] 리스트 데이터 추가

두 리스트를 합치는 방법은 더 간단합니다. '+' 기호로 두 리스트를 더할 수 있습니다. 물론 원소의 데이터 형은 일치하지 않아도 괜찮습니다. list1과 list2를 더하여 list3이라는 새로운 리스트를 만들어 봅니다.

```
>>> list3 = list1 + list2
>>> list3
[1, 2, 3, 100, 5, 6, 7, 8, 9, 10, 'a', 'b', 'c', 'd', 'e', 'f']
```

[코드 5-8] 리스트 더하기 연산

## 5.2 반복 작업 자동화를 위한 for문

### for문 작성 기초

리스트를 다루는 방법을 살펴봤으니 지금부터는 for을 사용해서 이 리스트를 효과적으로 돌리는 방법을 알아봅시다. for문은 리스트의 데이터를 앞에서부터 하나씩 불러와 처리할 수 있는 기능이 있습니다. 다음 [코드 5-9]를 작성하고 for문의 동작 방식을 관찰해보도록 합시다.

```
for i in [1,2,3,4,5]:
    print(i)
```

[코드 5-9] 기본 for문 작성

다음과 같은 결과를 확인할 수 있습니다.

```
1
2
3
4
5
```

[코드 5-9 실행결과] 기본 for문 작성 결과

for문이 리스트를 따라 실행되면 총 5번 실행된다는 점을 관찰할 수 있습니다. 이 for문을 사용하여 구구단 2단을 만들어 봅시다. 이번에는 range 함수를 사용해서 리스트를 만듭니다. for문을 사용할 때는 굳이 list 함수를 사용하지 않아도 괜찮습니다.

```
for i in range(1,10):
    print("{} x {} = {}".format(2, i, 2*i))
```

[코드 5-10] 구구단 2단 코드 작성

아주 짧은 코드로 다음과 같은 결과를 확인할 수 있습니다. 우리가 해야 하는 복잡한 연산 과정과 코드 작성 라인 수를 최소화할 수 있습니다.

```
2 x 1 = 2
2 x 2 = 4
2 x 3 = 6
2 x 4 = 8
2 x 5 = 10
2 x 6 = 12
2 x 7 = 14
2 x 8 = 16
2 x 9 = 18
```

[코드 5-10 실행결과] 구구단 2단 코드 실행

print 함수 안에 특별한 문법이 있는데 이를 제외하면 나머지는 어렵지 않습니다. print 함수 내부 format은 문자열 안에 중괄호({, })에 데이터를 전달하는 역할을 합니다. 2는 첫 번째 중괄호에, i는 두 번째 중괄호에, 2*i는 세 번째 중괄호에 각각 전달되며 실행됩니다.

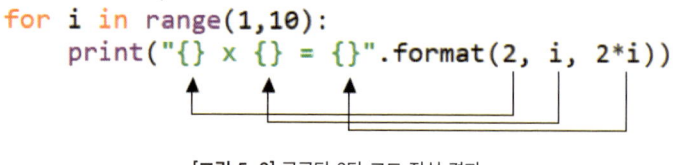

[그림 5-2] 구구단 2단 코드 작성 결과

## for문 연습문제: 구구단

for문 사용법과 list 사용법을 간단하게 실험해봤습니다. for문을 사용해서 구구단 2단부터 19단까지 출력해봅시다. 이 연습문제는 여러분들이 앞으로 많은 문제에 도달했을 때 해결을 할 수 있도록 도움을 줄 것입니다. 이 문제는 이중 for문을 작성해야만 풀이가 가능한 문제입니다. 이중 for문의 예로는 다음 [코드 5-11]과 같습니다. 코드를 연습해보시고 구구단 2~19단을 작성해보세요.

토너먼트 게임을 할 때 매칭하는 시뮬레이션을 작성해봅시다. 물론 실제 토너먼트는 같은 팀끼리 싸우진 않습니다. [코드 5-11]을 작성하면서 어떻게 구구단 문제를 해결할지 고민해보세요.

```python
# a, b, c, d   토너먼트 게임
for i in ['a', 'b', 'c', 'd']:
    for j in ['a', 'b', 'c', 'd']:
        print("{} vs {}".format(i, j))
```

[코드 5-11] 토너먼트 게임 매칭 작성하기

```
a vs a
a vs b
a vs c
a vs d
b vs a
b vs b
b vs c
b vs d
c vs a
c vs b
c vs c
c vs d
d vs a
d vs b
d vs c
d vs d
```

[코드 5-11 실행결과] 토너먼트 게임 매칭 작성 결과

작성한 결과가 잘 출력됐다면 이제 구구단을 마음껏 작성해보도록 합시다. 구구단 작성을 최소 10분 이상 시도해보고 다음 [코드 5-12]를 참고하여 여러분들의 코드로 만들어보세요.

```python
# 구구단 2단부터 19단까지
for i in range(2,20):
    for j in range(1, 20):
        print("{} x {} = {}".format(i,j,i*j))
```

[코드 5-12] 구구단 2~19단까지 출력하는 코드 작성

```
2 x 1 = 2
2 x 2 = 4
2 x 3 = 6
2 x 4 = 8
2 x 5 = 10
[중략]
19 x 16 = 304
19 x 17 = 323
19 x 18 = 342
19 x 19 = 361
```

[코드 5-12 실행결과] 구구단 2~19단까지 출력

여러분들의 것으로 모두 만드셨나요? 축하합니다. 그럼 이제 마인크래프트 세상에서 텔레포트에 for문을 적용해보러 떠납시다!

# 5.3 자동 텔레포트

지금까지 배운 for문과 list를 활용하면 더 많은 것들을 단순하게 만들 수 있습니다. 전에 배웠던 타이밍 텔레포트를 기억하시나요? 이번 시간에는 전에 배웠던 타이밍 텔레포트를 for문으로 더 단순하게 만들어 보겠습니다. 먼저 저번에 만든 time.

sleep을 시험한 [코드 5-13]을 for문으로 다시 작성하겠습니다([코드 5-14]).

```python
import time

print("0초가 지났습니다.")
time.sleep(1)
print("1초가 지났습니다.")
time.sleep(2)
print("3초가 지났습니다.")
time.sleep(3)
print("6초가 지났습니다.")
```

[코드 5-13] 지난 번에 작성한 time.sleep 시험하기

```python
import time

count = 0
for i in [1,2,3]:
    print('{}초가 지났습니다.'.format(count))
    time.sleep(count)
    count += i
print('{}초가 지났습니다.'.format(count))
```

[코드 5-14] for문을 활용해 새롭게 작성한 time.sleep 시험하기

[코드 5-13]과 [코드 5-14]는 모두 같은 결과를 출력합니다. 그리고 코드 작성 길이도 크게 달라 보이진 않습니다. 그러나 이 코드에서 사용되는 리스트의 길이가 길어지면 길어질수록 두 코드 길이의 격차는 심하게 벌어질 겁니다. 이번 [코드 5-15]에서는 타이밍 텔레포트에 응용해봅시다.

```python
import time
from mcpi.minecraft import Minecraft

def go_short(mc, x, y, z):
    _id = mc.getPlayerEntityId("gasbugs")
    _x, _y, _z = mc.entity.getPos(_id)
```

```
        mc.entity.setPos(_id, _x + z, _y + y, _z + z)

mc = Minecraft.create()
mc.postToChat("Start countdown.")
mc.postToChat("10s")
time.sleep(1)
[중략]
mc.postToChat("1s")
time.sleep(1)
mc.postToChat("0s")
go_short(mc, 0, 10, 0)
[중략]
go_short(mc, 0, 10, 0)
```

[코드 5-15] 로켓 타이밍 텔레포트

[코드 5-15] 로켓 타이밍 텔레포트는 중복되는 내용이 매우 많습니다. postToChat 함수와 sleep 함수가 계속 중복되고, go_short 함수도 계속 호출됩니다. 이런 불필요한 반복 작업을 for문이 최소화할 수 있습니다. [코드 5-16]을 작성하여 불필요하게 반복되는 코드를 제거하고 for문으로 대체해봅시다.

```
import time
from mcpi.minecraft import Minecraft

def go_short(mc, x, y, z):
    _id = mc.getPlayerEntityId("gasbugs")
    _x, _y, _z = mc.entity.getPos(_id)
    mc.entity.setPos(_id, _x + z, _y + y, _z + z)

mc = Minecraft.create()
mc.postToChat("Start countdown.")

for s in range(10, -1, -1): # 10에서 0까지 -1씩
    mc.postToChat("{}s".format(s))
    time.sleep(1)

for count in range(10): # 위로 이동 10번반복
```

```
    go_short(mc, 0, 10, 0)
```

[코드 5-16] for문을 활용한 로켓 타이밍 텔레포트

[그림 5-3] 동일하게 잘 동작하는 타이밍 텔레포트

이제 원하는 만큼 카운트를 늘리거나 위로 올라가는 코드를 간단한 숫자 수정만으로도 구현이 가능합니다. 카운트를 20으로 늘리거나 점프 횟수를 조절해서 여러분만의 타이밍 텔레포트를 만들어보세요!

##  If를 활용한 제어: 만약에

for문을 통해서 반복적인 작업을 수행할 수 있다는 사실을 알았습니다. 반복적인 작업을 처리할 때 뜻하지 않게 상황이 다른 경우들이 많이 있습니다. 자판기가 매일 자동으로 작업을 수행하지만 우리가 무엇을 누르냐에 따라서 음료가 다르게 나오듯이 매일 같은 행동을 반복한다 하더라도 그때그때 조건에 맞춰서 동작해야 합니다. 파이썬에서는 조건문을 통해 이런 작업을 제어할 수 있습니다.

## If문

조건문이란 참인지 거짓인지에 따라 앞으로 프로그램이 어떻게 수행될 것인지를 작성하는 방법입니다. 다음 [코드 5-17]을 작성하여 조건문을 작성해봅시다.

```
>>> 1 < 2
True
>>> 1 > 2
False
>>> 1 == 1
True
```

[코드 5-17] 조건문 작성과 결과

조건문을 실행하면 값이 True, False로 나오게 됩니다. 이 데이터는 부울(Boolean)이라고 불리는 데이터 형입니다. 부울 값은 True, False 두 가지만 존재하며 조건이 참인지 거짓인지를 기록할 수 있습니다. 여기에 if문을 사용하면 다음 코드를 실행할지 실행하지 않을지 결정할 수 있습니다. 일단 다음 [코드 5-18]을 작성하도록 합시다.

```
condition1 = 1<2
if condition1:
    print("1<2: 참")

condition2 = 1>2
if condition2:
    print("1>2: 참")
```

[코드 5-18] if문 작성

[코드 5-18]에서 condition1은 True가 나와서 참입니다. 반대로 condition2는 False가 나와서 거짓입니다. if문 뒤에 True가 나오면 그 아래 코드를 실행하고 False가 나오면 [코드 5-19]와 같은 결과를 출력하지 않고 건너뜁니다.

```
1<2: 참
```

[코드 5-19] if문 실행결과

## If-else 문

이번에는 else를 넣어서 테스트 해보도록 합시다. else는 if문이 참이 아닐 때 실행되는 부분입니다. else는 if문이 거짓일 때 실행되는 부분으로 조건이 따로 필요 없습니다.

```
condition2 = 1>2
if condition2:
    print("1>2: 참")
else:
    print("1>2: 거짓")
```

[코드 5-20] if-else문 작성

위 condition2는 거짓이므로 False가 들어 있습니다. 그 결과로 if문 안의 코드는 실행되지 않고 else문 안의 코드는 실행되는 모습을 확인할 수 있습니다.

```
1>2: 거짓
```

[코드 5-20 실행결과] if-else문 실행

## If-elif-else

if문의 마지막 else if입니다. else if는 if문에서 참이 아닐 때 else로 바로 넘어가지 않고 몇 가지 더 검사를 더 할 수 있게 합니다. 예를 들어 어떤 물건이 특정 장난감인지 확인할 때 사용하는 방법입니다. 다음 코드를 작성하고 toy가 어떤 장난감인지 확인해보기 바랍니다. 파이썬 문법에서는 else if를 elif라고 작성합니다.

```
toy = '로봇'
if toy == '인형':
    print("인형이다!")
elif toy == '로봇':
    print('로봇이다!')
elif toy == '비행기':
    print('비행기다!')
else:
    print("여기 중에 없다.")
```

[코드 5-21] if-else문

예상한 대로 '인형'과 같은지 확인했을 때는 실행되지 않다가 '로봇'이랑 같은지를 확인했을 때는 실행합니다. 만약 if-elif-else문 실행 중에 참이 하나라도 나온다면 그 뒤의 코드는 실행되지 않습니다. 여기서는 로봇에 대한 코드를 출력한 뒤에 비행기나 else에 대한 코드는 실행되지 않습니다.

```
로봇이다!
```

[코드 5-21 실행결과] if-else문 실행

## 그리고, 또는 조건(and or)

조건문을 사용할 때 and나 or 연산을 사용해 보다 더 세세한 조건을 나타낼 수 있습니다. 어떤 한 청년이 결혼할 배우자를 선택할 때 두 가지 조건을 걸었습니다. 첫째로 차가 있는 사람이어야 한다는 것, 둘째로 집이 있는 사람이어야 한다는 겁니다. 조건이 이 두 가지일 때, and와 or의 차이는 다음과 같습니다.

1. `and`: 차를 가지고 있'고' 집을 가지고 있어야 한다.
2. `or`: 차를 가지고 있'거나' 집을 가지고 있어야 한다.

이 청년의 이야기를 코드로 나타내 봅시다.

```
>>> person1 = ['car', 'house']
>>> person2 = ['car']
>>> person3 = ['house']
>>> person4 = []
>>> condition1 = 'car'
>>> condition2 = 'house'
>>> condition1 in person1
True
>>> condition1 in person2
True
>>> condition1 in person3
False
>>> condition1 in person4
False
```

[코드 5-22] 청년 4명과 조건

이 [코드 5-22]는 청년 4명의 조건을 나열하여 저장하고 조건 두 가지를 저장했습니다. person1은 차와 집을 모두 가지고 있고 person2와 person3는 하나씩 가지고 있으며 person4는 아무것도 가지고 있지 않습니다. 이제 다시 and와 or 조건을 이야기해봅시다. and는 두 조건을 모두 충족하는 경우고 or는 둘 중 하나라도 만족하는 경우라면 사용할 수 있습니다. [코드 5-23]을 통해 먼저 and를 사용한 결과를 확인해봅시다.

```
>>> condition1 in person1 and condition2 in person1
True
>>> condition1 in person2 and condition2 in person2
False
>>> condition1 in person3 and condition2 in person3
False
>>> condition1 in person4 and condition2 in person4
False
```

[코드 5-23] 조건문을 and 연산을 실행한 결과

person1만이 모든 조건을 갖추고 있고 and 연산을 했을 때 person1만 True로 나옵니다. [코드 5-24]에서, 이제 or를 사용해서 확인해봅시다. or를 사용하면 둘 중 하나만 참이더라도 True가 나옵니다.

```
>>> condition1 in person1 or condition2 in person1
True
>>> condition1 in person2 or condition2 in person2
True
>>> condition1 in person3 or condition2 in person3
True
>>> condition1 in person4 or condition2 in person4
False
```

[코드 5-24] 조건문을 and 연산을 실행한 결과

청년의 배우자 이야기를 빌어 조건을 확인해보았습니다. 이 and와 or를 사용한 조건에 if문을 더해 코딩으로 표현해봅시다. [코드 5-25]는 청년이 둘 다 가진 배우자를 원하는 코드입니다.

```
person1 = ['car', 'house']
person2 = ['car']
person3 = ['house']
person4 = []

condition1 = 'car'
condition2 = 'house'

# 청년은 둘 다 가진 사람을 원한다.
if condition1 in person1 and condition2 in person1:
    print('person1은 조건에 만족합니다.')
else:
    print('person1은 조건에 만족하지 않습니다.')

if condition1 in person2 and condition2 in person2:
    print('person2은 조건에 만족합니다.')
else:
```

```
    print('person2은 조건에 만족하지 않습니다.')

if condition1 in person3 and condition2 in person3:
    print('person3은 조건에 만족합니다.')
else:
    print('person3은 조건에 만족하지 않습니다.')

if condition1 in person4 and condition2 in person4:
    print('person4은 조건에 만족합니다.')
else:
    print('person4은 조건에 만족하지 않습니다.')
```

[코드 5-25] 조건문을 and 연산을 실행한 결과

이제 두 가지 이상의 조건의 연산으로 코드 흐름을 바꾸는 방법을 배웠습니다. or 연산으로도 바꿔서 수행해 보시기 바랍니다. 이 기능들은 이후 작성하는 많은 코드에서 사용됩니다.

## 5.5 while문을 사용한 반복 작업 수행하기

파이썬에서는 for문처럼 반복 작업을 처리할 수 있는 while이라는 문법도 있습니다. for문은 리스트를 돌리는 기능인데 비해 while은 조건이 맞는지 확인하여 반복할 지를 정합니다. while에 True를 사용하면 이 프로그램은 끝나지 않습니다. [코드 5-26]을 통해 끝나지 않는 프로그램을 작성하고 실행해봅시다. 프로그램은 자동으로 종료되지 않으니 <Ctrl>+<C>로 종료하도록 합니다.

```
count = 0
while(True): # 무한으로 돌아가는 루프
    print(count)
    count += 1 # 카운트 1씩 증가
```

[코드 5-26] while문

while문 안에 True를 전달하면 항상 실행된다는 사실을 알았습니다. 반대로 False를 넣으면 이 구문은 더 이상 실행되지 않습니다. 프로그램이 항상 돌아가게 하려면 True를 넣어서 실행하는 것이 맞지만 일반적으로는 while에 조건을 넣어서 실행합니다. 다음 [코드 5-27]은 count가 0이되면 종료되는 while 문입니다.

```
count = 0
while(count != 10): # 카운트가 10이되면 종료
    print(count)
    count += 1 # 카운트 1씩 증가
```

[코드 5-27] 조건을 넣은 while문

```
1
2
[중략]
7
8
9
```

[코드 5-27 실행결과] 조건을 넣은 while문 실행

예상한 대로 프로그램은 10이 되자 종료했습니다. 이렇게 실행하고 싶은 조건을 while문 안에 전달하면 더 이상 실행되지 않고 종료됩니다. 10이 아니면 계속 실행하고 10이면 루프를 종료합니다.

##  집으로 가는 워프 만들기

여기서는 while문을 통해 집으로 텔레포트를 반복시킬 겁니다. 보통 게임에서 많이 사용하는 기법이기도 합니다. 특정 블록 위에 캐릭터가 위치하면 그 캐릭터를 집으로 텔레포트를 보내버리는 워프 기능을 작성해봅시다. 프로그램 동작 순서는 다음과 같습니다.

① 캐릭터 위치 파악
② 캐릭터의 위치가 워프의 위치인지 확인
③ 캐릭터가 텔레포트를 해야하는 위치라면 해당 캐릭터를 집으로 텔레포트
④ 다시 1번으로 이동

이 네 가지 동작을 계속 반복하다가 캐릭터가 워프 위에 서있다면 집으로 텔레포트를 해줄 것입니다. 저는 여기를 집으로 텔레포트할 수 있는 위치로 하겠습니다. 텔레포트 좌표는 [-13610, 76, 4929]입니다. 그리고 새로운 집을 하나 짓고 그 안의 좌표를 하나 저장하도록 합니다. 집의 좌표는 [-13599, 70, 4934]입니다.

[그림 5-4] 집으로 텔레포트를 보내주는 워프

정리된 정보를 토대로 다음 [코드 5-28]을 작성하도록 합니다. 필요한 부분에는 주석을 달아두었으니 참고하면서 코딩하세요. go_home, corr_pos_to_game, corr_pos_to_mcpi 함수는 이전에 쓰던 함수를 그대로 가져왔습니다. 서버가 바뀌어 보정 좌표가 바뀌었으니 여러분들의 보정 좌표로 바꿔서 쓰시길 바랍니다('4.2 위치 보정 함수 만들기'절 참고).

```python
from mcpi.minecraft import Minecraft

mc = Minecraft.create()
go_home_pos = [-13610, 76, 4929] # 집으로 이동하는 워프 좌표
home_pos = [-13599, 70, 4934] # 집의 좌표

# 게임에서 mcpi로 보낼 때 사용하는 함수
def corr_pos_to_mcpi(x, y, z):
    x -= 91
    y -= 64
    z -= 255
    return x, y, z

# mcpi에서 게임으로 보낼 때 사용하는 함수
def corr_pos_to_game(x, y, z):
    x += 91
    y += 64
    z += 255
    return x, y, z

def go_home(mc):
    x, y, z = 249, 71, 160
    x, y, z = corr_pos_to_mcpi(x, y, z)
    _id = mc.getPlayerEntityId("gasbugs")
    mcpi_home = corr_pos_to_mcpi(home_pos[0], home_pos[1], home_pos[2])
    mc.entity.setPos(_id, mcpi_home)

# 플레이어 ID 불러오기
player_id = mc.getPlayerEntityId('gasbugs')

while(True):
    #1. 캐릭터 위치 파악
    pos = mc.entity.getTilePos(player_id)
    pos = corr_pos_to_game(pos.x, pos.y, pos.z)
    #2. 텔레포트가 필요한 위치인지 확인
    if pos[0] == go_home_pos[0] and pos[1] == go_home_pos[1] and
    pos[2] == go_home_pos[2]:
        #3. 캐릭터가 텔레포트를 해야하는 위치라면 해당 캐릭터를 집으로 텔레포트
        go_home(mc)
    #4. 다시 1번으로 이동
```

[코드 5-28] 집으로 텔레포트를 보내주는 워프 코드

## 5.7 감옥 만들기

우리는 특정 좌표인 워프에 도달하도록 프로그램을 구현하였습니다. 하지만 반대도 가능합니다. 특정 캐릭터가 원하는 좌표에 없다면 이쪽으로 끌어오도록 하는 겁니다. 일명 '감옥'이라 부를 수 있습니다. 이 방법은 탈옥도 불가능합니다. 위치를 조회해서 감옥 밖이면 안으로 끌어 오는 방식입니다. 필자가 감옥 아이디어를 제공했으니 여러분이 직접 만들어 보셔도 좋습니다. 필자가 남겨둔 코드는 참고만 하시면서 여러분만의 독창적인 감옥 코드를 만들어 보세요!

감옥을 만들기 위해서는 범위를 잘 지정해줘야 하는데, 제 경우는 −13580~−13577, 69~72, 4939~4944에 존재합니다. 좌표를 범위로써 판정해야 되기 때문에 앞에서 만들어본 집으로 워프보다 더 까다롭게 조건을 걸어주어야 합니다.

[그림 5-5] 크레이티브 모드로도 벗어날 수 없는 감옥

[그림 5-5]와 같이 여러분들이 원하는 모양대로 감옥을 먼저 만드시기 바랍니다. 쇠창살로 무시무시하게 만든 감옥입니다. 이제 프로그램을 실행하기만 하면 문이 열

려있다 하더라도 저 구역을 절대로 벗어날 수 없습니다. 코드를 작성하실 때 주의할 점은 prison_area1은 작은 수, prison_area2는 큰 수로 배치했다는 것입니다. 이 값을 잘못 설정한 경우에는 계속 값이 False로 동작할 수 있습니다. 특히 마이너스 (-)가 붙은 수는 주의하기 바랍니다. [코드 5-29]를 참고하여 코드를 작성하고 시험해봅시다!

```python
from mcpi.minecraft import Minecraft

mc = Minecraft.create()

prison = [-13578, 70, 4941]
prison_area1 = [-13580, 69, 4939]
prison_area2 = [-13577, 72, 4944]

# 게임에서 mcpi로 보낼 때 사용하는 함수
def corr_pos_to_mcpi(x, y, z):
    x -= 91
    y -= 64
    z -= 255
    return x, y, z

# mcpi에서 게임으로 보낼 때 사용하는 함수
def corr_pos_to_game(x, y, z):
    x += 91
    y += 64
    z += 255
    return x, y, z

def go_prison(mc):
    x, y, z = 249, 71, 160
    x, y, z = corr_pos_to_mcpi(x, y, z)
    _id = mc.getPlayerEntityId("gasbugs")
    prison_pos = corr_pos_to_mcpi(prison[0], prison[1], prison[2])
    mc.entity.setPos(_id, prison_pos)

# 플레이어 ID 불러오기
player_id = mc.getPlayerEntityId('gasbugs')
```

```
while(True):
    #1. 캐릭터 위치 파악
    pos = mc.entity.getTilePos(player_id)
    pos = corr_pos_to_game(pos.x, pos.y, pos.z)
    #2. 텔레포트가 필요한 위치인지 확인
    print(pos)
    condition1 = prison_area1[0] <= pos[0] and prison_area1[1] <= pos[1]
    and prison_area1[2] <= pos[2]
    condition2 = prison_area2[0] >= pos[0] and prison_area2[1] >= pos[1]
    and prison_area2[2] >= pos[2]
    if not (condition1 and condition2):
        #3. 캐릭터가 텔레포트를 해야하는 위치라면 해당 캐릭터를 감옥으로 텔레포트
        go_prison(mc)
    #4. 다시 1번으로 이동
```

[코드 5-29] 감옥 코드

## 5.8 지하 탈출 텔레포트

지하 탈출 텔레포트를 만들어봅니다. 마인크래프트에서는 무아지경 속에 열심히 땅을 파다보면 지하 깊이 들어가 밖으로 빠져 나오기가 쉽지 않습니다. 동굴이 너무 복잡하게 구성된 미로 같아서 길을 찾기도 매우 어렵습니다. 이를 대비한 텔레포트 스킬을 만들 겁니다. 바로 지하 탈출 텔레포트입니다. 지하 탈출 텔레포트에는 일일투어 프로그램에서 사용한 getHeight 함수를 함께 사용할 겁니다. 만약에 플레이어가 지상에 있지 않고 지하에 있다면 해당 플레이어를 지상으로 내보내 주는 프로그램입니다. 설계는 다음과 같습니다.

1. 플레이어의 현재 위치 파악
2. 플레이어의 x, y 좌표에서 가장 높은 블록 찾기
3. 만약 플레이어의 위치가 가장 높은 블록보다 아래에 있는지 확인
4. 3이 True라면 가장 높은 블록 위로 텔레포트

지금까지 여러 문제들을 헤치고 왔으니 이번 프로그램은 그다지 어렵게 느껴지지 않으실 겁니다.

한 번쯤 시도해 보셨나요? 지금부터는 같이 만들어 봅시다.

```python
from mcpi.minecraft import Minecraft

mc = Minecraft.create()
# 플레이어 ID 불러오기
player_id = mc.getPlayerEntityId('gasbugs')
pos = mc.entity.getTilePos(player_id)

# 플레이어의 위치에서 가장 높은 블록 찾기
highest_block = mc.getHeight(pos.x, pos.z)

# 만약 플레이어의 위치가 가장 높은 블록보다 낮게 있다면 지하로 간주
if highest_block > pos.y:
    # 가장 높은 블록으로 위치 변경
    mc.entity.setPos(player_id, pos.x,highest_block,pos.z)
```

[코드 5-30] 지하 탈출 텔레포트 코드

## 5.9 자석 텔레포트: 다른 모든 플레이어 소환하기

### 친구들 당기기

멀티플레이로 친구들과 함께 게임을 하는 중이라면 친구들을 내가 있는 자리로 모두 데려 올 수 있습니다. 당연히 내 캐릭터뿐 아니라 타인의 캐릭터까지 끌어오는 것이 가능합니다. 필자는 가족의 아이디인 bh20125라는 아이디를 사용해서 함께 서버에 접속해서 이번 실습을 진행합니다. bh20125란 아이디로 gasbugs를 끌어 당기겠습니다.

[그림 5-6] bh20125 등장! 저쪽에 있는 gasbugs를 끌어당기기

두 개의 아이디를 준비했습니까? 그럼 바로 코딩을 시작합니다.

```
from mcpi.minecraft import Minecraft

mc = Minecraft.create()
player_id = mc.getPlayerEntityId('bh20125')
pos = mc.entity.getPos(player_id)

player_list = mc.getPlayerEntityIds()

for player in player_list:
    mc.entity.setPos(player, pos.x, pos.y, pos.z)
```

[코드 5-31] 친구 당기기 코드

코드의 동작 원리는 단순합니다. bh20125 아이디를 사용해서 player_id를 생성하고 위치 정보를 수집합니다.

```
mc = Minecraft.create()
player_id = mc.getPlayerEntityId('bh20125')
pos = mc.entity.getPos(player_id)
```

getPlayerEntityIds 함수를 사용하여 Player_list에 현재 서버에서 플레이 중인 모든 아이디를 저장합니다. 이 데이터는 리스트의 형태로 저장됩니다. 그리고 for문을 사용해 리스트에 있는 모든 계정들을 모두 bh20125가 있는 위치로 이동시킵니다.

```
player_list = mc.getPlayerEntityIds()
for player in player_list:
    mc.entity.setPos(player, pos.x, pos.y, pos.z)
```

모든 코드를 작성하고 실행하면 타인의 캐릭터를 내가 있는 위치로 끌어당깁니다.

[그림 5-7] bh20125의 위치로 gasbugs 데려오기

하지만 이 정도는 마인크래프트에서 지원하는 텔레포트를 시키는 tp 명령어를 사용해도 충분합니다. tp 명령어를 사용해봅시다. 명령어의 형식은 '/tp <이동 시킬 ID> <목표 ID>'입니다.

[그림 5-8] tp를 사용해 gasbugs를 bh20125로 텔레포트

쿠키런 같은 게임을 보면 젤리를 끌어당기는 자석 같은 기능이 있습니다. 마지막으로 수행할 작업은 바로 이것입니다. 한번 수행하고 끝나는 텔레포트가 아니라 무한 반복 시키도록 구현합니다. 플레이어를 끌어당겨서 놓치지 않는 마법 같은 효과가 나타납니다. 바로 코드 구현에 들어갑니다.

```
from mcpi.minecraft import Minecraft

mc = Minecraft.create()
player_id = mc.getPlayerEntityId('bh20125')

while(1):
    pos = mc.entity.getPos(player_id)
    player_list = mc.getPlayerEntityIds()
    for player in player_list:
        mc.entity.setPos(player, pos.x, pos.y, pos.z)
```

[코드 5-32] 자석처럼 친구 당기기 코드

[코드 5-32]는 [코드 5-31]에서 단 한 줄만 추가한 코드입니다. while(1)을 추가했습니다. 이 while문을 통해 bh20125의 위치를 매번 다시 조회하고 모든 플레이어의 리스트를 통해 bh20125에게 데려옵니다. player_list는 매번 다시 연산하도록 했습니다. 중간에 로그인하는 플레이어나 로그아웃하는 플레이어들이 존재할 수 있기 때문에 매번 다시 연산하는 것이 좋습니다. [코드 5-32]를 작성하고 실행합니다.

[그림 5-9] 뭔가 이상한데?

코드를 실행하면 우리가 예상하던 것과는 전혀 다른 결과가 나옵니다. 캐릭터를 움직이려 하면 바들바들 떨면서 움직이거나 움직이지 않는 현상이 나타납니다. 이유가 무엇일까요? 이유는 간단합니다. bh20125도 매번 위치를 setPos되고 있기 때문에 위치를 움직이려 해도 이전의 위치로 계속 돌아갑니다. 우리는 플레이어 목록에서 bh20125를 제거해야 했습니다. 하지만 그러지 않았기 때문에 이상한 현상이 일어났습니다. 이런 현상을 프로그래머들은 '버그(bug)'라고 부릅니다. 버그에 대해서는 나중에 살펴보도록 합니다.

버그가 있는 코드를 올바로 수정해야 합니다. 우리는 코드를 수정하는 방법을 크게 두 가지로 살펴보겠습니다. 리스트와 유사한 set이라는 데이터 형을 사용하는 방법과 흐름 제어에서 사용하는 continue를 사용하는 방법입니다.

## set을 사용한 집합 연산

먼저 set을 사용해 코드를 수정합니다. set은 중복을 허용하지 않는 배열입니다. list 처럼 다양한 데이터를 하나에서 관리하지만 중복을 허용하지 않고 순서가 유지되지 않는다는 점이 list와는 전혀 다릅니다. 실제로 엑셀 등으로 업무를 처리하는 과정에서 중복된 내용을 삭제하는 작업을 많이 수행하는데 set은 이런 점을 유용하게 사용할 수 있습니다. 또한 set은 집합 연산을 지원하여 서로 다른 두 집합 간의 관계를 확인하는 데 사용할 수 있습니다.

set을 선언하는 방법은 매우 간단합니다. set()이라는 함수로 묶어주면 끝납니다. 셀 모드에서 다음 코드를 실행합니다.

```
>>> set([1,2,3,1,2,3,1,2,3,1,2,3])
{1, 2, 3}
```

**[코드 5-33]** set 선언하기

리스트를 set으로 선언하면 대괄호가 사라지고 중괄호로 묶입니다. 중복이 제거된 상태입니다. 이제 1, 2, 3, 4, 5를 포함하는 A 집합과 3, 4, 5, 6, 7을 포함하는 B 집합을 선언해 연산해보도록 합니다. 연산 방법은 A와 B 원소를 모두 합하는 합집합, 서로의 공통 부분을 확인하는 교집합, 공통되지 않은 부분을 확인하는 차집합이 있습니다. 더 다양한 연산이 있지만 여기서는 여기까지 살펴봅니다.

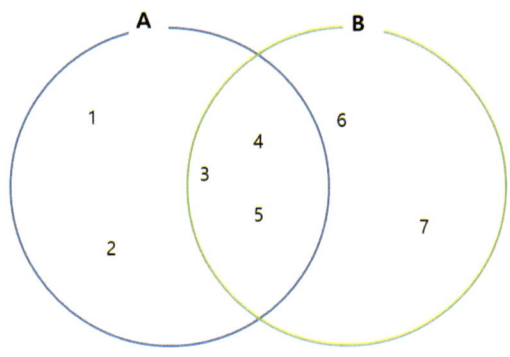

**[그림 5-10]** A와 B의 집합

각 집합 연산을 하는 기호는 다음과 같습니다. 내장 함수도 함께 지원합니다.

[표 5-2] set을 활용한 집합 연산 함수

| 연산 | 기호 | 내장 함수 |
|---|---|---|
| 합집합 | \| | union |
| 교집합 | & | intersection |
| 차집합 | - | difference |

집합 A와 B를 각각 선언하고 각 집합 연산을 수행해봅니다.

```
>>> A = set([1,2,3,4,5])
>>> B = set([3,4,5,6,7])
>>> A | B
{1, 2, 3, 4, 5, 6, 7}
>>> A - B
{1, 2}
>>> B - A
{6, 7}
>>> A & B
{3, 4, 5}
```

[코드 5-34] set을 활용한 집합 연산 코드

## set을 사용한 자석 텔레포트

집합 연산을 사용해 gasbugs를 묶어버리도록 하겠습니다.

```
from mcpi.minecraft import Minecraft

mc = Minecraft.create()
player_id = mc.getPlayerEntityId('bh20125')
```

```
while(1):
    pos = mc.entity.getPos(player_id)
    player_list = set(mc.getPlayerEntityIds())
    player_list -= set([player_id])
    for player in player_list:
        mc.entity.setPos(player, pos.x, pos.y, pos.z)
```

[코드 5-35] set을 활용한 집합 연산 코드

코드에 추가된 부분은 다음 두 줄 입니다. 서버 전체 플레이어의 리스트를 가져와 set으로 변환하고 bh20125의 player_id를 리스트로 묶어 집합으로 만듭니다. 그리고 -를 사용해 차집합을 구해 다시 player_list로 저장합니다.

```
player_list = set(mc.getPlayerEntityIds())
player_list -= set([player_id])
```

코드를 완전히 이해했으면 바로 실행해 결과를 확인합니다.

[그림 5-11] 앞서가는 bh20125와 잘 쫓아오는 gasbugs

## continue를 사용한 흐름 제어

continue는 for문이나 while문에서 흐름 제어할 때 사용하는 코드입니다. continue를 사용하면 그 아래 코드는 실행하지 않고 다시 while이나 for문으로 올라가서 다음 작업을 처리합니다. 다음 연습문제를 풀기 위해 코드를 작성하고 실행하여 그 동작 원리를 알아봅시다.

[문제] 1부터 10000사이의 숫자에서 8이 등장하는 횟수를 모두 세어라(예: 8808 → 8이 세 번).

구글에서 면접에서 냈던 문제로 알려져 있습니다. 코딩 문제는 아닙니다만 코딩으로 풀어봅니다. 문제를 푸는 것이 목적은 아니니 바로 시작합니다.

```
count = 0

for i in range(10000): #[0,..., 9999]
    i = str(i)
    if '8' not in i:
        continue
    print(i)
    count += i.count('8')

print(count)
```

[코드 5-36] 1부터 10,000사이의 숫자에서 8이 등장하는 횟수

먼저 1~10000의 배열을 생성합니다.

```
for i in range(10000): #[0,..., 9999]
```

이 배열은 정확히 0부터 9,999까지 정수를 가진 배열이기 때문에 명백히 따지면 1에서 10,000까지 배열은 아닙니다. 그러나 0과 10,000에는 8이 포함되어 있지 않기 때문에 문제를 푸는 데는 전혀 지장이 없으니 이렇게 배열을 만들도록 합니다. for문

안에는 8이 없으면 continue하게 하고 8이 있는 경우에는 계속 프로그램이 진행되도록 합니다.

참고로 이 문제에서 8은 '숫자 8'이 아닙니다. 바로 '문자 8'입니다. 숫자 8,000의 8과 80의 8이 분명 같은 수가 아니지만 이 문제에서는 같은 숫자로 취급합니다. 이런 부분에서 이 문제의 8은 '숫자 8'을 의미하지 않고 '문자 8'을 의미한다는 사실을 알 수 있습니다. 숫자 i를 문자 i로 만드는 방법은 간단합니다. str 함수를 사용하면 숫자를 문자로 바꿔서 돌려줍니다.

```
i = str(i)
```

다음 부분이 가장 중요한 부분입니다. i에 8이란 문자가 없다면 continue를 실행합니다. continue를 실행한 경우에는 아래 코드를 실행하지 않고 다시 for문으로 올라가 다음 i를 실행합니다.

```
if '8' not in i:
    continue
```

continue를 실행하지 않은 경우에는 다음 코드를 실행합니다. i를 출력하고 i에 있는 8의 개수를 count 변수에 더합니다. 이 count에 8을 센 총 횟수가 저장됩니다.

```
print(i)
count += i.count('8')
```

코드를 실행하여 어떤 경우에 print와 count가 실행되는지 관찰합니다. 8이 포함된 경우에만 continue 아래의 코드가 실행됩니다. 이 문제의 답은 4000입니다.

```
8
18
```

```
28
38
48
58
68
[중략]
```

[코드 5-36 실행결과] 8이 포함된 경우에만 실행

## continue를 사용한 자석 텔레포트

continue의 사용방법도 익혔으니 바로 자석 텔레포트에 적용합니다.

```python
from mcpi.minecraft import Minecraft

mc = Minecraft.create()
player_id = mc.getPlayerEntityId('bh20125')

while(1):
    pos = mc.entity.getPos(player_id)
    player_list = mc.getPlayerEntityIds()
    for player in player_list:
        if  player == player_id:
            continue
        mc.entity.setPos(player, pos.x, pos.y, pos.z)
```

[코드 5-37] 8이 포함된 경우에만 실행

[그림 5-12] 어디든지 잘 쫓아오는 gasbugs

다양한 방법으로 자석 텔레포트를 구현해봤습니다. 다양한 방법으로 여러분만의 재미있는 텔레포트 장치를 만들어 보시기 바랍니다.

# CHAPTER 06

## 초급 자동 건축가

험난한 코드 탐험의 여정을 지나 텔레포트의 장인이 됐습니다. 진정한 건축 기술은 지금부터 시작합니다. 누구도 만들어 보지 못한 건축물을 창조합시다!

###  구조가 간단한 집 만들기

가장 먼저 캐릭터가 지낼 아늑한 집을 만들어 봅시다. 첫 집이니 집의 모양은 간단하게 만들도록 합니다. 가로, 세로, 높이가 각각 10×10×10 크기의 정사각형 집을 만듭니다.

[그림 6-1] 가로 세로 10x10 크기의 조형

[그림 6-1]과 같은 모양으로 위로 블록을 10개를 쌓아 집을 만들어 보겠습니다. 일단 간단히 저 모양만 만들텐데요, 건축 계획은 다음과 같습니다.

1. 플레이어의 위치 파악
2. 플레이어의 위치에서 x로 5만큼 이동한 지점에 건설 좌표 설정
3. 좌표로 설정된 부분으로부터 x로 1만큼씩 10번 이동하며 블록 배치
4. z로 1만큼씩 10번 이동하며 블록 배치
5. x로 −1만큼씩 10번 이동하며 블록 배치
6. z로 −1만큼씩 10번 이동하며 블록 배치

이 계획을 [그림 6-2]으로 나타냈습니다.

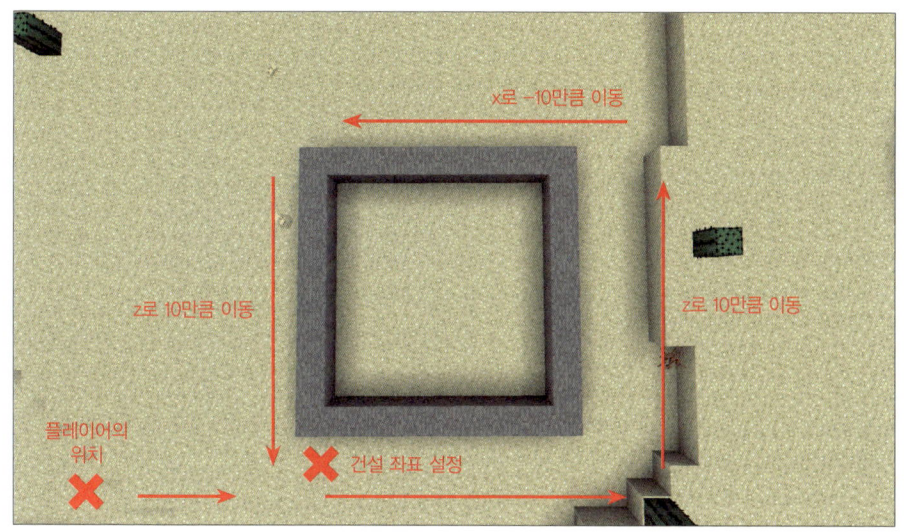

[그림 6-2] 가로 세로 10x10 크기의 조형

자, 그럼 바로 코딩에 들어가도록 합니다. for문을 사용해 최대한 코드를 줄이겠습니다. 블록만 세팅하면 무엇이 문제인지 간단히 파악하기 어렵기 때문에 좌표를 print하면서 블록을 함께 설치하도록 하겠습니다. 코드를 실행했는데 문제가 생긴다면 출력된 좌표를 보면서 어디가 잘못 됐는지 확인할 수 있습니다. 가능한 평평한 땅을 찾는 것이 좋고 평평한 땅을 찾는 게 어렵다면 하늘에 캐릭터를 띄운 상태로 확인할 수도 있습니다. 다음 [코드 6-1]을 참고하여 코딩하세요.

```
from mcpi.minecraft import Minecraft

mc = Minecraft.create()
#1. 플레이어의 위치 파악하기
player_id = mc.getPlayerEntityId('gasbugs')
pos = mc.entity.getTilePos(player_id)

block = 2

#2. 플레이어의 위치에서 x로 5만큼 이동한 지점에 건설 좌표 설정
pos.x += 5
```

```
#3. 좌표로 설정된 부분으로부터 x로 1만큼씩 10번 이동하며 블록 배치
for i in range(10):
    mc.setBlock(pos.x, pos.y, pos.z, block)
    print(pos.x, pos.y, pos.z)
    pos.x += 1

#4. z로 1만큼씩 10번 이동하며 블록 배치
for i in range(10):
    mc.setBlock(pos.x, pos.y, pos.z, block)
    print(pos.x, pos.y, pos.z)
    pos.z += 1

#5. x로 -1만큼씩 10번 이동하며 블록 배치
for i in range(10):
    mc.setBlock(pos.x, pos.y, pos.z, block)
    print(pos.x, pos.y, pos.z)
    pos.x -= 1

#6. z로 -1만큼씩 10번 이동하며 블록 배치
for i in range(10):
    mc.setBlock(pos.x, pos.y, pos.z, block)
    print(pos.x, pos.y, pos.z)
    pos.z -= 1
```

[코드 6-1] 집 건축 코드

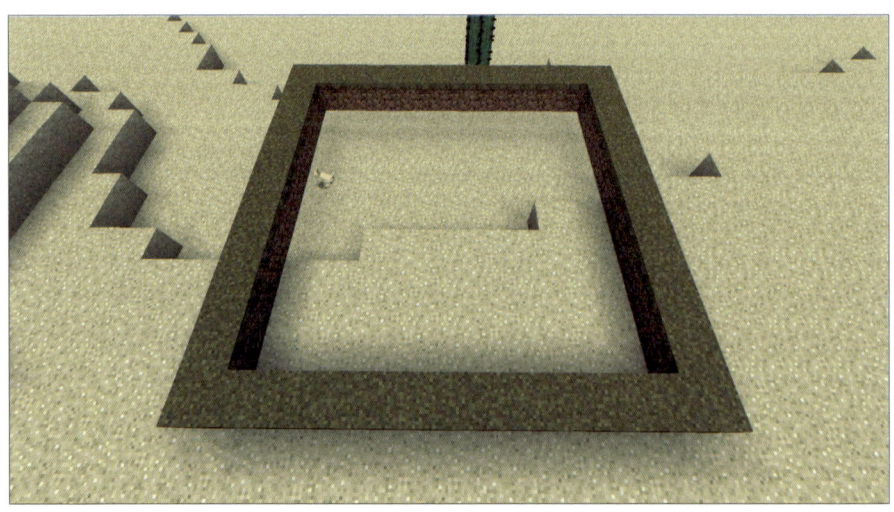

[그림 6-3] 평평한 땅이 아니라서 바닥에 구멍이 만들어진 집터

자, 집터를 모두 완성했으니 이대로 쌓아 올리면 됩니다. for문을 묶어서 전체 코드를 10번 반복해 위로 올리면 됩니다. 계획에 7번 과정을 추가합니다.

1. 플레이어의 위치 파악
2. 플레이어의 위치에서 x로 5만큼 이동한 지점에 건설 좌표 설정
3. 좌표로 설정된 부분으로부터 x로 1만큼씩 10번 이동하며 블록 배치
4. z로 1만큼씩 10번 이동하며 블록 배치
5. x로 -1만큼씩 10번 이동하며 블록 배치
6. z로 -1만큼씩 10번 이동하며 블록 배치
7. Y를 1만큼 증가시킨 뒤 3으로 이동

[코드 6-2]는 7번 과정을 위한 코드를 추가한 코드입니다. 새로운 for문을 만들어 y축으로 1씩 증가하며 위 코드를 반복시킵니다. for문을 위한 코드와 y축 1 증가를 위한 두 줄만 추가하면 됩니다. 7번을 위한 코드에는 #7이라는 주석을 추가해두겠습니다. 작성했던 코드에 그 부분만 추가로 작성하시면 됩니다. for문 안쪽에 코드들은 마우스로 블록을 잡은 뒤 탭 <Tab> 키를 누르시면 다 같이 들여쓰기를 할 수 있습니다.

```
from mcpi.minecraft import Minecraft

mc = Minecraft.create()
#1. 플레이어의 위치 파악하기
player_id = mc.getPlayerEntityId('gasbugs')
pos = mc.entity.getTilePos(player_id)

block = 2

#2. 플레이어의 위치에서 x로 5만큼 이동한 지점에 건설 좌표 설정
pos.x += 5
for ii in range(10): #7
    #3. 좌표로 설정된 부분으로부터 x로 1만큼씩 10번 이동하며 블록 배치
    for i in range(10):
```

```
        mc.setBlock(pos.x, pos.y, pos.z, block)
        print(pos.x, pos.y, pos.z)
        pos.x += 1

    #4. z로 1만큼씩 10번 이동하며 블록 배치
    for i in range(10):
        mc.setBlock(pos.x, pos.y, pos.z, block)
        print(pos.x, pos.y, pos.z)
        pos.z += 1

    #5. x로 -1만큼씩 10번 이동하며 블록 배치
    for i in range(10):
        mc.setBlock(pos.x, pos.y, pos.z, block)
        print(pos.x, pos.y, pos.z)
        pos.x -= 1

    #6. z로 -1만큼씩 10번 이동하며 블록 배치
    for i in range(10):
        mc.setBlock(pos.x, pos.y, pos.z, block)
        print(pos.x, pos.y, pos.z)
        pos.z -= 1

    pos.y += 1 #7
```

[코드 6-2] 블록을 높이 쌓는 집 짓기 코드

코드가 완성됐으니 적절한 위치에서 실행합니다. 공중에서 띄우면 바닥이 없으니 가능하면 평평한 바닥을 찾아 실행하시기 바랍니다. 구멍도 두 칸을 깨서 입구를 만들어 주도록 합시다.

[그림 6-4] 공중에서 실행한 집 짓기 코드

##  6.2 보다 간편한 방법으로 집 만들기

더욱 쉽게 집 짓는 방법이 있습니다. 우리가 만든 집 짓기 코드를 보다 간편하게 만들어보겠습니다. 앞서 배웠던 setBlocks 함수를 활용하면 여러 개의 블록을 만들 수 있습니다. 이 함수를 사용해 거대한 공간을 하나 만들고 그 안에 공간을 비우면 안이 텅 빈 거대한 공간을 만들 수 있습니다. [그림 6-5]를 참고하세요!

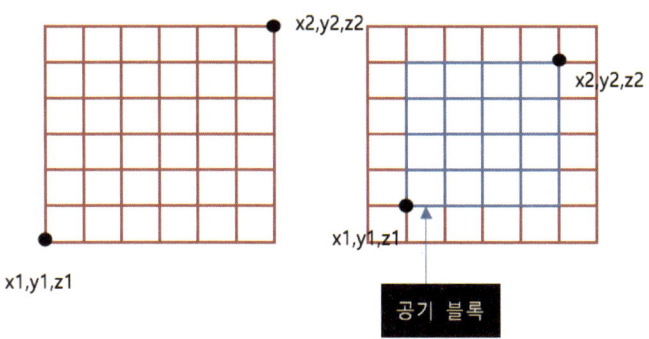

[그림 6-5] setBlocks를 사용해 빈 공간 만들기

블록을 설치하는 계획은 다음과 같습니다.

① x1, y1, z1부터 x2, y2, z2까지 setBlocks를 사용해 블록 설치
② x1, y1, z1의 값 1씩 증가
③ x2, y2, z2의 값 1씩 감소
④ x1, y1, z1부터 x2, y2, z2까지 setBlocks를 사용해 공기 블록 설치

이 내용을 기반으로 작성한 [코드 6-3]입니다. 공기 블록의 ID는 0입니다.

```python
from mcpi.minecraft import Minecraft

mc = Minecraft.create()
#1. 플레이어의 위치 파악하기
player_id = mc.getPlayerEntityId('gasbugs')
pos = mc.entity.getTilePos(player_id)

block = 2
air = 0

#2. 플레이어의 위치에서 x로 5만큼 이동한 지점에 건설 좌표 설정
pos.x += 5
x1, y1, z1 = pos.x, pos.y, pos.z
x2, y2, z2 = pos.x + 10, pos.y + 10, pos.z + 10
mc.setBlocks(x1, y1, z1, x2, y2, z2, block)
x1, y1, z1 = x1+1, y1+1, z1+1
x2, y2, z2 = x2-1, y2-1, z2-1
mc.setBlocks(x1, y1, z1, x2, y2, z2, air)
```

[코드 6-3] 블록 설치하는 코드

옆에 정사각형으로 생긴 흙 덩어리가 모인다면 안이 비워져 있는지 확인하기 위해 부숴봅시다. 안이 잘 비워져 있다면 제대로 빈 공간을 만든 것입니다. 이제 안을 예쁘게 꾸미고 집으로 사용하면 됩니다. 바닥과 천장 벽도 잘 만들어져 있습니다.

[그림 6-6] 가운데 비어 있는 블록 덩어리

##  엄청나게 거대한 지옥문 만들기

마인크래프트 세상에는 지옥문이라는 문이 있습니다. 지옥문은 지옥으로 안내해줍니다. 지하 세계처럼 하늘도 안보이고 용암으로 가득한 세상이 있습니다. 이 지옥문을 아주 거대하게 만들어 보겠습니다. 지옥문을 만드는 방법은 간단합니다. 물론 크레이티브 모드가 아니라면 꽤 반복이 필요한 작업입니다. 물과 용암을 섞으면 옵시디언이라고 나옵니다. 일단 물 양동이과 용암 양동이를 장비 창(단축키 <e>)에서 찾도록 합니다. 서바이벌 모드에서는 양동이가 있으면 물과 용암 등을 담을 수 있는데 이 양동이는 철괴가 3개 있으면 만들 수 있습니다.

[그림 6-7] 용암 양동이

공터에 물을 놓고 용암을 그 자리에 넣으면 용암이 굳어 새로운 블록이 됩니다. 이 광물은 흑요석이라는 광물로 지옥문을 만드는 재료입니다. 흑요석은 아주 단단하여 깨는데 시간이 오래 걸리고 철 곡괭이가 아니면 아이템을 얻을 수도 없습니다. 자세한 내용은 인터넷을 참고하기 바랍니다.

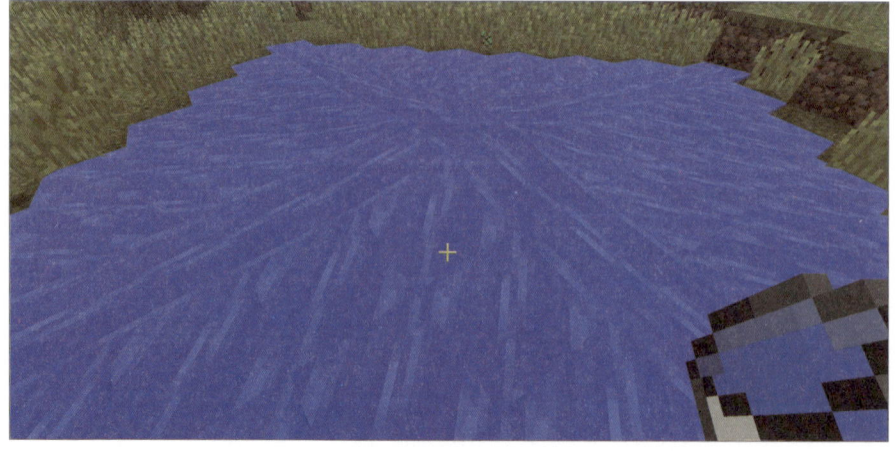

[그림 6-8] 놓으면 퍼지는 물

[그림 6-9] 물을 부으면 굳는 용암

장비 창에서 흑요석을 검색해서 하나 꺼냅니다. 그리고 가로와 높이를 4×5 모양으로 가운데는 빈 상태로 만들어 줍니다. 다음 [그림 6-10]을 참고합니다.

[그림 6-10] 4×5로 배치한 흑요석

다시 장비 창을 열어 '부싯돌과 부시'를 하나 찾아 꺼냅니다. 그리고 흑요석에 다가가 마우스 오른쪽 버튼을 누르면 지옥문이 열립니다. 이전 버전에서는 부싯돌만 있으면 됐는데 업데이트되어 '부싯돌과 부시'를 사용해야만 합니다. 부싯돌은 자갈을 캐다보면 가끔 드롭하는 아이템이고 철괴와 부싯돌을 조합하면 '부싯돌과 부시'가 됩니다. 우리는 지옥문을 만들어보는 게 목적이니 검색해서 사용하도록 합니다.

[그림 6-11] 열린 지옥문

이제 엄청나게 거대한 지옥문을 만들어 볼 겁니다. 이미 앞에서 배운 집 짓기 코딩 방법을 응용한 건데요, 흑요석의 ID는 49입니다. 16배가 더 큰 4*4×5*4의 지옥문을 만들어봅시다. 아쉽게도 이 이상 더 큰 지옥문은 만들어지지 않습니다.

```
from mcpi.minecraft import Minecraft

mc = Minecraft.create()
#1. 플레이어의 위치 파악하기
player_id = mc.getPlayerEntityId('gasbugs')
pos = mc.entity.getTilePos(player_id)
block = 49
air = 0
```

```
#2. 플레이어의 위치에서 x로 5만큼 이동한 지점에 건설 좌표 설정
pos.x += 5
x1, y1, z1 = pos.x, pos.y, pos.z
x2, y2, z2 = pos.x + 4*4, pos.y + 5*4, pos.z
mc.setBlocks(x1, y1, z1, x2, y2, z2, block)
x1, y1, z1 = x1+1, y1+1, z1
x2, y2, z2 = x2-1, y2-1, z2
mc.setBlocks(x1, y1, z1, x2, y2, z2, air)
```

[코드 6-4] 엄청나게 거대한 지옥문 코드

[그림 6-12] 산 중턱에 세운 거대한 지옥문

잘 만들어졌으니 한 번 들어가 보도록 하겠습니다. 일반 필드보다 생존이 어렵기 때문에 마인크래프트 초보자 분들은 크리에이티브 모드로 진입하시기 바랍니다.

[그림 6-13] 강력한 몬스터가 많은 지옥

## 6.4 블록을 때려서 바꾸기

마인크래프트에서 파이썬으로 만드는 여러 건축물과 능력들은 모두 일방적인 방향을 갖고 있었습니다. 파이썬이 마인크래프트에 일방적으로 만들어달라고 요청하는 메시지만 보낼 뿐 반대로 마인크래프트에서 파이썬에 특정 메시지를 전달하기가 어렵습니다.

여기서는 이 문제를 해결하기 위해 마인크래프트에서 파이썬으로 데이터를 보내는 방법을 알아볼 겁니다. 캐릭터가 블록을 때리면 마인크래프트에서 파이썬으로 요청이 갈 겁니다! 이를 위해 새로운 함수를 배워 봅시다.

### pollBlockHits

mc.events.pollBlockHits()는 오른손에 검을 들고 마우스 오른쪽 버튼을 누르면 데이터를 가져오는 함수입니다. 다음 [코드 6-5]를 마인크래프트에서 작성하고 실행해봅시다.

```python
import mcpi.minecraft
import time

mc = mcpi.minecraft.Minecraft.create()

while True:
    hits = mc.events.pollBlockHits()
    for hit in hits:
        block = mc.getBlockWithData(hit.pos.x, hit.pos.y, hit.pos.z)
        mc.postToChat("Block data is now " + str(block.id))
    time.sleep(0.1)
```

[코드 6-5] 블록의 데이터를 가져오는 코드

실행하면 아무 일도 일어나지 않습니다. 장비 창(단축키: e)에서 하단에 황금 검을 클릭하면 전투에 필요한 아이템을 찾을 수 있습니다. 여기서 검을 하나 꺼냅니다.

[그림 6-14] 장비 창에서 검을 하나 꺼냄

검을 손에 들고 아무 블록에 대고 마우스 오른쪽을 클릭합니다.

[그림 6-15] 돌 블록의 ID를 출력

while문으로 돌아가기 때문에 이 코드는 종료되지 않고 계속 실행됩니다. 종료를 원하면 <Ctrl>+<c>를 사용해 종료합니다. 실행하는 모습을 확인했으니 코드를 분석해 봅니다.

```
while True:
```

while에 True를 전달해 항상 참이므로 이 프로그램은 끝나지 않습니다.

```
    hits = mc.events.pollBlockHits()
```

여기서 pollBlockHits()가 동작합니다. 이 함수는 매번 플레이어가 검을 들고 마우스 오른쪽을 클릭했는지 확인합니다. 검을 들고 마우스를 오른쪽 버튼을 클릭하면 그 정보를 hits라는 배열에 저장합니다. 배열로 가져오는 이유는 다수의 마우스 오른쪽 키가 발생했을 때 여러 개의 정보를 가져오기 위함입니다.

```
    for hit in hits:
```

이 hits 정보에 내용이 있다면 for문으로 전달합니다. 그리고 hit를 하나씩 처리합니다.

```
block = mc.getBlockWithData(hit.pos.x, hit.pos.y, hit.pos.z)
mc.postToChat("Block data is now " + str(block.id))
```

각 hit에는 pos의 정보가 들어있으며 좌표를 의미합니다. 각 hit에서 x, y, z를 사용해 getBlockWithData를 실행하고 이 데이터를 다시 사용자가 있는 마인크래프트에 메시지로 보내줍니다.

```
time.sleep(0.1)
```

while문이 너무 빠르게 돌면 성능이 저하될 수 있어서 속도를 time.sleep으로 조절합니다.

### 미다스의 손 프로그램

단순히 때려서 정보를 가져오는 프로그램의 분석은 모두 끝났습니다. 이제 프로그램의 기능을 더해서 '때려서 바꾸기' 프로그램을 만들어 봅시다. 그리스 신화에서는 매우 탐욕스러운 왕 미다스 왕이 등장합니다. 이 왕은 엄청난 재산을 갖고 있었지만 더 많이 갖기를 원했고 술의 신 디오니소스에게 손에 닿는 모든 것을 황금으로 변하게 해달라고 소원을 빕니다. 그리고 닥치는 대로 모든 물건을 손으로 만져 금으로 만들었는데 실수로 음식과 자기 딸까지 금으로 만들어 버리고는 슬퍼합니다. 이번 시간은 미다스의 손(midas touch)을 재연하는 프로그램을 만들어 봅시다!

[그림 6-16] 미다스 왕과 그의 딸, 워터 크레인(1845 – 1915)의 작품

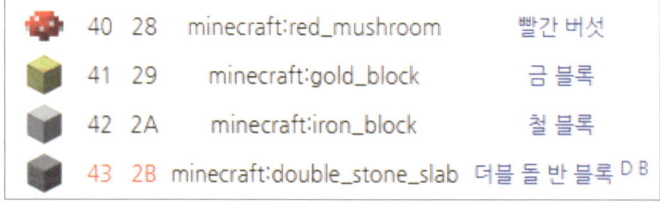

[그림 6-17] 41번의 금 블록

만드는 방법은 단순합니다. getBlockWithData를 삭제하고 setBlock을 사용해 해당 좌표에 있는 데이터를 금 블록으로 만들면 됩니다.

```
import mcpi.minecraft
import time
```

```
mc = mcpi.minecraft.Minecraft.create()

gold = 41

while True:
    hits = mc.events.pollBlockHits()
    for hit in hits:
      mc.setBlock(hit.pos.x, hit.pos.y, hit.pos.z, gold)
    time.sleep(0.1)
```

[코드 6-6] 미다스의 손 코드

코드를 실행하고 주민의 집을 황금으로 바꿔줬습니다! 주민이 기뻐할까요? 아쉽게도 주민은 금으로 만들 수 없습니다.

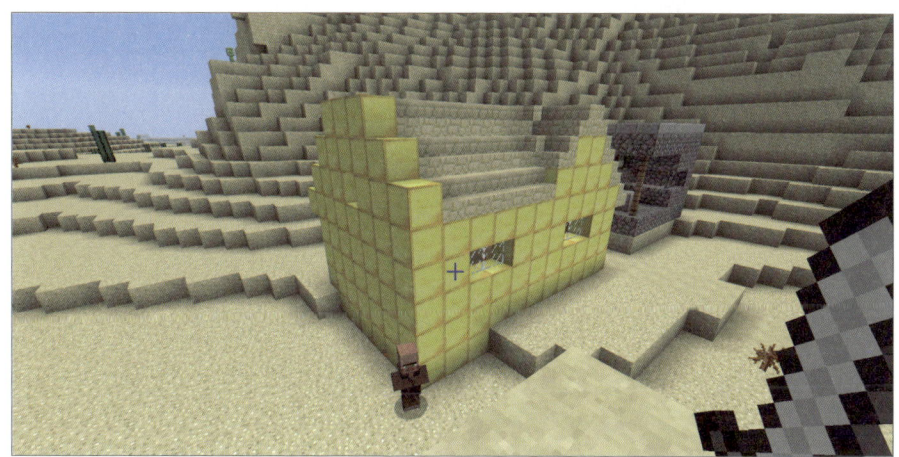

[그림 6-18] 금으로 바꿔 준 주민의 집

## 6.5 잭과 콩나무 만들기

잭과 콩나무 이야기를 아시나요? 콩을 심었더니 콩나무가 쑥쑥 자라나 하늘까지 닿

앗다는 동화입니다. 하늘에는 거인이 살고 있었던 이야기입니다. 이 이야기로부터 동기를 얻어 미다스 손 프로그램을 확장해봅시다. 나무를 때리면 나무를 하늘까지 올려 보내는 코드를 만듭니다. 나무가 아닌 다른 곳에 손을 댄 경우에는 아무 동작도 하지 않습니다.

[그림 6-19] 잭과 콩나무

나무에 해당하는 ID는 17번과 162번이 있습니다. 두 ID를 리스트로 묶어서 선언하고 나무가 아닌 경우에는 나무가 아니라는 메시지를 출력합니다. 그리고 나무인 경우에는 위로 자라도록 def growTree 함수를 만들어서 setBlock을 for문으로 돌려주도록 합니다. 다음 [코드 6-7]을 작성해봅시다.

```
import mcpi.minecraft
import time

mc = mcpi.minecraft.Minecraft.create()

log = [17, 162]
```

```
def growTree(pos, data):
    for i in range(1,100):
        mc.setBlock(pos.x, pos.y+i, pos.z, data)

while True:
    hits = mc.events.pollBlockHits()
    for hit in hits:
        data = mc.getBlockWithData(hit.pos.x, hit.pos.y, hit.pos.z)
        if data.id in log:
            growTree(hit.pos, data)
        else:
            mc.postToChat("This is not wood: " + str(data.id))
    time.sleep(0.1)
```

[코드 6-7] 나무 성장 코드

[그림 6-20] 위로 쭉쭉 올라가는 나무

나무가 위로만 쭉쭉 올라가니 좀 빈약해 보입니다. setBlocks를 사용해서 좀더 두껍게 올려봅시다. setBlocks의 기준으로 x, z좌표를 한 칸씩 밖으로 확장하고 뿌리가 약하면 안 되니 y축은 아래로 20, 위로 100을 올려주도록 합니다.

```python
import mcpi.minecraft
import time

mc = mcpi.minecraft.Minecraft.create()

log = [17, 162]

def growTree(pos, data):
    mc.setBlocks(pos.x-1, pos.y-20, pos.z-1,
                 pos.x+1, pos.y+100, pos.z+1, data)

while True:
    hits = mc.events.pollBlockHits()
    for hit in hits:
        data = mc.getBlockWithData(hit.pos.x, hit.pos.y, hit.pos.z)
        if data.id in log:
            growTree(hit.pos, data)
        else:
            mc.postToChat("This is not wood: " + str(data.id))
    time.sleep(0.1)
```

[코드 6-8] 나무 성장 코드2

[그림 6-21] 두껍게 쭉 뻗은 나무

우뚝 뻗은 나무가 완성되었습니다. 하지만 이 나무는 너무 곧게 뻗어 있어 올라갈 수가 없습니다. 사다리를 추가로 설치하도록 합니다. 사다리의 ID는 65번입니다.

```python
import mcpi.minecraft
import time
import random

mc = mcpi.minecraft.Minecraft.create()

log = [17, 162] #나무
ladder = 65 #사다리
def growTree(pos, data):
    #나무 설치
    mc.setBlocks(pos.x-1, pos.y-20, pos.z-1,
                 pos.x+1, pos.y+100, pos.z+1, data)
    #사다리 설치
    mc.setBlocks(pos.x-2, pos.y-20, pos.z,
                 pos.x-2, pos.y+100, pos.z, ladder,4)

while True:
    hits = mc.events.pollBlockHits()
    for hit in hits:
        data = mc.getBlockWithData(hit.pos.x, hit.pos.y, hit.pos.z)
        if data.id in log:
            growTree(hit.pos, data)
        else:
            mc.postToChat("This is not wood: " + str(data.id))
    time.sleep(0.1)
```

[코드 6-9] 잭과 콩나무 코드1

[그림 6-22] 구름까지 뻗은 나무

아주 좋습니다. 사다리를 타고 구름까지 올라가겠습니다. 그런데 완성을 시켜 놓고 보니 [그림 6-22]에서 보듯이 마치 탑처럼 생겼습니다. 잎이 없어서 도저히 나무로 보기 어렵습니다. 그럼 잎을 붙여줄 수 있도록 다음 [코드 6-10]을 작성해봅시다. 랜덤 함수 때문에 다소 복잡하지만 일단 작성 후에 랜덤에 대해 설명하겠습니다.

```python
import mcpi.minecraft
import time
import random

mc = mcpi.minecraft.Minecraft.create()

log = [17, 162] #나무
ladder = 65 #사다리
leaves = 18 # 잎
def growTree(pos, data):
    #잎 설치
    for i in range(100):
        # 잎의 너비와 길이 결정
        h = random.randint(0, 3) # 0~3 사이의 숫자 생성
```

```
            w = random.randint(0, 3) # 0~3 사이의 숫자 생성
            mc.setBlocks(pos.x-h, pos.y+i, pos.z-w,
                         pos.x+h, pos.y+i, pos.z+w, leaves)
    #나무 설치
    mc.setBlocks(pos.x-1, pos.y-20, pos.z-1,
                 pos.x+1, pos.y+100, pos.z+1, data)
    #사다리 설치
    mc.setBlocks(pos.x-2, pos.y-20, pos.z,
                 pos.x-2, pos.y+100, pos.z, ladder,4)

while True:
    hits = mc.events.pollBlockHits()
    for hit in hits:
        data = mc.getBlockWithData(hit.pos.x, hit.pos.y, hit.pos.z)
        if data.id in log:
            growTree(hit.pos, data)
        else:
            mc.postToChat("This is not wood: " + str(data.id))
    time.sleep(0.1)
```

[코드 6-10] 잭과 콩나무 코드2

[그림 6-23] 잎이 예쁘게 자라난 콩나무

이 코드는 다소 어렵게 느껴지겠지만, 알고 나면 그리 어렵지 않은 코드입니다. 필자가 먼저 코드를 작성해보니 잎이 일정하게 나면 별로 예쁘지 않다는 사실을 깨달았습니다. 그래서 자연스러운 모양을 내기 위해 잎의 길이를 랜덤하게 자라도록 했습니다.

랜덤 라이브러리는 랜덤한 숫자를 만들어주는 라이브러리입니다. random.randint는 정수를 랜덤하게 생성해주는 역할을 하는데 0과 3을 전달하면 0부터 3사이의 숫자만 출력합니다. 그것을 각 줄에 for문을 돌려 랜덤하게 만들고 생성해서 잎이 일정하게 자라기 보다는 랜덤하게 자라게 해서 자연스러움을 연출했습니다. 셀 모드에서 다음 [코드 6-11]를 시험해봅시다.

```
>>> import random3
>>> random.randint(1, 3)
3
>>> random.randint(-10, 3)
2
>>> random.randint(-10, 3)
-10
>>> random.randint(-10, 3)
-2
>>> random.randint(-10, 3)
-1
```

[코드 6-11] 랜덤 함수 코드 시험

코드를 시험했다면 다시 마지막으로 작성한 growTree 함수를 보시기 바랍니다. 잎 블록을 먼저 배치한 후, 나무를 배치했습니다. 그리고 사다리를 배치합니다. 이 순서가 바뀌게 되면 잎 블록이 나무나 사다리를 덮어 버릴 수 있기 때문에 순서가 매우 중요합니다. 완성된 나무의 꼭대기로 가봅시다!

[그림 6-24] 멋지게 완성된 거대한 콩나무

## 6.6 공중 열차 건설

온 동네를 순회하는 공중 열차를 만들어 봅시다. 마인크래프트 세상에서 열차에 대한 기초 지식을 알아야지만 자동으로 건축을 진행할 수 있습니다. 마인크래프트에서 열차는 레드스톤이라는 에너지 공급장치를 통해 움직입니다. 때문에 구조를 알아야만 열차를 만들 수 있습니다.

장비 창(단축키 <e>)을 열어 상단에 수송 탭을 클릭하도록 합니다. 4개의 레일과 수레를 꺼내 퀵 슬롯 창으로 꺼냅니다.

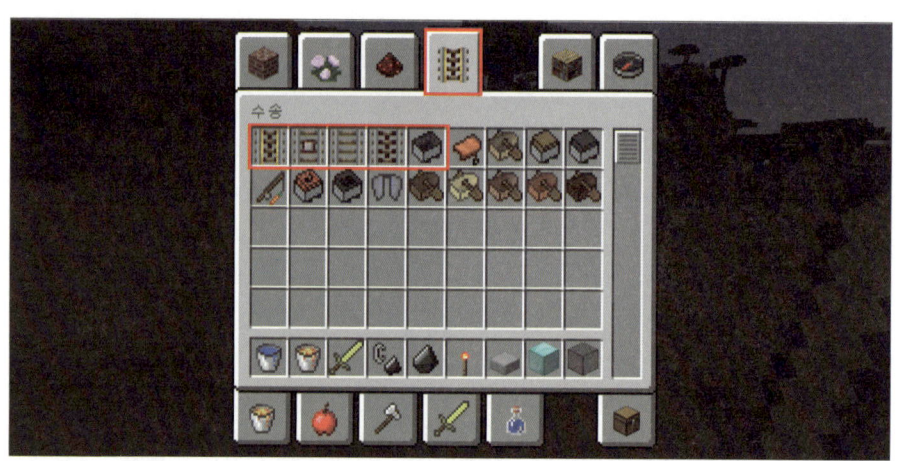

[그림 6-25] 장비 창에서 찾을 수 있는 다양한 레일과 수레

[표 6-1] 레일의 종류와 역할

| 아이콘 | 이름 | 블록 ID | 역할 |
| --- | --- | --- | --- |
|  | 전동 레일 | 27 | 켜졌을 때는 가속하고 끄면 감속하는 레일이다. 전류가 생성되면 켜진다. |
|  | 탐지 레일 | 28 | 수레가 올라오면 전류를 생성한다. |
|  | 레일 | 66 | 일반적인 레일로 기능은 없으나 커브를 만들 수 있다. |
|  | 활성화 레일 | 157 | 강제로 탑승을 해제한다. |
|  | 광산 수레 |  | 철로 만들어진 광산차로 레일에서 빠르게 움직일 수 있다. 다만 움직이려면 동력이 필요하다. 플레이어나 동물, 몬스터 등도 태울 수 있다. |

각 레일은 역할이 있습니다. 탐지 레일이 있어야만 동력을 공급해 특별한 일들을 수행합니다. 전동 레일을 키려면 탐지 레일 바로 다음에 배치하면 됩니다. 백 번 설명하기 보다는 간단하게 레일을 한 번 배치해봅시다. 여기서는 간단한 실험이므로 굳이 코딩을 하지 않아도 괜찮습니다. [그림 6-26]과 같이 일반 레일을 둥글게 배치하고 가운데 탐지 레일 그리고 양쪽으로 전동 레일 두 개를 배치해서 만듭니다.

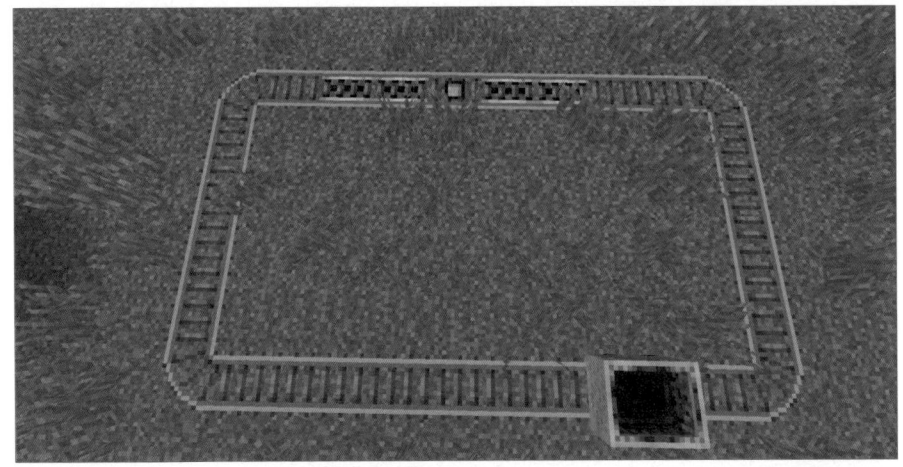

[그림 6-26] 레일을 구성해서 시험해보기

그리고 수레에서 마우스 오른쪽 버튼을 눌러 수레에 탑니다. 앞 뒤를 눌러 속도를 조절할 수 있고 탐지 레일을 지나지 않으면 수레는 느리게 움직입니다. 탐지 레일까지만 도달하면 탐지가 시작되고 전동레일이 활성화 됩니다. 빨간 빛으로 활성화된 전동 레일은 수레를 빠르게 속도가 붙습니다. 그리고 활성화되지 않을 때 밟으면 수레가 멈춥니다. 수레에서 내릴 때는 시프트(Shfit) 키를 사용하면 됩니다.

수레를 무한으로 돌리려면 탐지레일을 앞 뒤로 배치해 수레가 계속 가속되도록 하는 것이 좋습니다. [그림 6-27]과 같이 탐지 레일을 두 개 추가하도록 합니다. 이제 탐지 레일을 지날 때마다 동력이 활성화되며 멈추지 않는 레일을 만들 수 있습니다. 직접 타면서 체험해 봅시다.

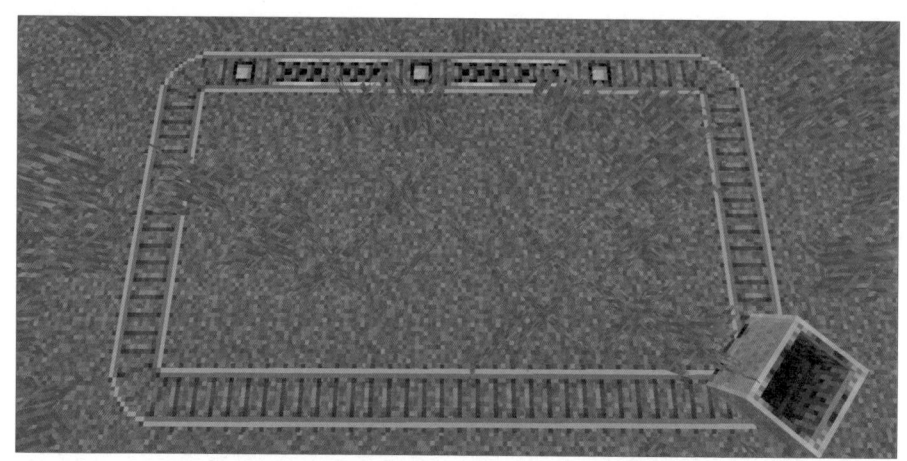

[그림 6-27] 기존 레일에 탐지 레일을 두 개 더 추가한 모습

끝으로 활성화 레일을 배치해서 활성화 레일에 수레가 도달하면 어떤 일이 벌어지는지 관찰해봅시다. 활성화 레일에 도달하면 캐릭터가 자동으로 내려지는 모습을 확인할 수 있습니다.

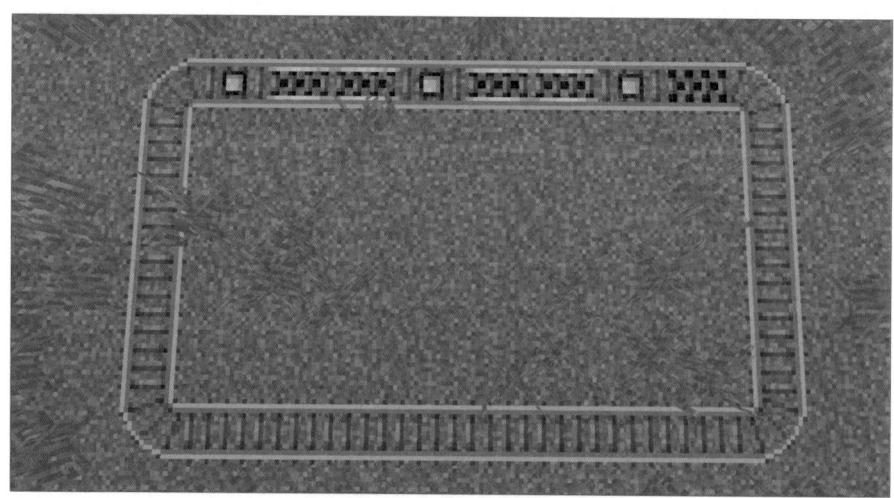

[그림 6-28] 실험 마지막 단계: 활성화 레일

그럼 이제 레일의 모든 종류에 대한 실험이 종료됐습니다. 이제 바로 코딩을 위한 설계 작업에 들어갈 수 있습니다. 이 작은 모형을 크게 확장해서 자동으로 만들어지도록 프로그래밍할 겁니다. 설계는 다음과 같습니다.

1. 플레이어의 위치로부터 y축으로 위쪽에 20만큼 좌표에 건설 지점을 설정
2. 건설 지점에서부터 x축으로 100×1만큼 지역에 흙 설치
3. x축으로 100움직인 지점에서 z좌표로 100만큼 흙 설치
4. z축으로 100움직인 지점에서 x좌표로 -100만큼 흙 설치
5. x축으로 -100움직인 지점에서 z좌표로 -100만큼 흙 설치(건설 지점으로 돌아옴)
6. y축으로 1만큼 올라간 뒤 설치된 흙 위에 레일 설치
7. 레일을 설치할 때는 탐지 레일과 전동 레일을 번갈아 가며 설치
8. 코너에는 레일을 설치

완성이 될 모습은 [그림 6-29]와 같습니다.

[그림 6-29] 철로가 놓이는 모양

먼저 1부터 6까지 5까지 진행하여 레일을 설치할 공중에 흙 바닥을 깔아 놓도록 합니다. '간단하게 집 짓기 코드'와 유사합니다.

```
from mcpi.minecraft import Minecraft

mc = Minecraft.create()
player_id = mc.getPlayerEntityId('gasbugs')
pos = mc.entity.getTilePos(player_id)
soil = 2 # 흙 블록
golden_rail = 27 # 전동 레일
detector_rail = 28 # 탐지 레일
rail = 66 # 레일
activator_rail = 157# 활성화 레일

#1. 플레이어의 위치로부터 y축으로 위쪽에 20만큼 좌표에 건설 지점을 설정
pos.y += 20

#2. 건설 지점에서부터 x축으로 100 x 1만큼 지역에 흙 설치
mc.setBlocks(pos.x, pos.y, pos.z, pos.x+100, pos.y, pos.z, soil)

#3. x축으로 100움직인 지점에서 z좌표로 100만큼 흙 설치
pos.x += 100
mc.setBlocks(pos.x, pos.y, pos.z, pos.x, pos.y, pos.z+100, soil)

#4. z축으로 100움직인 지점에서 x좌표로 -100만큼 흙 설치
pos.z += 100
mc.setBlocks(pos.x, pos.y, pos.z, pos.x-100, pos.y, pos.z, soil)

#5. x축으로 -100움직인 지점에서 z좌표로 -100만큼 흙 설치
pos.x -= 100
mc.setBlocks(pos.x, pos.y, pos.z, pos.x, pos.y, pos.z-100, soil)
pos.z -= 100 #건설 지 점으로 돌아옴
```

[코드 6-12] 레일을 놓기 위한 공중에 흙 배치 코드

흙 배치가 완료됐다면 다음에 필요한 것은 레일 배치입니다. 레일에 좌표가 짝수면 전동 레일(golde_rail)을 배치하고 홀수면 탐지 레일(detector_rail)을 설치합니다. 전

동 레일이 탐지 레일과 이어져 있어야 하기 때문에 두 블록을 번갈아 설치하는 것입니다.

```
[앞쪽 코드 생략]
#6. y축으로 1만큼 올라간 뒤 설치된 흙 위에 레일 설치
pos.y += 1

#7. 레일을 설치할 때는 탐지 레일과 전동 레일을 번갈아 가며 설치
for i in range(100):
    if i % 2 == 0: # 2로 나눠서 0으로 떨어지면 (짝수라면)
        mc.setBlock(pos.x+i, pos.y, pos.z, golden_rail)
    else:
        mc.setBlock(pos.x+i, pos.y, pos.z, detector_rail)

pos.x += 100
for i in range(100):
    if i % 2 == 0:
        mc.setBlock(pos.x, pos.y, pos.z+i, golden_rail)
    else:
        mc.setBlock(pos.x, pos.y, pos.z+i, detector_rail)

pos.z += 100
for i in range(100):
    if i % 2 == 0:
        mc.setBlock(pos.x-i, pos.y, pos.z, golden_rail)
    else:
        mc.setBlock(pos.x-i, pos.y, pos.z, detector_rail)

pos.x -= 100
for i in range(100):
    if i % 2 == 0:
        mc.setBlock(pos.x, pos.y, pos.z-i, golden_rail)
    else:
        mc.setBlock(pos.x, pos.y, pos.z-i, detector_rail)
pos.z -= 100
```

[코드 6-13] 흙 위에 레일 배치하는 코드

설치된 레일을 살펴보면 대부분 잘 번갈아 설치된 모습을 확인할 수 있습니다. 그러나 모서리에 가서 보면 레일이 이어져 있지 않아서 제대로 커브를 돌 수 없습니다. 이 코너를 도는 것은 일반 레일만 가능합니다. 그래서 마지막으로 이 모서리들의 레일을 모두 일반 레일로 교체합니다.

[그림 6-30] 모서리마다 끊긴 레일

```
[앞쪽 코드 생략]
#8.코너에는 레일을 설치
mc.setBlock(pos.x, pos.y, pos.z, rail)
mc.setBlock(pos.x, pos.y, pos.z+100, rail)
mc.setBlock(pos.x+100, pos.y, pos.z, rail)
mc.setBlock(pos.x+100, pos.y, pos.z+100, rail)
```

[코드 6-14] 모서리 레일들을 일반 레일로 배치

모서리까지 잘 작업이 완료됐다면 이제 수레를 놓고 동네를 돌아볼 시간입니다! 지금은 길이가 100개인 공중열차를 제작했지만 언제든 원하면 원하는 대로 늘려서 공중 열차를 제작할 수 있습니다. 참고로 낮은 위치에 있는 경우에 산에 막혀 플레이어가 지나가지 못할 수 있습니다. 그런 경우에는 토지 위로 2칸 정도는 공기로 만들어야 플레이어가 동굴까지 수월하게 지나다닐 수 있습니다.

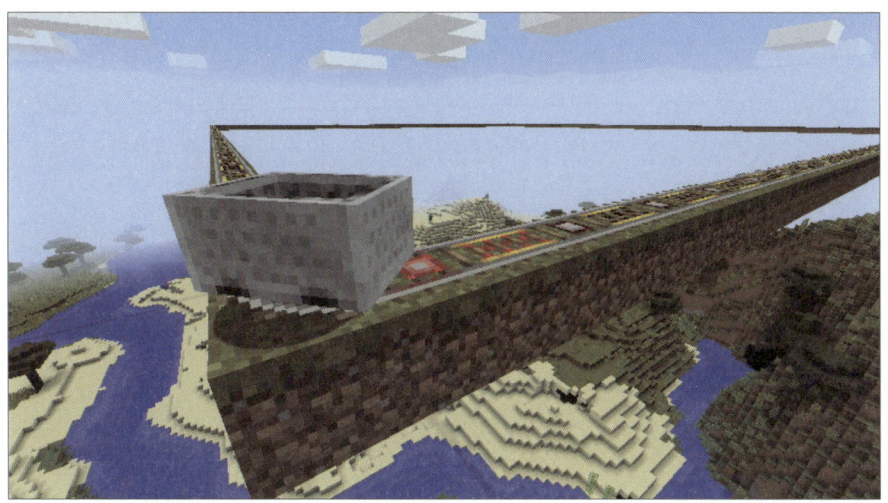

[그림 6-31] 완성된 공중 열차

[코드 6-15]는 완성된 공중열차 코드입니다.

```
from mcpi.minecraft import Minecraft

mc = Minecraft.create()
player_id = mc.getPlayerEntityId('gasbugs')
pos = mc.entity.getTilePos(player_id)
soil = 2 # 흙 블록
golden_rail = 27 # 전동 레일
detector_rail = 28 # 탐지 레일
rail = 66 # 레일
activator_rail = 157# 활성화 레일

#1. 플레이어의 위치로부터 y축으로 위쪽에 20만큼 좌표에 건설 지점을 설정
pos.y += 20

#2. 건설 지점에서부터 x축으로 100 x 1만큼 지역에 흙 설치
mc.setBlocks(pos.x, pos.y, pos.z, pos.x+100, pos.y, pos.z, soil)
```

```
#3. x축으로 100움직인 지점에서 z좌표로 100만큼 흙 설치
pos.x += 100
mc.setBlocks(pos.x, pos.y, pos.z, pos.x, pos.y, pos.z+100, soil)

#4. z축으로 100움직인 지점에서 x좌표로 -100만큼 흙 설치
pos.z += 100
mc.setBlocks(pos.x, pos.y, pos.z, pos.x-100, pos.y, pos.z, soil)

#5. x축으로 -100움직인 지점에서 z좌표로 -100만큼 흙 설치
pos.x -= 100
mc.setBlocks(pos.x, pos.y, pos.z, pos.x, pos.y, pos.z-100, soil)
pos.z -= 100 #건설 지점으로 돌아옴

#6. y축으로 1만큼 올라간 뒤 설치된 흙 위에 레일 설치
pos.y += 1

#7. 레일을 설치할 때는 탐지 레일과 전동 레일을 번갈아 가며 설치
for i in range(100):
    if i % 2 == 0: # 2로 나눠서 0으로 떨어지면 (짝수라면)
        mc.setBlock(pos.x+i, pos.y, pos.z, golden_rail)
    else:
        mc.setBlock(pos.x+i, pos.y, pos.z, detector_rail)

pos.x += 100
for i in range(100):
    if i % 2 == 0:
        mc.setBlock(pos.x, pos.y, pos.z+i, golden_rail)
    else:
        mc.setBlock(pos.x, pos.y, pos.z+i, detector_rail)

pos.z += 100
for i in range(100):
    if i % 2 == 0:
        mc.setBlock(pos.x-i, pos.y, pos.z, golden_rail)
    else:
        mc.setBlock(pos.x-i, pos.y, pos.z, detector_rail)

pos.x -= 100
for i in range(100):
    if i % 2 == 0:
```

```
        mc.setBlock(pos.x, pos.y, pos.z-i, golden_rail)
    else:
        mc.setBlock(pos.x, pos.y, pos.z-i, detector_rail)
pos.z -= 100

#8.코너에는 레일을 설치
mc.setBlock(pos.x, pos.y, pos.z, rail)
mc.setBlock(pos.x, pos.y, pos.z+100, rail)
mc.setBlock(pos.x+100, pos.y, pos.z, rail)
mc.setBlock(pos.x+100, pos.y, pos.z+100, rail)
```

[코드 6-15] 완성된 공중 열차 건설 코드

## 6.7 초강력 굴착기 만들기

제가 마인크래프트를 플레이하면서 가장 어려웠던 점은 원하는 광물의 위치를 빠르게 찾는 일이었습니다. 찾기만 하면 캐내서 아이템을 제작하는 것은 순식간인데 이 광물이 어디에 묻혀있는지 확인하기가 어렵습니다. 길을 잘못 들어서 제대로 된 장비도 없는 상태에서 동굴 속을 탐험하다가 몬스터라도 만나면 위기가 찾아오곤 합니다. 그래서 생각해 낸 것이 초강력 굴착기입니다. 영화를 보면 터널을 뚫는데 많은 광부가 힘겨운 노동을 합니다. 우리는 이 노동을 프로그래밍으로 대체할 겁니다. 원하는 만큼 굴을 뚫고 깊은 곳까지 도달할 수 있게 만들어 봅시다. 그리고 몬스터가 생성되지 않도록 중간에 횃불을 자동으로 배치하도록 해 언제든지 원하는 광물을 쉽게 찾아볼 수 있도록 합니다.

굴착기라는 도구를 만드는 것이 아니라 정확히 얘기하면 굴착기 기능을 하는 프로그램을 짤 겁니다. 이것이 우리의 굴착기입니다. 굴의 모양은 전체적으로 가로와 세로의 길이를 10으로 두고 높이를 5로 만듭니다. 그리고 x축으로 10만큼, y축으로 -1만큼 이동 후에 동일한 크기의 굴을 파내겠습니다.

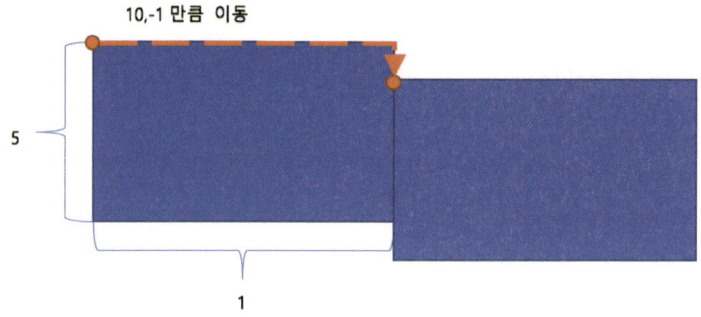

[그림 6-32] 하나씩 굴을 파내며 이동

이제 설계 단계입니다.

1. 건설 기준점 설치
2. 10×5×10의 빈 공간 할당
3. 굴 내부에 횃불 설치
4. 건설 기준점을 x축으로 10만큼 y축으로 −1만큼 이동
5. 다시 2번으로 이동
6. 2~5 과정을 200번 반복

3번 횃불 설치를 제외한 나머지 코드를 작성해봅시다. 공기 블록은 0번입니다.

```
from mcpi.minecraft import Minecraft

mc = Minecraft.create()
player_id = mc.getPlayerEntityId('gasbugs')
pos = mc.entity.getTilePos(player_id)
air = 0 # 공기 블록

#1. 건설 기준점 설치
pos.x += 1
pos.y -= 1

for i in range(200):
```

```
#2. 10x5x10의 빈 공간 할당
mc.setBlocks(pos.x, pos.y, pos.z, pos.x+10, pos.y+5, pos.z+10, air)

#3. 굴 내부에 횃불 설치
pass

#4. 건설 기준점을 x축으로 10만큼 y축으로 -1만큼 이동
pos.x += 10
pos.y -= 1

#5. 다시 2번으로 이동

#6. 2~5를 200번 반복
```

[코드 6-16] 굴착 기능 설계 코드

[코드 6-16]의 #3번에는 pass라는 처음 보는 코드가 보입니다. 이 코드는 말 그대로 아무 것도 실행하지 않습니다. 함수에 내용을 비워두면 들여쓰기 문제로 오류가 발생하는데 이 pass 코드를 넣어두면 정상적으로 실행할 수 있습니다.

```
def sample():
```

[코드 6-17] 오류가 발생하는 코드

```
def sample():
    pass
```

[코드 6-18] 오류가 발생하지 않는 코드

그 외 코드는 어렵지 않게 이해할 수 있습니다. 실행하고 결과를 확인합니다.

[그림 6-33] 주민들 마을 아래로 뚫린 터널

주민들 마을을 아슬아슬하게 지나서 터널이 뚫렸습니다. 마을이 절벽 뒤에 가려서 보이지 않았습니다. 적당한 곳에서 잘 실행하면 뚫린 터널을 확인할 수 있습니다. 하지만 터널 안에 들어가면 너무 어두워서 아무것도 보이지 않습니다. 이제 햇불을 추가로 설치하도록 합니다. 햇불은 다음과 같은 모양으로 추가하겠습니다. 10×10 블록에 세로로 나열하도록 합니다. 2번째 줄과 7번째 줄입니다.

[그림 6-34] 빈 블록 공간에 햇불 배치 계획

횃불 배치 계획을 우리 코드에 추가하도록 합니다. 이제 동굴을 밝게 만들 수 있습니다.

```python
from mcpi.minecraft import Minecraft

mc = Minecraft.create()
player_id = mc.getPlayerEntityId('gasbugs')
pos = mc.entity.getTilePos(player_id)
air = 0 # 공기 블록
torch = 50# 횃불 블

#1. 건설 기준점 설치
pos.x += 1
pos.y -= 1

for i in range(200):
    #2. 10x5x10의 빈 공간 할당
    mc.setBlocks(pos.x, pos.y, pos.z, pos.x+10, pos.y+5, pos.z+10, air)

    #3. 굴 내부에 횃불 설치
    mc.setBlocks(pos.x, pos.y, pos.z+2, pos.x+10, pos.y, pos.z+2, torch)
    mc.setBlocks(pos.x, pos.y, pos.z+7, pos.x+10, pos.y, pos.z+7, torch)

    #4. 건설 기준점을 x축으로 10만큼 y축으로 -1만큼 이동
    pos.x += 10
    pos.y -= 1
    #5. 다시 2번으로 이동

#6. 2~5를 200번 반복
```

[코드 6-19] 오류가 발생하지 않는 코드

실행하여 결과를 확인합니다. 동굴이 열리는 모양을 직접 확인하고 싶다면 time. sleep 함수를 사용해서 0.5초마다 for문이 하나씩 실행되도록 해보는 것도 좋습니다.

[그림 6-35] 멋지게 뚫린 길

[그림 6-36] 매우 밝은 동굴 안

# CHAPTER 07

## 중급 자동 건축가

 **7.1 알고리즘, 그게 뭐죠?**

알고리즘은 9세기 페르시아의 한 수학자인 무하마드 알콰리즈미라는 사람의 이름에서 어원을 따온 단어입니다. 알고리즘은 어떤 문제를 해결하기 위해 필요한 절차나 명령들을 모아 놓은 집합입니다. 너무 어렵게 느껴질 수 있지만 알고리즘은 그렇게 어려운 것이 아닙니다. 우리 일상생활에서도 쉽게 찾을 수 있습니다.

자동차의 네비게이션을 켜면 가려는 곳까지에 다다르는 여러 가지 길을 알려줍니다. 가장 짧은 길, 가장 빠른 길 등 우리가 원하는 길을 알려줍니다. 여러 길에 대한 정보를 검색하고 계산해서 길을 안내해줍니다. 자판기에도 알고리즘이 숨어 있습니다. 돈을 넣으면 상품을 선택할 수 있습니다. 상품을 선택하면 잔돈을 반환하고 상품을 내려 보내줍니다.

위키피디아에서 정의하는 알고리즘의 특성은 다음과 같습니다.

- **정밀성** : 변하지 않는 명확한 작업 단계를 가져야 한다.
- **유일성** : 각 단계마다 명확한 다음 단계를 가져야 한다.
- **타당성** : 구현할 수 있고 실용적이어야 한다.
- **입력** : 정의된 입력을 받아들일 수 있어야 한다.
- **출력** : 답으로 출력을 내보낼 수 있어야 한다.
- **유한성** : 특정 수의 작업 이후에 정지해야 한다.
- **일반성** : 정의된 입력들에 일반적으로 적용할 수 있어야 한다.

사실 우리가 지금까지 짜온 코드는 알고리즘이라고 부를 수 있습니다. 우리의 코드는 변하지 않는 작업 단계(정밀성)가 있으며 각 단계마다 명확한 다음 단계(유일성)를 갖고 있습니다. 마인크래프트에서 유용하게 사용할 수 있도록 구현(타당성)했으며 입력과 출력이 유연합니다. 특정 수의 작업 이후에는 정지(유한성)하도록 했고 일반적으로 대부분의 경우에 적용 가능합니다.

그렇습니다. 우리는 극히 알고리즘적인 코드를 통해 여러 문제를 해결하고 있습니다. 중급부터는 좀더 어려운 알고리즘에 도전합니다.

##  마인크래프트의 모든 블록 설치하기

혹시 마인크래프트의 블록을 전부 사용해보신 적이 있으신가요? 없다면 만들어 봅시다. 파이썬에서는 마인크래프트 세계의 모든 블록을 아주 빠르고 쉽게 나열해 볼 수 있습니다. 코드의 종류는 0~175번까지 보입니다만 실제로 시험해본 결과 최대 256가지 정도로 파악됩니다. 그러나 위키에서도 확인할 수 있는 블록은 170여 개뿐이며 이번 코딩을 통해 우리는 마인크래프트의 숨겨진 블록들을 확인할 수 있습니다. 게다가 블록의 상태 또한 최대 16가지를 제공하고 있습니다.

[그림 7-1] 255번째 위치하는 블록(256부터는 블록 생성이 안 된다)

마인크래프트 세계의 모든 블록을 나열하는 코드를 작성해봅시다. range함수에 256을 전달하면 모든 블록을 나열할 수 있고 range(16)을 사용하면 모든 상태 정보를 나열할 수 있습니다. 첫 번째 줄은 다음과 같이 만들 겁니다. ST는 상태 코드를, ID는 블록 ID를 의미합니다.

| ID: 0<br>ST: 0 | ID: 0<br>ST: 1 | ID: 0<br>ST: 2 | ID: 0<br>ST: 3 | ... | ID: 0<br>ST: 11 | ID: 0<br>ST: 12 | ID: 0<br>ST: 13 | ID: 0<br>ST: 14 | ID: 0<br>ST: 15 |
|---|---|---|---|---|---|---|---|---|---|

이 다음 줄에는 ID만 1 증가시켜서 블록을 나열합니다.

| ID: 1<br>ST: 0 | ID: 1<br>ST: 1 | ID: 1<br>ST: 2 | ID: 1<br>ST: 3 | ... | ID: 1<br>ST: 11 | ID: 1<br>ST: 12 | ID: 1<br>ST: 13 | ID: 1<br>ST: 14 | ID: 1<br>ST: 15 |
|---|---|---|---|---|---|---|---|---|---|

어떤가요? 규칙이 보이시나요? 구구단에서 사용한 중복 for문이 보입니다! 밖의 for문으로 ID를 돌리고 안의 for문으로 상태 코드(ST)를 돌리면 증가시키면서 블록을 나열할 수 있습니다. 그럼 이제 한 곳에 계속 나열하지 않고 한 칸씩 옮기면서 블록을 생성해야 하는 문제만 남습니다. 다음 [코드 7-1]을 작성하면서 이 문제를 어떻게 해결했는지 확인해보세요!

```
from mcpi.minecraft import Minecraft
import time

mc = Minecraft.create()
player_id = mc.getPlayerEntityId('gasbugs')
pos = mc.entity.getTilePos(player_id)

soil = 2 # 흙 블록

# 블록 생성 위치는 캐릭터 현재 위치보다 y축으로 5만큼 위
pos.y += 5

for blockCode in range(256): # 블록의 ID는 0부터 255까지 존재
    for blockState in range(16): # 블록의 상태는 0부터 15까지 존재
        #흙 블록 설치
        mc.setBlock(pos.x, pos.y-1, pos.z + blockState, soil)
        # 흙 블록 위에 다양한 종류의 블록 설치
        mc.setBlock(pos.x, pos.y, pos.z + blockState, blockCode,
        blockState)
    pos.x += 1 # x축으로 1만큼 이동 (블록코드마다 한줄씩 이동)
    time.sleep(0.01)
```

[코드 7-1] 마인크래프트의 모든 블록 설치하기

[코드 7-1]에 모든 블록을 출력하는 코드를 완성했습니다. 블록 ID를 256에서 좀더 늘려서 256을 넘으면 정말 아무 블록도 나오지 않는지 실험도 해보시길 바랍니다. 그리고 상태 코드에 따라 각 블록들이 어떻게 달라지는 관찰해보시기 바랍니다. 상태 코드는 모양, 방향, 색 등을 달라지게 만듭니다.

[그림 7-2] 어마어마하게 많은 마인크래프트 세계의 블록들

## 7.3 피라미드 만들기

알고리즘 중에 가장 짧고 효과적인 피라미드를 만들어보도록 합니다. 피라미드의 모양은 다음과 같습니다. 가장 아래는 50×50의 정사각형 블록이 놓입니다. 이 50에서 좌측 하나(-1) 우측 하나(-1)를 빼면 48입니다. 그 위에는 양쪽이 한 칸씩 줄어든 48×48 블록이 놓입니다. 그 후에 순차적으로 줄어듭니다. for문을 사용해서 순차적으로 줄어들도록 만들면 됩니다. 그럼 다음과 같은 규칙을 발견할 수 있습니다. [표 7-1]의 두 개의 좌표는 mc.setBlocks에 사용될 좌표입니다.

[표 7-1] 파이썬 설치에 필요한 프로그램

| 좌표1 | 좌표2 |
| --- | --- |
| x, y, z | x+50, y, z+50 |
| x+1, y+1, z+1 | x+50-1, y+1, z+50-1 |
| x+2, y+2, z+2 | x+50-2, y+1, z+50-2 |

| 좌표1 | 좌표2 |
|---|---|
| x+3, y+3, z+3 | x+50-3, y+1, z+50-3 |
| ... | ... |
| x+i, y+i, z+i | x+50-i, y+1, z+50-i |

반복문을 반복할 때마다 좌표1의 x, y, z는 1씩 증가하며 좌표2의 x, z는 1씩 줄어들고 y는 1씩 증가합니다. 이를 for문으로 작성하면 다음과 같이 작성할 수 있습니다.

```
for i in range(50):
    mc.setBlocks(x+i, y+i, z+i, x+50-i, y+i, z+50-i, sand)
```

[코드 7-2] 피라미드의 핵심 알고리즘

적절한 for문을 만들었으니 이제 실제로 코드로 구현하여 피라미드를 만들겠습니다.

```
from mcpi.minecraft import Minecraft

sand = 12 # 모래 블록

mc = Minecraft.create()
player_id = mc.getPlayerEntityId('gasbugs')
pos = mc.entity.getTilePos(player_id)

# 기준점 세팅
x = pos.x + 1
y = pos.y
z = pos.z

width = 50

for i in range(width):
    mc.setBlocks(x+i, y+i, z+i, x+width-i, y+i, z+width-i, sand)
```

[코드 7-3] 피라미드 알고리즘

구현을 끝내고 실행하여 결과를 확인합니다. 결과를 확인하면 엉뚱하게 하늘에서 흘러내리고 있는 모래시계가 보입니다. 우리는 피라미드를 위에서부터 아래로 만들었는데 왜 모래시계가 나온 걸까요? 모래는 아래에 블록이 없으면 흘러내리는 속성이 있어서 아래로 흘러내립니다.

[그림 7-3] 피라미드가 아닌 모래시계가 나온 모습

무엇이 잘못된 것일까요? 이런 현상을 프로그래밍의 세계에서는 버그라고 부릅니다. 옛날 1950년쯤 나왔던 컴퓨터는 그 크기가 집 정도였습니다. 게다가 지나치게 비싸서 아무나 가지고 있지도 못했습니다. 너무 큰 탓에 안에 벌레들이 살아서 컴퓨터가 망가지는 일이 종종 발생했는데 프로그램이 오작동하는 현상을 버그(bug, 벌레)라고 부르기 시작했습니다. 그리고 버그를 잡는 행동을 디버그(debug)라고 부릅니다. 우리에게 필요한 것이 바로 디버그입니다.

이 프로그램을 디버깅(debugging)하기 위해 setBlocks 대신 print를 사용해서 좌표를 출력해보도록 합니다. 다음 [코드 7-4]를 작성하고 실행합니다. 눈으로 보기 편하도록 x, y, z는 삭제했습니다.

```
for i in range(width):
    #mc.setBlocks(x+i, y+i, z+i, x+width-i, y+i, z+width-i, sand)
    print(i, i, i, ':', width-i, i, width-i)
```

[코드 7-4] 수정한 피라미드의 핵심 알고리즘

출력된 결과를 보고 무엇이 잘못됐는지 확인해봅시다. 처음에 왼쪽 좌표와 오른쪽 좌표의 간격은 50부터 시작해서 줄어들기 시작합니다. 중간쯤에서는 양쪽의 값이 같음을 확인할 수 있고 이후로는 다시 값이 커지는 것을 확인할 수 있습니다.

```
0 0 0 : 50 0 50 (차이가 점점 감소됨)
1 1 1 : 49 1 49
2 2 2 : 48 2 48
3 3 3 : 47 3 47
[중략]
21 21 21 : 29 21 29
22 22 22 : 28 22 28
23 23 23 : 27 23 27
24 24 24 : 26 24 26
25 25 25 : 25 25 25 (여기서 값의 차이가 없음)
26 26 26 : 24 26 24 (여기서부터 차이가 다시 증가)
27 27 27 : 23 27 23
28 28 28 : 22 28 22
29 29 29 : 21 29 21
[중략]
47 47 47 : 3 47 3
48 48 48 : 2 48 2
49 49 49 : 1 49 1
```

[코드 7-4 실행결과] 피라미드의 핵심 알고리즘 실행

값이 만나는 지점에서는 모래가 없어졌다가 다시 커지면서 위로 올라가기 때문에 마치 모래시계처럼 가운데만 홀쭉한 형태의 피라미드가 만들어 진 것입니다. 이것을 바로 잡기 위해서는 값이 일치될 때까지만 실행을 하다가 종료해야 합니다.

가장 쉬운 방법은 정확히 중간에서 값이 같아지니 2분의 1로 나눈 만큼만 for문을 반복하는 것입니다. 이를 적용하여 for문을 수정하도록 합니다. 나누기(/)는 float이 나

오므로 range를 사용할 수 없습니다. '//'를 사용해서 나머지를 뗀 몫만 가져오도록 합니다. 추가로 아래가 무너지면 피라미드가 예쁘게 모양이 나오지 않으니 건축 기준점의 y좌표를 2만큼 내리도록 하겠습니다.

```python
from mcpi.minecraft import Minecraft

sand = 12 # 모래 블록

mc = Minecraft.create()
player_id = mc.getPlayerEntityId('gasbugs')
pos = mc.entity.getTilePos(player_id)

# 기준점 세팅
x = pos.x + 1
y = pos.y - 2
z = pos.z

width = 50

for i in range(width//2):
    mc.setBlocks(x+i, y+i, z+i, x+width-i, y+i, z+width-i, sand)
```

[코드 7-5] 버그를 고친 피라미드 알고리즘

[그림 7-4] 완성된 피라미드의 모습

## 7.4 워터 슬라이드 만들기

많은 유튜버들과 마인크래프트 사용자들은 마인크래프트에 자기만의 테마파크를 건설합니다. 놀이동산, 할로윈, 워터파크, 장애물 방탈출 등의 다양한 주제들을 사용하는데 이번 시간은 워터파크에서 많이 만드는 워터 슬라이드를 만들어보겠습니다. 간단한 함수와 알고리즘을 통해 워터 슬라이드를 파이썬으로 만들어 봅니다.

[그림 7-5] 완성된 워터 슬라이드

가장 먼저 필요한 것은 물이 흐르는 통로를 만드는 슬라이드 블록 덩어리입니다. [그림 7-6]은 우리가 만들 워터 슬라이드를 옆에서 본 모형입니다. 워터 슬라이드 블록은 위에서부터 내려오면서 계속 반복됩니다. 그리고 마지막에 물은 풀장으로 떨어집니다.

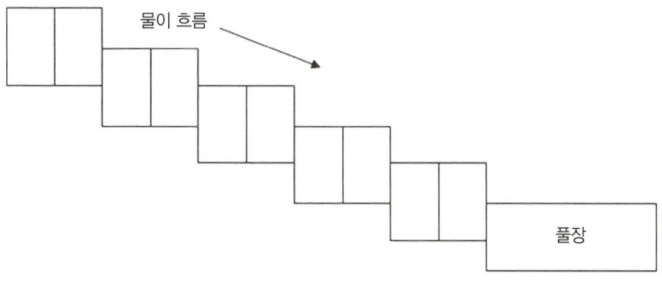

[그림 7-6] 워터 슬라이드 설계도(측면)

waterSlideBlock 함수를 만들어 하나의 블록 덩어리를 만들어봅니다. 슬라이드 블록을 단면으로 보면 [그림 7-7]과 같습니다. 여기서 빨간 블록은 슬라이드 블록이고 파란 블록은 물이 흐르는 자리입니다.

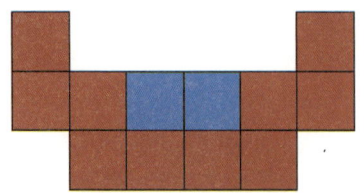

[그림 7-7] 슬라이드 블록 단면

설계가 끝났으니 이제 이 블록을 만드는 파이썬 코드를 만듭니다. 좌측 하단을 기준점으로 잡고 위로 향하는 좌표를 y좌표, 우측으로 향하는 좌표를 z좌표로 세팅합니다.

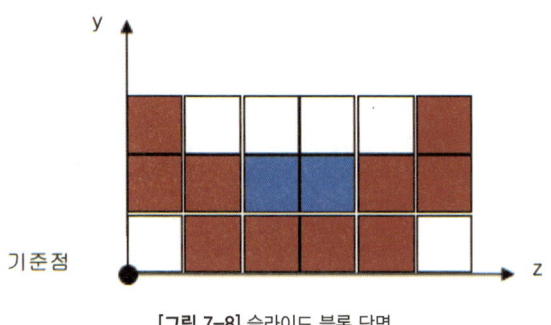

[그림 7-8] 슬라이드 블록 단면

이 기준을 따라 받은 좌표에서 블록을 배치하도록 코딩합니다. 먼저 전체 블록을 빨간 블록으로 배치하고 빈 부분과 파란 블록 부분을 다시 공기 블록으로 채웁니다.

다음 [코드 7-6]은 mcpi로 마인크래프트 서버에 연결하고 waterSlideBlock 함수를 선언한 뒤에 한 번 실행하는 코드입니다.

```
from mcpi.minecraft import Minecraft

block = 2 # 흙 블록 번호
air = 0 # 공기 블록 번호

mc = Minecraft.create()
player_id = mc.getPlayerEntityId('gasbugs')
pos = mc.entity.getTilePos(player_id)

# 기준점 세팅
x = pos.x + 1
y = pos.y
z = pos.z

# 워터 슬라이드 블록 생성
def waterSlideBlock(x, y, z):
    # 빨간 블록 배치
    mc.setBlocks(x, y, z, x+5, y+2, z, block)
    # 아래 공기 블록 배치
    mc.setBlock(x, y, z, air)
    mc.setBlock(x+5, y, z, air)
    # 위 공기 블록 배치
    mc.setBlocks(x+1, y+2, z, x+4, y+2, z, air)
    # 물이 흐를 공간에 공기 블록 배치
    mc.setBlocks(x+2, y+1, z, x+3, y+1, z, air)

waterSlideBlock(pos.x, pos.y, pos.z)
```

[코드 7-6] waterSlideBlock 함수 선언

[그림 7-9] 마인크래프트에서 생성된 블록

코드를 잘 만들었다면 [그림 7-9]와 같은 흙 블록으로 만들어진 워터 슬라이드 블록 한 덩어리를 볼 수 있습니다. 저 블록들을 연결해서 뒤로 이어서 미끄럼틀을 구성해 주면 됩니다. 이제 설계도를 다시 한번 봅시다. 미끄럼틀의 각 블록 덩어리는 2개씩 연결되도록 해주고 한 칸 내려서 또다시 블록이 2개씩 연결되도록 해주어야 예쁜 슬라이드 모양을 만들 수 있습니다.

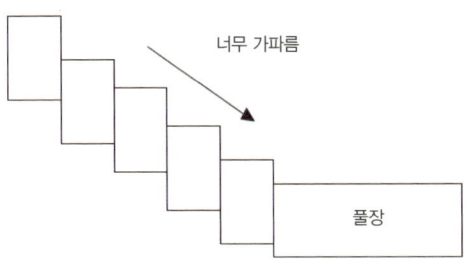

[그림 7-10] 덩어리를 하나씩 배치하여 구성

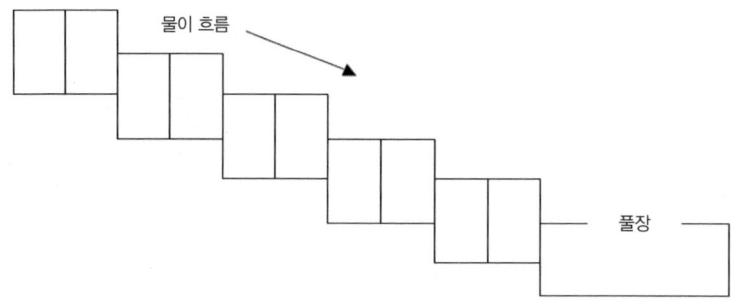

[그림 7-11] 덩어리를 둘씩 배치하여 구성

for문을 사용하여 50개의 슬라이드 블록을 생성할 것이고 2번째 블록마다 한 계단씩 내려오도록 코딩합니다. 이때 조건문을 주어서 i값이 2로 나누어 떨어지면 계단을 하나씩 올리는 것으로 하겠습니다. 계단을 내리지 않고 올리는 이유는 우리가 서있는 자리에서 거꾸로 올라가도록 만들려고 하기 때문입니다. 기존에 있던 코드(Table 144)에서 for문을 추가합니다.

```
from mcpi.minecraft import Minecraft

block = 2 # 흙 블록 번호
air = 0 # 공기 블록 번호
water = 8 # 물 블록 번호

mc = Minecraft.create()
player_id = mc.getPlayerEntityId('gasbugs')
pos = mc.entity.getTilePos(player_id)

# 기준점 세팅
x = pos.x + 1
y = pos.y
z = pos.z

# 기준점 재설정
z += 6
y += 1
```

```
# 워터 슬라이드 블록 생성
def waterSlideBlock(x, y, z):
    # 빨간 블록 배치
    mc.setBlocks(x, y, z, x+5, y+2, z, block)
    # 아래 공기 블록 배치
    mc.setBlock(x, y, z, air)
    mc.setBlock(x+5, y, z, air)
    # 위 공기 블록 배치
    mc.setBlocks(x+1, y+2, z, x+4, y+2, z, air)
    # 물이 흐를 공간에 공기 블록 배치
    mc.setBlocks(x+2, y+1, z, x+3, y+1, z, air)

for i in range(50): # 0,1,2,3,4,5,6~49
    waterSlideBlock(x, y+i//2, z+i)

mc.setBlocks(x+2, y+(49//2)+1, z+48, x+3, y+(49//2)+1, z+49, water)
```

[코드 7-7] 슬라이딩 블록 생성

여기서 for문에 사용되는 '//' 기호는 나머지를 뺀 몫만 구해주는 나눗셈 기호입니다. 만약 우리가 50에서 2단계를 일일이 계산하려면 코드가 복잡해지기 때문에 i를 2로 나눈 몫을 더해주는 형식으로 코딩합니다. i에 대한 이해를 돕기 위해 50개 블록을 생성할 때 i의 변화 과정을 표로 짚어보겠습니다.

[표 7-2] y축 높이 변화 확인

| i의 값 | i//2의 값 | 실제 높이 |
|---|---|---|
| 0 | 0 | y |
| 1 | 0 | y |
| 2 | 1 | y+1 |
| 3 | 1 | y+1 |
| 4 | 2 | y+2 |
| 5 | 2 | y+2 |
| ... | ... | ... |

| i의 값 | i//2의 값 | 실제 높이 |
|---|---|---|
| 47 | 23 | y+23 |
| 48 | 24 | y+24 |
| 49 | 24 | y+24 |

우리가 원하는 대로 y의 높이가 한 슬라이드마다 1씩 증가하는 모습을 확인할 수 있습니다. 이제 코드 실행 후 모습을 확인해 보도록 합니다. 그리고 가장 마지막 블록 덩어리 위에는 물 블록을 생성하여 높은 곳에서 내려오는 물을 확인할 수 있습니다.

[그림 7-12] 워터 슬라이드 생성 코드 실행 후 모습

마지막 과정인 풀장만 남았습니다. 내려온 물이 아무렇게나 흩어져 있을 텐데, 이 물을 예쁘게 모아놓는 역할을 할겁니다.

[그림 7-13] 우리가 만들어야 하는 풀장 모습

워터 슬라이드 미끄럼틀 부분을 생성하기 전에 6×6의 풀장 생성 코드를 넣어두면 코드가 잘 생성될 겁니다. 먼저 풀장 코드를 만들어봅시다. 6×2×6의 흙 블록을 생성하고 가운데 4×4의 물 블록을 생성하여 풀장 코드를 완성합니다. [코드 7-8]을 참고하세요.

```
# 풀장 블록 생성
mc.setBlocks(x, y-1, z, x+5, y, z+5, block) # 흙 블록 6x6x2
mc.setBlocks(x+1, y, z+1, x+4, y, z+4, water) # 물 블록 4x4
```

[코드 7-8] 풀장 블록 생성

풀장이 잘 생성됐다면 슬라이딩 코드와 결합합니다. 풀장 생성 뒤에 기준점을 재설정해주어야 풀장 뒤로 워터 슬라이드 블록들이 생성됩니다. 마지막으로 모두를 결합한 [코드 7-9]입니다.

```
from mcpi.minecraft import Minecraft

block = 2 # 흙 블록 번호
```

07장 중급 자동 건축가　211

```
air = 0 # 공기 블록 번호
water = 8 # 물 블록 번호

mc = Minecraft.create()
player_id = mc.getPlayerEntityId('gasbugs')
pos = mc.entity.getTilePos(player_id)

# 기준점 세팅
x = pos.x + 1
y = pos.y
z = pos.z

# 풀장 블록 생성
mc.setBlocks(x, y-1, z, x+5, y, z+5, block) # 흙 블록 6x6x2
mc.setBlocks(x+1, y, z+1, x+4, y, z+4, water) # 물 블록 4x4

# 기준점 재설정
z += 6
y += 1

# 워터 슬라이드 블록 생성
def waterSlideBlock(x, y, z):
    # 빨간 블록 배치
    mc.setBlocks(x, y, z, x+5, y+2, z, block)
    # 아래 공기 블록 배치
    mc.setBlock(x, y, z, air)
    mc.setBlock(x+5, y, z, air)
    # 위 공기 블록 배치
    mc.setBlocks(x+1, y+2, z, x+4, y+2, z, air)
    # 물이 흐를 공간에 공기 블록 배치
    mc.setBlocks(x+2, y+1, z, x+3, y+1, z, air)

for i in range(50): # 0,1,2,3,4,5,6~49
    waterSlideBlock(x, y+i//2, z+i)

mc.setBlocks(x+2, y+(49//2)+1, z+48, x+3, y+(49//2)+1, z+49, water)
```

[코드 7-9] 풀장 생성 코드와 기존 코드를 결합

드디어 완전한 워터 슬라이드를 완성했습니다. 지금껏 경험한 것처럼 워터 슬라이드는 슬라이드 덩어리를 하나 정의하고 약간의 알고리즘을 반복하여 만들 수 있습니다.

##  무지개 무늬의 워터 슬라이드 만들기

흙 블록으로 만든 워터 슬라이드는 그다지 멋지지 않습니다. 여기에서는 블록 변수에 들어간 코드를 수정해서 알록달록 무지게 워터 슬라이드를 만들도록 합니다.

앞서 실습해본 '3.6 getBlock: 블록 데이터 얻기'절의 내용을 떠올려봅시다. 양털 블록에는 다양한 종류가 존재합니다. 양털 블록의 status 변수에 0부터 순차적으로 넣어주시면 다양한 색으로 워터 슬라이드를 생성할 수 있습니다.

또한 우리가 z축을 옮겨가며 슬라이드를 만들었으니, 옆에 새로운 워터 슬라이드를 만들고 싶다면 x축을 적당히 옮기는 for문을 삽입하면 됩니다. 양털의 색은 총 16가지가 있으니 16가지의 워터 슬라이드를 만들어보도록 합시다. 함수에도 상태 코드를 추가로 전달해야 하니 상태 코드도 전달할 수 있도록 변수를 추가합니다. 그리고 워터 슬라이드를 만드는 코드에 for문을 씌워 워터 슬라이드의 x축으로 6씩 움직이며 워터 슬라이드를 짓도록 합니다. [코드 7-10]을 볼까요?

```
from mcpi.minecraft import Minecraft

block = 35 # 양털 블록
air = 0 # 공기 블록
water = 8 # 물 블록

mc = Minecraft.create()
player_id = mc.getPlayerEntityId('gasbugs')
pos = mc.entity.getTilePos(player_id)
```

```
# 기준점 세팅
x = pos.x + 1
y = pos.y
z = pos.z

# 워터 슬라이드 블록 생성
def waterSlideBlock(x, y, z, status):
    # 빨간 블록 배치
    mc.setBlocks(x, y, z, x+5, y+2, z, block, status)
    # 아래 공기 블록 배치
    mc.setBlock(x, y, z, air)
    mc.setBlock(x+5, y, z, air)
    # 위 공기 블록 배치
    mc.setBlocks(x+1, y+2, z, x+4, y+2, z, air)
    # 물이 흐를 공간에 공기 블록 배치
    mc.setBlocks(x+2, y+1, z, x+3, y+1, z, air)

for status in range(16):
    # 풀장 블록 생성
    mc.setBlocks(x, y-1, z, x+5, y, z+5, block, status) # 양털 블록 6x6x2
    mc.setBlocks(x+1, y, z+1, x+4, y, z+4, water) # 물 블록 4x4

    # 기준점 재설정
    z += 6
    y += 1

    for i in range(50): # 0,1,2,3,4,5,6~49
        waterSlideBlock(x, y+i//2, z+i, status)
    mc.setBlocks(x+2, y+(49//2)+1, z+48, x+3, y+(49//2)+1, z+49, water)

    # 기준점 복구
    z -= 6
    y -= 1

    # 다음 슬라이드 구성을 위해 x축으로 6만큼 이동
    x += 6
```

[코드 7-10] 풀장 생성 코드와 기존 코드 결합

코드가 다소 복잡해졌습니다. 하지만 모두 이전에 배웠던 문법들이며 차근차근 보다 보면 이해하기 어렵지 않습니다. 그리고 코드를 모두 작성한 다음 결과를 보면 그 동안의 고생이 씻은 듯 사라집니다. 모든 코드를 성공적으로 작성했다면 샘플 코드를 보지 않고 작성해보는 것도 좋은 코딩 습관이 됩니다.

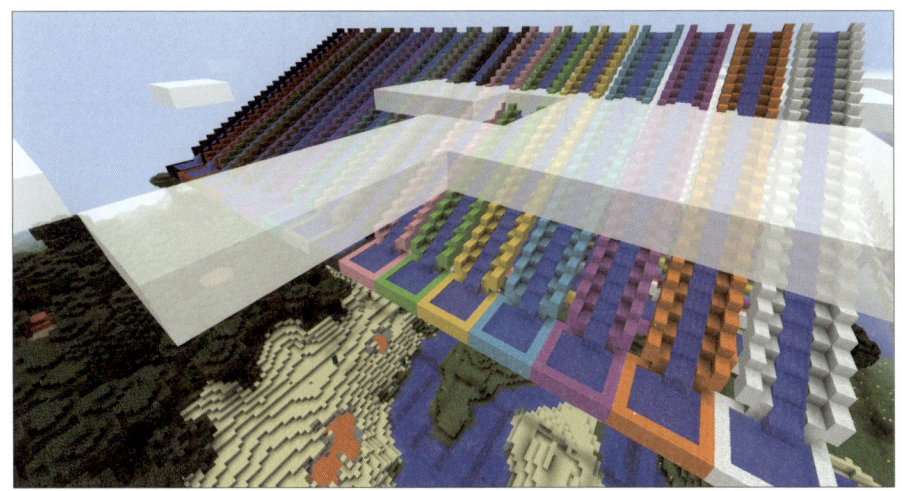

[그림 7-14] 무지개 무늬의 워터 슬라이드

##  비트의 의미: 하늘로 올라가는 계단 만들기

### 나선형 하늘 계단 설계

나선형으로 하늘로 올라가는 계단 제작을 해봅니다. 그저 사각의 모양으로 계단을 올라갈 수 있는 구조를 그립니다. 그렇게 어려운 모양은 아닙니다. [그림 7-15]를 보며 이해해봅시다.

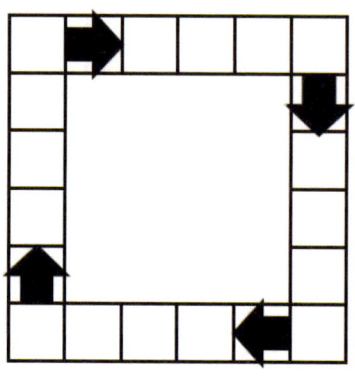

[그림 7-15] 나선형 계단 모양

나선형이기 때문에 계단의 방향 전환이 필요합니다. 각 모서리에 도달할 때마다 계단의 방향을 바꾸어 오른쪽 방향으로 90도 만큼 돌아야 합니다. 하지만 우리는 계단의 방향을 바꾸는 방법에 대해 전혀 모르기 때문에 계단의 방향을 어떻게 하면 바꿀 수 있을지 먼저 알아야 합니다.

계단의 방향을 바꾸는 방법은 간단합니다. 앞서 해본 '마인크래프트의 모든 블록 설치하기'에 블록의 상태(status)를 통해 같은 블록이라도 여러 방식으로 블록의 모양을 전환했습니다. 게임피디아의 데이터 값에 대해 나온 게시판으로 다시 한 번 방문합니다.

▶ 게임피디아 사이트 : https://minecraft-ko.gamepedia.com/데이터_값

참나무 계단을 찾아서 가장 오른쪽에 붙어있는 'D'라는 영어 문자를 클릭합니다.

| | 52 | 34 | minecraft:mob_spawner | 몬스터 스포너 T |
| | 53 | 35 | minecraft:oak_stairs | 참나무 계단 D |
| | 54 | 36 | minecraft:chest | 상자 D T |

[그림 7-16] 게임피디아에서 참나무 계단 찾기

버튼을 눌러 다른 페이지로 접근하면 다음 [그림 7-17]과 같이 계단에 대한 설명이 나옵니다. 0x0, 0x1이라고 적힌 데이터가 우리가 바꾸면서 설치했던 상태 코드입니다. 이 코드를 따라서 동서남북을 조절해서 출력하면 우리가 원하는 방향으로 계단을 설치할 수 있습니다. [그림 7-17]에는 1.2 버전부터 0x4 비트의 역할에 대해 추가된 점을 설명합니다. 여기서 비트에 대한 개념이 나오는데 비트는 숫자를 2진수로 바꿔서 보는 것을 의미합니다. 지금 당장 알 필요는 없지만 컴퓨터를 배우는 데 가장 기초가 되는 부분이니 짚고 넘어갑니다.

**계단** [ 편집 | 원본 편집 ]

- 0x0: Ascending 동쪽
- 0x1: Ascending 서쪽
- 0x2: Ascending 남쪽
- 0x3: Ascending 북쪽

Starting in Minecraft 1.2 (actually weekly 12w08a), the bit at 0x4 is used as follows:

- 0: Stairs are regular
- 1: Stairs are upside down

[그림 7-17] 계단 상태 코드 정보

## 2진수, 8진수, 10진수, 16진수

우리가 일상에서 쓰는 숫자는 10진수 입니다. 0부터 시작해 9를 넘으면 10이되는 수가 10진수입니다. 2진수는 0부터 시작해 1이 넘으면 그 다음 숫자가 10이 됩니다. 2진수의 세계에서는 절대로 2라는 숫자를 쓸 일이 없습니다. 다음 [표 7-3]에서 그 모양을 확인할 수 있습니다. 옆에 16진수와 8진수도 함께 나타냅니다. 컴퓨터 관련 직종을 들어가면 반드시 알아야 할 진수들이기 때문에 여기에서 한꺼번에 다 원리를 이해하고 지나가면 좋습니다. 20까지만 진행합니다. 같은 줄에 있는 수는 모두 같은 수입니다.

**[표 7-3]** 2진수, 8진수, 10진수, 16진수 관계

| 순번 | 2진수 | 8진수 | 10진수 | 16진수 |
|---|---|---|---|---|
| 0 | 0 | 0 | 0 | 0 |
| 1 | 1 | 1 | 1 | 1 |
| 2 | 10 | 2 | 2 | 2 |
| 3 | 11 | 3 | 3 | 3 |
| 4 | 100 | 4 | 4 | 4 |
| 5 | 101 | 5 | 5 | 5 |
| 6 | 110 | 6 | 6 | 6 |
| 7 | 111 | 7 | 7 | 7 |
| 8 | 1000 | 10 | 8 | 8 |
| 9 | 1001 | 11 | 9 | 9 |
| 10 | 1010 | 12 | 10 | A |
| 11 | 1011 | 13 | 11 | B |
| 12 | 1100 | 14 | 12 | C |
| 13 | 1101 | 15 | 13 | D |
| 14 | 1110 | 16 | 14 | E |
| 15 | 1111 | 17 | 15 | F |
| 16 | 10000 | 20 | 16 | 11 |
| 17 | 10001 | 21 | 17 | 12 |
| 18 | 10010 | 22 | 18 | 13 |
| 19 | 10011 | 23 | 19 | 14 |
| 20 | 10100 | 24 | 20 | 15 |

### 마인크래프트 상태 코드와 비트

이제 계단 상태 코드의 0x4의 의미에 대해서 생각해봅시다. 0x는 보통 16진수를 나타낼 때 쓰는 수식어인데 여기서는 10진수의 4나 16진수의 4는 차이가 전혀 없어서 10진수의 4라고 봐도 됩니다. 그러니 이 수에서 0x를 빼고 4라고 부르겠습니다. 4는 2진수로 표현하면 100입니다. 오른쪽부터 세면 세 번째에 위치한 글자입니다. 앞서 비트로 보겠다는 의미는 111 세 글자에 각 의미를 주겠다는 의미입니다. 왼쪽 두 글자 11의 자릿수의 의미는 동서남북을 가리키는 역할입니다. 가장 오른쪽의 1은 계단이 거꾸로 설치할지를 결정하는 비트입니다. 0이면 정상적으로, 1이면 거꾸로 설치합니다. [표 7-4]로 정리해봅시다. 2진수의 자릿수를 맞추기 위해 앞에 0으로 라인을 맞춥니다.

[표 7-4] 2진수로 본 계단 상태 코드

| 16진수 | 2진수 | 의미 |
| --- | --- | --- |
| 0x0 | 000 | 동쪽 / 계단 모양 정상 |
| 0x1 | 001 | 서쪽 / 계단 모양 정상 |
| 0x2 | 010 | 남쪽 / 계단 모양 정상 |
| 0x3 | 011 | 북쪽 / 계단 모양 정상 |
| 0x4 | 100 | 동쪽 / 계단 모양 거꾸로 |
| 0x5 | 101 | 서쪽 / 계단 모양 거꾸로 |
| 0x6 | 110 | 남쪽 / 계단 모양 거꾸로 |
| 0x7 | 111 | 북쪽 / 계단 모양 거꾸로 |

이제 0x4번의 비트의 정체에 대해 완전히 파악했습니다. 0x5~0x7은 웹 페이지에 나오지 않은 숨은 의미입니다. 계단의 방향성에 대해 이론적으로 확인했으니 코드로 직접 확인해봅니다. 앞서 배운 setBlock을 사용해 우리가 해석한 비트의 의미가 그대로 적용되는지 [코드 7-11]에서 확인합니다.

```python
from mcpi.minecraft import Minecraft

oak_stair = 53 # 참나무 계단 블록

mc = Minecraft.create()
player_id = mc.getPlayerEntityId('gasbugs')
pos = mc.entity.getTilePos(player_id)

# 기준점 세팅
x = pos.x + 1
y = pos.y
z = pos.z

for status in range(16): # status 0부터 15까지
    mc.setBlock(x, y, z, oak_stair, status)
    x += 1
```

[코드 7-11] 계단 블록만 확인 코드

이 정도 코드는 이제 어렵지 않을 겁니다. Status를 1씩 증가하면서 x축으로 블록을 하나씩 놓습니다. 실행하고 결과를 확인합니다.

[그림 7-18] 왼쪽부터 0, 가장 오른쪽은 15

결과를 보면 x의 - 방향이 동쪽임을 알 수 있습니다. 두 번째 블록인 서쪽 블록은 모양이 좀 이상한데 옆 블록이랑 붙어서 약간 모양이 변형된 겁니다. 어쨌든 서쪽 블록은 x의 +방향입니다. 세 번째 블록은 북쪽을 가리킵니다. <F3>키를 누르고 북쪽으로 이동하면 z좌표가 감소한다는 사실을 알 수 있습니다. 북은 z의 - 방향입니다. 마지막 남쪽은 z의 +방향입니다.

모두 파악된 4개의 블록은 부수고 4개의 블록을 확인합니다. 역시 예상대로 5번째부터 8번째 블록까지는 뒤집어진 모습을 볼 수 있습니다. 9번째 블록부터는 다시 status 0번 블록과 같은 모양의 블록이 나타납니다.

[그림 7-19] 5번째부터 8번째 블록

Status가 반복되는 이유는 간단합니다. 9번째 블록인 8은 2진수로 나타내면 1,000입니다. 쉽게 구하는 방법은 윈도우 운영체제의 계산기를 실행해 메뉴로 접근합니다. 메뉴에서 [프로그래머]으로 바꾼 뒤 [DEC] 부분을 클릭하고 8을 입력하면 [BIN] 부분에 1,000으로 이진수 모양으로 보입니다.

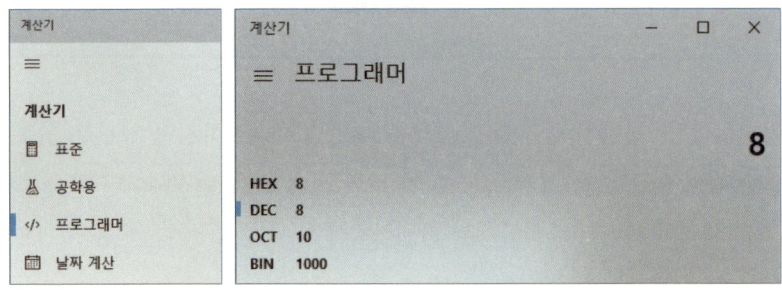

[그림 7-20] 계산기로 본 십진수 8

앞서 설명했듯이 오른쪽에서 세 번째 비트는 상위 반전을 위한 비트고, 오른쪽에서 첫 번째와 두 번째 비트는 방향을 나타내는 비트입니다. 오른쪽에서 4번째 비트는 쓰이지 않고 버려지므로 000과 같은 의미를 갖습니다. 결국 0과 8은 같은 의미입니다.

## 하늘 계단

지금까지 얻은 모든 정보를 종합하여 동서남북과 x, y, z, status 코드 등을 반영하여 하늘 계단을 설계할 밑그림을 그립니다.

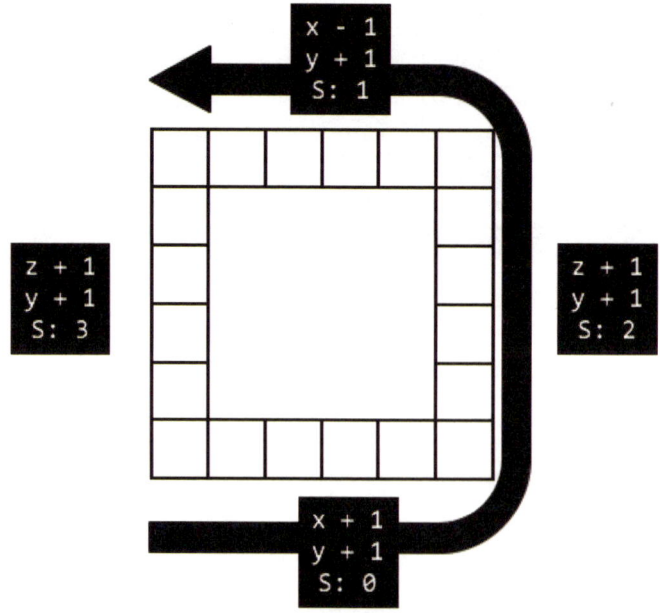

[그림 7-21] 나선형 계단 모양

모서리에는 일반 참나무 블록인 참나무를 써야 합니다. 하지만 참나무 블록은 아무리 찾아봐도 없습니다. 그 이유는 이것 또한 상태 값을 변경해야만 얻을 수 있습니다. 게임피디아 사이트에서 목재를 검색합니다.

|  | 4 | 4 | minecraft:cobblestone | 조약돌 |
|  | 5 | 5 | minecraft:planks | 목재 D B |
|  | 6 | 6 | minecraft:sapling | 묘목 D B |

[그림 7-22] 게임피디아 사이트에서 목재 검색

목재를 찾았다면 D나 B를 클릭해서 상태 값을 확인합니다. 목재는 간단하게 번호별로 종류가 적혀있습니다. 우리는 참나무 목재가 필요하니 0번을 쓰면 됩니다. 5, 0이 참나무 목재입니다.

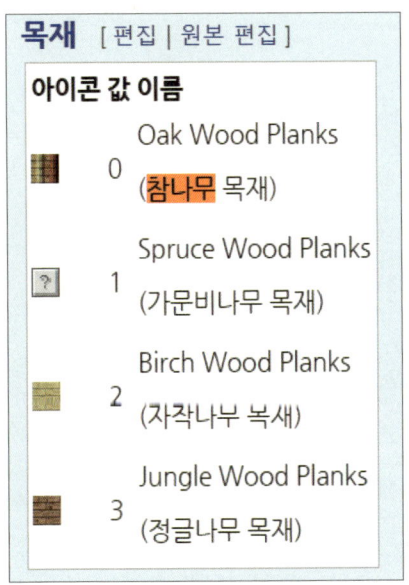

[그림 7-23] 참나무 목재 상태 0번

필요한 정보를 모두 얻었으니 코딩에 들어갑니다.

```
from mcpi.minecraft import Minecraft

oak_stair_East = (53, 0) # 참나무 계단 블록(동)
```

```python
oak_stair_West = (53, 1) # 참나무 계단 블록(서)
oak_stair_South = (53, 2) # 참나무 계단 블록(남)
oak_stair_North = (53, 3) # 참나무 계단 블록(북)

oak_wood_plank = (5,0) # 참나무 목재

length = 4 # 계단 길이

mc = Minecraft.create()
player_id = mc.getPlayerEntityId('gasbugs')
pos = mc.entity.getTilePos(player_id)

# 기준점 세팅
x = pos.x + 1
y = pos.y - 1 # 지면부터 시작
z = pos.z

for status in range(16): # 나선형 반복을 16회
    mc.setBlock(x, y, z, oak_wood_plank) # 모서리 블록
    for i in range(length): # x+1, y+1, S:0
        x += 1
        y += 1
        mc.setBlock(x, y, z, oak_stair_East)
    x += 1
    mc.setBlock(x, y, z, oak_wood_plank) # 모서리 블록
    for i in range(length): # z+1, y+1, S:2
        z += 1
        y += 1
        mc.setBlock(x, y, z, oak_stair_South)
    z += 1
    mc.setBlock(x, y, z, oak_wood_plank) # 모서리 블록
    for i in range(length): # x-1, y+1, S:1
        x -= 1
        y += 1
        mc.setBlock(x, y, z, oak_stair_West)
    x -= 1
    mc.setBlock(x, y, z, oak_wood_plank) # 모서리 블록
    for i in range(length): # z-1, y+1, S:3
        z -= 1
        y += 1
```

```
        mc.setBlock(x, y, z, oak_stair_North)
    z -= 1
```

[코드 7-12] 나선형 계단 코드

[코드 7-12]를 하나씩 살펴봅니다. 필요한 블록들을 정의하고 계단의 길이를 정의하는 부분입니다. 이 길이를 원하는 길이로 변경하면 원하는 사이즈의 계단을 만들 수 있습니다.

```
oak_stair_East = (53, 0) # 참나무 계단 블록(동)
oak_stair_West = (53, 1) # 참나무 계단 블록(서)
oak_stair_South = (53, 2) # 참나무 계단 블록(남)
oak_stair_North = (53, 3) # 참나무 계단 블록(북)

oak_wood_plank = (5,0) # 참나무 목재

length = 4 # 계단 길이
```

나선형을 반복하는 코드입니다. 네모 둘레를 총 16바퀴 돌면서 계단을 설치합니다.

```
for status in range(16): # 나선형 반복을 16회
```

이 코드는 4번 반복되는 코드 모양입니다. 4개의 코드가 각각 나선형 계단의 한 쪽 변을 맡아서 설치합니다. y축은 하나씩 상승시키고 진행 방향 x와 z는 방향에 따라 +와 -가 다릅니다. 마지막에 x+=1은 모서리에 필요한 평평한 일반 목재 블록을 놓기 위해 필요합니다.

```
    mc.setBlock(x, y, z, oak_wood_plank) # 모서리 블록
    for i in range(length): # x+1, y+1, S:0
        x += 1
        y += 1
        mc.setBlock(x, y, z, oak_stair_East)
    x += 1
```

방향이나 부호가 잘 못 써진 경우 전혀 예상 밖의 결과가 나올 수 있기에 꼼꼼히 체크합니다. 코드 작성을 완료하고 나선형 계단 코드 실행합니다. 직접 걸어 올라가며 건물에 문제가 없는지 꼼꼼히 확인하고 문제가 있다면 수정합니다.

[그림 7-24] 나선형 계단 코드를 실행한 결과

# CHAPTER 08

# 초능력 만들기: 자연어 처리

여기서는 캐릭터에 초능력을 부여합니다. 여기서는 그동안 배운 mcpi의 여러 API들과 파이썬 코드들을 조합해 여러 변화를 일으킵니다. 캐릭터가 말하는 대로 날씨가 바뀌고, 캐릭터가 지나가는 자리에는 얼음과 불꽃이 깔리며, 캐릭터가 건드리는 장소에는 건물이 뚝딱 지어집니다.

## 8.1 pollChatPosts: 내가 말하노니 비여 내려라

안타깝게도 mcpi는 아직까지 command 명령어를 실행하는 코드를 지원하지 않습니다. 날씨 정도라면 저희는 비슷하게 구현할 수 있습니다. 하늘에 온통 물 블록을 배치하면 온 세상이 홍수가 나버릴 겁니다. 어떤 캐릭터를 죽이고 싶을 때 Kill 명령어를 사용하는데 죽일 때 꼭 명령어를 쓸 필요는 없습니다. 대신에 나락으로 떨어뜨리면 됩니다. mcpi는 채팅을 보내기도 하지만 받아오는 명령어도 있습니다. 여기서는 특정 캐릭터가 어떤 특정 말을 언급하면 비를 내리거나 다른 플레이어를 공격하는 코드를 짜도록 합시다.

## pollChatPosts

먼저 pollChatPosts의 동작 방식을 확인하기 위해 코드를 작성합니다.

```python
from mcpi.minecraft import Minecraft

mc = Minecraft.create()

while(1):
    chatEvent = mc.events.pollChatPosts()
    print(chatEvent)
```

[코드 8-1] pollChatPosts 동작 방식 확인

코드는 간단합니다. mcpi를 활성화하고 while문을 통해 계속 pollChatPosts()를 호출하며 그 결과를 출력합니다. 이제 프로그램을 실행하고 영문 및 한글 타이핑을 통해 메시지 데이터를 발생시킵니다.

[그림 8-1] pollChatPosts 동작 방식 확인

```
[]
[ChatEvent(ChatEvent.POST, 294, 안녕)]
[]
[중략]
[]
[ChatEvent(ChatEvent.POST, 294, adfasdf)]
[]
```

[코드 8-2] 채팅 메시지가 잘 보임

결과가 매우 훌륭합니다. 누가 발생한 어떤 메시지인지 확인할 수 있도록 코드를 수정합시다.

```
from mcpi.minecraft import Minecraft

mc = Minecraft.create()
while(1):
    chatEvent = mc.events.pollChatPosts()

    if not chatEvent:
        continue

    ce = chatEvent[0]
    print(ce.message)
    print(ce.entityId)
```

[코드 8-3] 채팅 메시지를 처리하는 루틴을 추가

이 코드에는 if문을 사용하여 chatEvent에 데이터가 없는 경우는 continue하도록 했습니다.

```
if not chatEvent:
    continue
```

ChatEvent에는 다수의 message가 발생할 수 있습니다. 하지만 pollChatPosts는

거의 실시간으로 발생하는 명령어를 처리하기 때문에 가장 처음 명령어만 확인하도록 합니다. chatEvent의 가장 첫 이벤트를 가져와 ce로 저장합니다.

```
ce = chatEvent[0]
```

ce에는 여러 변수들이 포함됩니다. message와 entityId는 메시지 내용과 메시지를 발생시킨 계정의 ID를 갖습니다.

```
print(ce.message)
print(ce.entityId)
```

코드를 실행하고 채팅을 시도해 출력 결과를 확인합니다.

```
안녕하세요.
294
재즐보프입니다.
294
```

[코드 8-3 실행결과] 메시지와 플레이어의 ID가 잘 보임

## 아브라카타브라 문자열 처리하기

이제 주문을 외우기 전에 주문을 외울 때 필요한 시전어를 하나 만듭시다. 시전어는 필자가 만들어낸 단어입니다. 그냥 명령어를 입력하기 전에 꼭 타이핑해야 하는 구문입니다. 시전어는 '아브라카타브라'로 합니다. 여러분이 원하는 시전어가 있다면 독창적으로 해도 됩니다.

```
from mcpi.minecraft import Minecraft

mc = Minecraft.create()
```

```
#player_id = mc.getPlayerEntityId('gasbugs')
#pos = mc.entity.getTilePos(player_id)
while(1):
    chatEvent = mc.events.pollChatPosts()

    if not chatEvent:
        continue

    ce = chatEvent[0]

    if ce.message.startswith("아브라카타브라 "):
        magic = ce.message.replace("아브라카타브라 ", "")
        print(magic)
        break
```

[코드 8-4] 시전어 만들기

시전어를 외우면 시전어를 제외한 나머지를 출력하고 break를 해서 while문이 끝나도록 구성했습니다. 여기에 문자열을 다루는 몇 가지 함수가 등장합니다.

```
ce.message.startswith("아브라카타브라 ")
```

문자열 뒤에 startswith와 endswith가 나오는 경우에는 그 뒤에 나오는 문자열이 현재 string에 있는지 확인합니다. start는 앞쪽에 그 문자열이 시작하는지 확인하고 end는 뒤쪽에 그 문자열로 끝나는지를 확인합니다. 다음 [코드 8-5]를 통해 테스트해봅시다.

```
>>> a = '안녕하세요'
>>> a.startswith('안녕')
True
>>> a.endswith('세요')
True
>>> a.startswith('세요')
False
```

[코드 8-5] startswith와 endswith 확인

결론적으로 우리가 작성한 코드는 '아브라카타브라 '로 시작하는지 확인해주는 명령어입니다. 그 다음에는 '아브라카타브라 '를 빈 문자열로 치환하는 replace 함수를 사용합니다. 이 함수를 사용해 아브라카타브라를 제외한 나머지 문자열을 확인할 수 있습니다.

```
ce.message.replace("아브라카타브라 ", "")
```

[그림 8-2] 아브라카타브라 재즐보프!

재즐보프!

[코드 8-6] 넘어온 값 확인

## 아브라카타브라 홍수

이제 여기에 주문을 넣어서 명령어를 실행하도록 배치하면 됩니다. [코드 8-7]을 참고하세요.

```python
from mcpi.minecraft import Minecraft
import time

mc = Minecraft.create()
water = 8
air = 0

while(1):
    chatEvent = mc.events.pollChatPosts()

    if not chatEvent:
        continue

    ce = chatEvent[0]

    if ce.message.startswith("아브라카타브라 "):
        magic = ce.message.replace("아브라카타브라 ", "")

        if "홍수" in magic:
            mc.postToChat("Warning!! Flooding!!!")
            pos = mc.entity.getTilePos(ce.entityId)
            mc.setBlocks(pos.x-20, pos.y + 50, pos.z-20,
                         pos.x+20, pos.y + 50, pos.z+20,
                         water)
            time.sleep(60)
            mc.setBlocks(pos.x-20, pos.y + 50, pos.z-20,
                         pos.x+20, pos.y + 50, pos.z+20,
                         air)
```

[코드 8-7] 홍수 발생이 추가된 시전 코드

'아브라카타브라 ' 문자열 뒤에 '홍수'라는 단어가 포함되어 있다면 메시지를 발생시킨 엔티티를 추적하여 머리 위 50블록에 가로 세로 40짜리 물 블록을 설치합니다. 1분 후 다시 공기 블록으로 되돌립니다. 코드를 실행하고 게임 캐릭터를 통해 메시지를 발생시켜 봅시다.

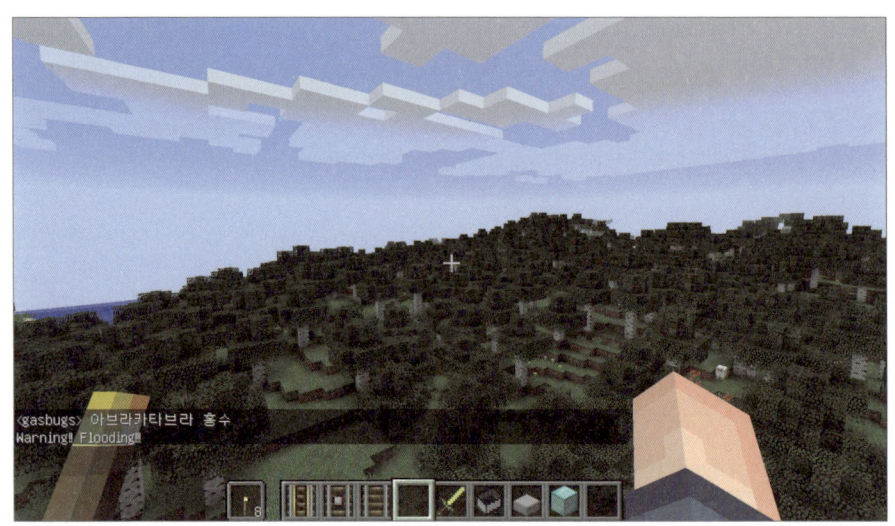

[그림 8-3] 아브라카타브라 홍수 주문 외우기

주문을 외우면 경고문이 뜨고 곧 하늘에서 물이 떨어지기 시작합니다.

[그림 8-4] 아브라카타브라 홍수를 적용한 결과

1분을 기다리면 물 블록들이 공기 블록으로 변하면서 홍수가 종료됩니다. 플레이어 킬을 하는 명령어는 어떻게 구사할 수 있을까요? 마찬가지로 아브라카타브라를 통해 구현하면 됩니다. 킬 명령어를 추가해봅시다. 이 코드는 캐릭터를 나락으로 떨어 뜨릴 수 있도록 y축으로 500만큼 이동시킵니다. 주문 형식은 다음과 같습니다.

▶ 아브라카타브라 킬 〈캐릭터 이름〉

추가로 킬 코드 [코드 8-8]을 작성합니다.

```python
from mcpi.minecraft import Minecraft
import time

mc = Minecraft.create()
water = 8
air = 0

while(1):
    chatEvent = mc.events.pollChatPosts()

    if not chatEvent:
        continue

    ce = chatEvent[0]

    if ce.message.startswith("아브라카타브라 "):
        magic = ce.message.replace("아브라키디브라 ", "")

        if "홍수" in magic:
            mc.postToChat("Warning!! Flooding!!!")
            pos = mc.entity.getTilePos(ce.entityId)
            mc.setBlocks(pos.x-20, pos.y + 50, pos.z-20,
                        pos.x+20, pos.y + 50, pos.z+20,
                        water)
            time.sleep(60)
            mc.setBlocks(pos.x-20, pos.y + 50, pos.z-20,
                        pos.x+20, pos.y + 50, pos.z+20,
                        air)

        elif magic.startswith("킬 "):
```

```
kill, player_name = magic.split(' ')
player_id = mc.getPlayerEntityId(player_name)
pos = mc.entity.getTilePos(player_id)
mc.entity.setTilePos(player_id, pos.x, pos.y - 500, pos.z)
mc.postToChat("Go to Narak, " + player_name)
```

[코드 8-8] 킬 플레이어 기능이 추가된 시전 코드

[코드 8-8]의 추가된 킬 플레이어 기능을 살펴봅니다.

```
elif magic.startswith("킬 "):
```

코드에 킬을 추가했습니다. magic 변수에 넘어 온 값이 '킬 '로 시작하면 나락으로 빠뜨리는 코드를 동작시킵니다.

```
magic.split(' ')
```

문자열을 처리할 때 단어 단위로 처리하기 위해 주로 사용하는 함수입니다. 코드를 테스트하여 어떤 기능을 하는지 알아봅시다.

```
>>> a = '킬 플레이어'
>>> a.split(' ')
['킬', '플레이어']
>>> b, c = a.split(' ')
>>> b
'킬'
>>> c
'플레이어'
```

[코드 8-9] 킬 플레이어 기능이 추가된 시전 코드

split 함수는 단어를 쪼개어 리스트로 반환합니다. 리스트로 반환된 데이터를 확인하면 더 쉽게 데이터를 처리할 수 있습니다. '킬 플레이어' 단어를 넘기면 두 개의 데이터로 반환하기 때문에 b와 c를 넘기면 각각의 변수에 데이터를 하나씩 받을 수 있습니다. 시전 코드의 경우는 플레이어의 이름을 받을 겁니다. 넘겨 받은 이름을 사용하여 다음 코드를 처리합니다.

```
player_id = mc.getPlayerEntityId(player_name)
pos = mc.entity.getTilePos(player_id)
mc.entity.setTilePos(player_id, pos.x, pos.y - 500, pos.z)
mc.postToChat("Go to Narak, " + player_name)
```

캐릭터의 위치를 파악하고 캐릭터의 위치를 현재 위치에서 y축으로 -500 만큼 이동합니다. 그리고 플레이어를 나락으로 보냈다는 메시지를 띄웁니다.

코드를 실행하고 정상 동작하는지 확인합니다. 명령어는 '아브라카타브라 킬 gasbugs'입니다. gasbugs 자리에는 여러분들의 아이디를 넣어주시기 바랍니다.

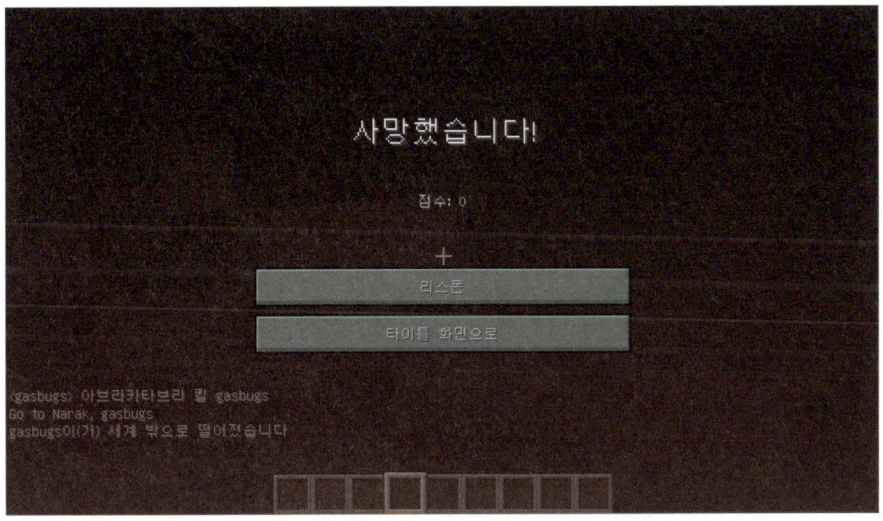

[그림 8-5] 아브라카타브라 킬 gasbugs 시전 사용 결과

## 8.2 얼음 불꽃 장판 버프

버프라는 단어를 아십니까? 버프란 단어는 게임 용어로 게임 안의 캐릭터의 능력을 상승시켜주는 보조 스킬이란 뜻을 갖습니다. 게임 캐릭터의 능력을 강화시키는 역할을 합니다. 우리는 얼음, 불꽃 장판 버프를 사용할 겁니다. 얼음 장판 버프는 지나가는 자리를 얼음으로 바꾸는 버프이고 불꽃 버프는 캐릭터가 지나가는 자리에 불꽃을 설치하는 버프입니다. 둘 다 고려해야 하는 점이 다릅니다. 이 버프는 60초 후에 꺼지도록 만듭니다.

먼저 얼음 장판 버프에 대해 설명합니다. 얼음 버프는 서있는 자리 아래 블록에 얼음 블록을 설치하는 간단한 방법으로 버프 설정이 가능합니다. 얼음 버프의 동작 방식을 작성합니다.

1. pollChatPosts를 사용해 플레이어의 채팅을 확인한다.
2. 채팅에서 "얼음 장판"이 발생했는지 확인한다.
3. 버프 시작 시간을 확인한다.
4. 주문을 외운 캐릭터에게 버프 효과를 준다.
5. 시간이 지났는지 확인한다.
6. 시간이 지나면 버프 효과를 종료한다.

이 코드를 구현하려면 시간을 구하는 코드를 알아야 합니다. '아브라카타브라 홍수'의 경우는 설치 후 60초 후에 블록을 삭제해서 구현을 끝냈지만 '얼음 장판'은 실시간으로 계속 캐릭터가 서 있는 자리의 아래 블록을 얼음 블록으로 바꿔야 합니다. 그래서 time.sleep으로는 구현이 어렵습니다.

### 파이썬으로 시간 연산하기

파이썬으로 현재시간을 구하는 방법은 매우 간단합니다. datetime이라는 파이썬 모둘이 현재 시간을 쉽게 구할 수 있도록 지원합니다. datetime의 datetime을 가져와서 now 함수를 실행하면 현재 시간이 구해집니다. IDLE에서 시험해봅니다.

```
>>> from datetime import datetime
>>> datetime.now()
datetime.datetime(2018, 9, 28, 14, 31, 35, 124771)
>>> datetime.now()
datetime.datetime(2018, 9, 28, 14, 31, 58, 597961)
```

[코드 8-10] datetime.now( )

Now를 실행할 때마다 현재 시간이 나왔습니다. 마지막으로 나온 현재 시각은 2018년 9월 28일 14시 31분 38.597961초입니다. 이를 객체로 받아서 확인하면 년, 월, 일, 시, 초, 마이크로초 별로 확인이 가능합니다.

```
>>> now = datetime.now()
>>> type(now)
<class 'datetime.datetime'>
>>> now.year
2018
>>> now.month
9
>>> now.day
28
>>> now.hour
14
>>> now.minute
35
>>> now.second
16
>>> now.microsecond
657999
```

[코드 8-11] datetime.now( )

datetime 객체는 연산도 가능합니다. 시작 시간과 끝 시간을 datetime을 사용해서 하나씩 담고 이를 연산해서 몇 초가 지났는지 확인해봅니다.

```
>>> start = datetime.now()
>>> end = datetime.now()
>>> end - start
datetime.timedelta(0, 7, 155830)
>>> _.seconds
7
```

[코드 8-12] datetime.now( )

start는 시작 시간 end에는 끝 시간을 입력했습니다. 그리고 end에서 start 시간을 빼는데 이것은 end 시간이 시간이 더 흐른 뒤라서 값이 더 크기 때문입니다. end에서 start 시간을 뺀 결과는 얼마 만큼의 시간이 흘렀는지를 나타냅니다. 결과는 7초입니다. 언더바(under bar, '_')는 이전에 수행했던 작업의 반환 값을 임시로 저장합니다.

### 버프 종료 시간 계산하기

시간 계산 방법을 알아냈으니 이제 버프 종료 시간을 계산할 수 있습니다. 프로그램이 시작하면 시작 시간을 구하고 60초 후에 끝나는 시간에 도달하면 프로그램이 끝나도록 간단한 프로그램을 만들어 시험합니다.

```
from datetime import datetime

dur = 60
start = datetime.now()
print("start buf! :", start)

end = datetime.now()
while((end - start).seconds <= dur):
    end = datetime.now()
```

```
print("end buf! :", end)
```

[코드 8-13] 60초 탐지 프로그램

프로그램의 동작 시간을 dur에 정의하고 시작 시간을 기록한 다음 현재 시간을 출력합니다.

```
dur = 60
start = datetime.now()
print("start buf! :", start)
```

프로그램의 끝나는 시간을 확인하기 위한 end를 정의합니다. while문의 조건에서 사용하기 때문에 변수가 미리 설정되어 있어야 합니다.

```
end = datetime.now()
```

while문의 조건문은 end 시간에서 start 시간을 뺀 초 수가 60이 넘는지 확인합니다. 60이 넘으면 while문은 반복을 종료합니다. 그리고 종료 시간을 출력하고 종료합니다.

```
while((end - start).seconds <= dur):
    end = datetime.now()

print("end buf! :", end)
```

프로그램을 모두 작성하고 실행합니다. 60초를 기다려야 결과가 나옵니다.

```
start buf! : 2018-09-28 14:49:49.528134
end buf! : 2018-09-28 14:50:50.528465
```

[코드 8-13 실행결과] 60초 탐지 프로그램 결과

60초 후에 결과를 보면 시작 시간과 끝나는 시간 사이에 60초가 흐른 것을 확인할 수 있습니다.

## 얼음 장판 버프

60초를 계산하는 방법을 찾았습니다. 얼음 장판은 캐릭터 아래의 블록을 얼음 블록으로 바꾸는 간단한 기능입니다. 게임피디아 사이트(https://minecraft-ko.gamepedia.com/데이터의_값)를 접속하여 얼음 블록의 정보를 확인합니다.

|  | 78 | 4E | minecraft:snow_layer | 눈 D |
|  | 79 | 4F | minecraft:ice | 얼음 |

[그림 8-6] 얼음 정보

얼음 블록의 ID는 79입니다. 코딩을 바로 시작합니다. 버프 종료 시간 계산에 사용했던 코드를 그대로 응용합니다.

```python
from mcpi.minecraft import Minecraft
from datetime import datetime

ice = 79 #얼음 블록 ID
dur = 60 # 동작 시간 (초)

mc = Minecraft.create()
player_id = mc.getPlayerEntityId('gasbugs')

# 시작 시간 기록 및 출력
start = datetime.now()
start_message = "start buf! : " + str(start)
print(start_message)
mc.postToChat(start_message)

# 종료 시간이 전이라면 얼음 블록을 설치
end = datetime.now()
```

```
    while((end - start).seconds <= dur):
        pos = mc.entity.getTilePos(player_id) # 사용자 위치 조회
        mc.setBlock(pos.x, pos.y-1, pos.z, ice) # 사용자 아래에 얼음 블록 설치
        end = datetime.now()

end_message = "end buf! : " + str(end)
print(end_message)
mc.postToChat(end_message)
```

[코드 8-14] 얼음 장판 버프

코드를 간단히 살펴봅니다. 시작 시간을 기록하는 부분입니다. 앞서 작성한 코드와 거의 흡사합니다. postToChat을 통해 사용자에게 버프 시작을 알리는 메시지가 추가됐습니다.

```
# 시작 시간 기록 및 출력
start = datetime.now()
start_message = "start buf! : " + str(start)
print(start_message)
mc.postToChat(start_message)
```

종료 시간 인지를 확인하여 while문이 동작합니다. 마찬가지로 앞서 작성한 코드와 흡사합니다. 추가된 부분은 사용자 위치를 조회하고 사용자 아래에 얼음 블록을 설치하는 부분입니다.

```
# 종료 시간이 전이라면 얼음 블록을 설치
end = datetime.now()
while((end - start).seconds <= dur):
    pos = mc.entity.getTilePos(player_id) # 사용자 위치 조회
    mc.setBlock(pos.x, pos.y-1, pos.z, ice) # 사용자 아래에 얼음 블록 설치
    end = datetime.now()
```

종료 코드에도 동일하게 postToChat으로 얼음 장판 버프가 끝났음을 알리도록 추가했습니다.

```
end_message = "end buf! : " + str(end)
print(end_message)
mc.postToChat(end_message)
```

코드 작성을 완료하고 얼음 장판 버프 코드를 실행합니다. 얼음이 플레이어가 가는 곳곳 마다 설치됩니다. 점프하면 바로 아래 얼음이 생겨 크리에이티브 모드가 아니더라도 하늘을 떠다닐 수 있습니다.

[그림 8-7] 여기저기 깔려 있는 얼음 장판

### 불꽃 장판 버프

불꽃 장판 버프는 얼음 장판 버프와 기능이 거의 같지만 주의할 점이 하나 있습니다. 불이 제자리에 붙으면 캐릭터가 죽습니다. 이 때문에 불을 캐릭터가 서 있는 곳에 붙이면 매우 곤란합니다. 게다가 점프를 하면 제자리로 돌아오기 때문에 불을 설치할 장소가 지면 위인지도 확인해야 합니다. 캐릭터에게 데미지를 주지 않으면서 불 블록을 설치하면 됩니다. 마찬가지로 게임피디아 사이트에 접속해서 불 블록의 정보를 얻습니다. 불 블록의 ID는 51입니다.

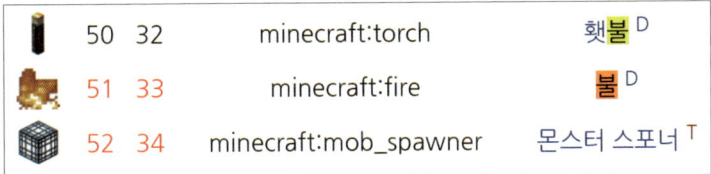

[그림 8-8] 불 블록 정보

먼저 설명한 내용에 주의하며 [코드 8-15]를 참고하여 코딩합니다.

```python
from mcpi.minecraft import Minecraft
from datetime import datetime

fire = 51 #불 블록 ID
dur = 60 # 동작 시간 (초)
air = 0

mc = Minecraft.create()
player_id = mc.getPlayerEntityId('gasbugs')

# 시작 시간 기록 및 출력
start = datetime.now()
start_message = "start buf! : " + str(start)
print(start_message)
mc.postToChat(start_message)

#####################################
# 종료 시간이 전이라면 얼음 블록을 설치
end = datetime.now()

# 이전 사용자 위치 저장
old_pos = mc.entity.getTilePos(player_id)
while((end - start).seconds <= dur):
    # 사용자 현재 위치와 이전 위치가 같은지 확인
    pos = mc.entity.getTilePos(player_id)
    if(pos.x == old_pos.x and pos.y == old_pos.y and pos.z == old_pos.z):
        continue
    
    # 사용자의 현재 위치가 어떤 블록 위인지 확인
    block = mc.getBlock(pos.x, pos.y-1, pos.z)
```

```
        if block == air:  # 공기 중에 떠있다면
            continue

        # 이전에 있던 블록에 불 블록 설치
        mc.setBlock(old_pos.x, old_pos.y, old_pos.z, fire)
        old_pos = pos  # 현재 위치를 이전 위치로 저장
        end = datetime.now()

end_message = "end buf! : " + str(end)
print(end_message)
mc.postToChat(end_message)
```

[코드 8-15] 불꽃 장판 버프

얼음 장판 버프와 코드가 같은 부분이 많기 때문에 주요한 코드만 살펴봅니다. 불꽃 장판 코드는 사용자 위치에 불이 나면 위험합니다. 이를 방지하기 위해서는 캐릭터가 지나간 자리에 대한 정보 저장이 필요합니다. 여기서는 간단히 직전에 얻었던 사용자의 위치를 old_pos에 저장합니다.

```
# 이전 사용자 위치 저장
old_pos = mc.entity.getTilePos(player_id)
```

while을 사용해 시작 시간과 끝 시간을 비교하여 버프를 60초 동안 유지합니다. 불을 설치할지 정하는 첫 번째 조건으로 old_pos의 위치와 pos의 위치가 같은지 확인합니다.

```
while((end - start).seconds <= dur):
    # 사용자 현재 위치와 이전 위치가 같은지 확인
    pos = mc.entity.getTilePos(player_id)
    if(pos.x == old_pos.x and pos.y == old_pos.y and pos.z == old_pos.z):
        continue
```

두 번째 조건으로 사용자의 현재 위치가 어떤 블록 위인지 확인합니다. 단순히 제자

리 점프를 한 경우에 불 피우지 않기 위한 방어 코드입니다. 블록을 확인해 공기 위라면 아무런 작업을 수행하지 않고 다시 while 문으로 돌아갑니다.

```
# 사용자의 현재 위치가 어떤 블록 위인지 확인
block = mc.getBlock(pos.x, pos.y, pos.z)
if block == air: # 공기 중에 떠있다면
    continue
```

두 조건을 충족했다면 old_pos의 위치에 불 블록을 설치하고 현재 위치를 old_pos에 저장합니다.

```
# 이전에 있던 블록에 불 블록 설치
mc.setBlock(old_pos.x, old_pos.y, old_pos.z, fire)
old_pos = pos # 현재 위치를 이전 위치로 저장
end = datetime.now()
```

조건에 주의하여 코드를 모두 작성하고 실행합니다. 주의할 점은 절대로 왔던 길을 돌아가면 안 된다는 점입니다. 왔던 길을 돌아가면 캐릭터의 몸에 불이 붙고 캐릭터가 사망할 수 있습니다.

[그림 8-9] 불장난은 위험해!

## 8.3 건물 나와라 뚝딱 프로그램 만들기

'건물 나와라 뚝딱'은 간단한 집 짓기와 자연어 처리 그리고 미다스의 손 프로그램의 원리를 합친 프로그램입니다. "건물 나와라 뚝딱"이라고 말한 뒤 칼을 들고 마우스 오른쪽 버튼으로 블록을 치면 그 자리에 간단한 집 짓기에서 작성한 건물이 뚝 생길 겁니다. 프로그램의 순서를 정리합니다.

1. pollChatPosts를 사용해 플레이어의 채팅을 확인한다.
2. 채팅에서 "건물 나와라 뚝딱"이 발생했는지 확인한다.
3. 주문을 외운 캐릭터가 pollBlockhits로 이벤트가 발생했는지 확인한다.
4. 이벤트가 발생하면 이벤트가 발생한 좌표에 건물을 하나 만든다.

바로 코딩을 시작합니다.

```python
from mcpi.minecraft import Minecraft
import time

magic_word = "건물 나와라 뚝딱"

def build_house(x1, y1, z1):
    block = 5
    air = 0

    x2, y2, z2 = x1 + 10, y1 + 10, z1 + 10
    mc.setBlocks(x1, y1, z1, x2, y2, z2, block)
    x1, y1, z1 = x1+1, y1+1, z1+1
    x2, y2, z2 = x2-1, y2-1, z2-1
    mc.setBlocks(x1, y1, z1, x2, y2, z2, air)

mc = Minecraft.create()

while(1):
    chatEvent = mc.events.pollChatPosts()
```

```
        if not chatEvent:
            continue
            
        ce = chatEvent[0]
        
        if ce.message == magic_word:
            mc.events.pollBlockHits()
            mc.postToChat('select where you want')
            time.sleep(2)
            for hit in mc.events.pollBlockHits():
                if hit.entityId == ce.entityId:
                    build_house(hit.pos.x, hit.pos.y, hit.pos.z)
```

[코드 8-16] 건물 나와라 뚝딱 코드

[코드 8-16]을 자세히 살펴봅니다. 함수 build_house는 초급 자동 건축가에서 만든 프로그램을 함수화한 코드입니다. 이 코드는 넘겨받은 x, y, z 좌표에 건물을 짓습니다.

```
def build_house(x1, y1, z1):
```

무한 반복하는 while문은 pollChatsPosts를 처음 사용했던 코드에서 가져왔습니다. 이 코드는 채팅 이벤트가 있다면 가장 처음 배열을 ce에 담고 없다면 while문을 무한히 반복합니다.

```
while(1):
    chatEvent = mc.events.pollChatPosts()
    
    if not chatEvent:
        continue
        
    ce = chatEvent[0]
```

08장 초능력 만들기: 자연어 처리  249

여기부터는 코드의 핵심 부분입니다. 발생한 메시지가 '건물 나와라 뚝딱'인지 확인합니다. 문자열이 서로 일치한다면 if 하위 내용을 실행합니다. If문 바로 다음에 pollBlockHits 함수는 지금까지 발생한 이벤트가 있다면 다 가져오는 역할을 합니다. 이전에 발생했던 pollBlockHits에 대해서는 동작하지 않게 하기 위해 이벤트를 정리하는 부분입니다. 그리고 postToChat을 사용해서 주문이 발동했음을 사용자에게 알립니다.

```
if ce.message == magic_word:
    mc.events.pollBlockHits()
    mc.postToChat('select where you want')
```

time.sleep 함수를 사용해 사용자가 pollBlockHits를 발생시킬 시간적 여유를 줍니다. 이 2초 동안에 사용자는 이벤트를 발생시켜야 합니다. 시간이 초과되면 그대로 지나갑니다.

```
    time.sleep(2)
```

발생된 이벤트에 대해 for문을 사용합니다. 2초동안 발생한 모든 이벤트에 대해서 작업을 수행합니다.

```
for hit in mc.events.pollBlockHits():
```

이벤트를 발생시킨 캐릭터와 주문을 외운 캐릭터가 서로 다른 캐릭터일 가능성도 있습니다. 때문에 이벤트를 발생시킨 캐릭터의 ID와 주문을 외운 캐릭터의 ID가 서로 같은지 먼저 비교하고 같은 경우에는 build_house를 통해 x, y, z 좌표를 전달하여 건물을 설치합니다.

```
    if hit.entityId == ce.entityId:
```

```
build_house(hit.pos.x, hit.pos.y, hit.pos.z)
```

코드를 모두 작성하고 프로그램을 실행합니다. 먼저 칼을 든 상태에서 캐릭터 채팅 창으로 "건물 나와라 뚝딱"이라고 말하고 2초 안에 건물을 짓기 원하는 블록에 마우스 오른쪽 버튼을 누릅니다. while문으로 무한 반복할 수 있도록 되어 있으니 여러 번 실행해도 모두 동작합니다.

[그림 8-10] 건물 나와라 뚝딱 뚝딱

## 8.4 초능력 올인원

지금까지 여러 기능을 하는 초능력을 구현했습니다. 우리가 구현한 모든 초능력을 하나의 코드로 뭉쳐서 모두 하나의 코드에서 동작하도록 구성합니다. 동작할 초능력은 채팅을 통해 외치면 그 초능력의 기능을 기록한 함수를 실행하도록 합니다. 초능력의 분류와 시전어, 함수의 관계는 [표 8-1]을 참고합니다.

08장 초능력 만들기: 자연어 처리

[표 8-1] 초능력의 분류

| 분류 | 시전어 | 함수명 |
|---|---|---|
| 자연 재해 홍수 | 아브라카타브라 홍수 | flood |
| 특정 플레이어 나락으로 보내기 | 아브라카타브라 킬 〈캐릭터 이름〉 | kill_player |
| 얼음 장판 버프 | 버프 아이스 | buff_ice |
| 불꽃 장판 버프 | 버프 파이어 | buff_fire |
| 건물 생성 | 건물 나와라 뚝딱 | come_home |
| 초능력 프로그램 종료 | quit( ) | |

코드를 작성하기 전에 [표 8-1]을 참고하여 큰 틀을 먼저 만듭니다. 들어갈 핵심 코드들은 이미 이번 장을 통해 대부분 작성했기 때문에 남은 일은 이를 조합하는 것뿐입니다. 사용할 모든 라이브러리를 임포트하고 각 주문과 초능력을 부여할 아이디, 블록 아이디와 함수 목록을 정리합니다.

```
from mcpi.minecraft import Minecraft
from datetime import datetime
import time

magic_flood = "아브라카타브라 홍수"
magic_kill = "아브라카타브라 킬 "
magic_ice_buff = "버프 아이스"
magic_fire_buff = "버프 파이어"
magic_come_home = "건물 나와라 뚝딱"
magic_quit = "quit()"


nick_name = 'gasbugs'


buff_dur = 60 # 버프 동작 시간(초)
air = 0 # 공기 블록 ID
plank = 5 #나무 판자 블록 ID
water = 8 #물 블록 ID
fire = 51 #불 블록 ID
```

```
ice = 79 #얼음 블록 ID

mc = Minecraft.create()
player_id = mc.getPlayerEntityId(nick_name)

def flood():
    pass

def kill_player():
    pass

def buff_ice():
    pass

def buff_fire():
    pass

def come_home():
    pass
```

[코드 8-17] 초능력 올인원 코드 틀

이제 빈 함수에 각 기능을 넣어줍니다. 전에 작성한 코드를 함수에서 사용하기 알맞게 변경하여 작성합니다. 각 함수의 기능은 명확히 했으며 꼭 필요한 인자만 전달받도록 구성합니다. mc와 플레이어 아이디와 블록 아이디는 전역 변수로 선언되어 굳이 전달할 필요가 없습니다. 대부분의 코드를 그대로 사용했고 변수명은 상황에 따라 약간 바뀌었습니다.

```
def flood():
    mc.postToChat("Warning!! Flooding!!!")
    pos = mc.entity.getTilePos(player_id)
    mc.setBlocks(pos.x-20, pos.y + 50, pos.z-20,
                 pos.x+20, pos.y + 50, pos.z+20,
                 water)
    time.sleep(60)
    mc.setBlocks(pos.x-20, pos.y + 50, pos.z-20,
                 pos.x+20, pos.y + 50, pos.z+20,
```

```python
                air)

def kill_player(message):
    abrakatabra, kill, target_name = message.split(' ')
    try:
        target_id = mc.getPlayerEntityId(target_name)
    except:
        mc.postToChat("Cannot find the target")
        return
    pos = mc.entity.getTilePos(target_id)
    mc.entity.setTilePos(target_id, pos.x, pos.y - 500, pos.z)
    mc.postToChat("Go to Narak, " + target_name)

def buff_ice():
    # 시작 시간 기록 및 출력
    start = datetime.now()
    start_message = "start buf! : " + str(start)
    mc.postToChat(start_message)

    # 종료 시간이 전이라면 얼음 블록을 설치
    end = datetime.now()
    while((end - start).seconds <= buff_dur):
        pos = mc.entity.getTilePos(player_id) # 사용자 위치 조회
        mc.setBlock(pos.x, pos.y-1, pos.z, ice) # 사용자 아래에 얼음 블록 설치
        end = datetime.now()

    end_message = "end buf! : " + str(end)
    mc.postToChat(end_message)


def buff_fire():
    # 시작 시간 기록 및 출력
    start = datetime.now()
    start_message = "start buf! : " + str(start)
    mc.postToChat(start_message)

    ##################################
    # 종료 시간이 전이라면 얼음 블록을 설치
    end = datetime.now()
```

```python
    # 이전 사용자 위치 저장
    old_pos = mc.entity.getTilePos(player_id)
    while((end - start).seconds <= buff_dur):
        # 사용자 현재 위치와 이전 위치가 같은지 확인
        pos = mc.entity.getTilePos(player_id)
        if(pos.x == old_pos.x and pos.y == old_pos.y and pos.z == old_pos.z):
            continue

        # 사용자의 현재 위치가 어떤 블록 위인지 확인
        block = mc.getBlock(pos.x, pos.y, pos.z)
        if block == air: # 공기 중에 떠있다면
            continue
        # 이전에 있던 블록에 불 블록 설치
        mc.setBlock(old_pos.x, old_pos.y, old_pos.z, fire)
        old_pos = pos # 현재 위치를 이전 위치로 저장
        end = datetime.now()

    end_message = "end buf! : " + str(end)
    mc.postToChat(end_message)


def come_home():
    mc.events.pollBlockHits()
    mc.postToChat('select where you want')
    time.sleep(2)
    for hit in mc.events.pollBlockHits():
        if hit.entityId == player_id:
            build_house(hit.pos.x, hit.pos.y, hit.pos.z)

def build_house(x1, y1, z1):
    x2, y2, z2 = x1 + 10, y1 + 10, z1 + 10
    mc.setBlocks(x1, y1, z1, x2, y2, z2, plank)
    x1, y1, z1 = x1+1, y1+1, z1+1
    x2, y2, z2 = x2-1, y2-1, z2-1
    mc.setBlocks(x1, y1, z1, x2, y2, z2, air)
```

[코드 8-18] 초능력 올인원 코드 틀

마지막으로 메시지를 받고 처리해 각 함수를 직접 실행할 메인 코드를 구현합니다. 메시지를 구현하는 부분도 앞에서 이미 모두 다루었기에 메시지에 따라 함수를 실행하도록 수정합니다.

```
while(1):
    chatEvent = mc.events.pollChatPosts()

    if not chatEvent:
        continue

    for ce in chatEvent:
        if ce.entityId != player_id:
            continue

        message = ce.message.strip() # 앞 뒤 공백 제거

        if message == magic_flood:
            flood()
        elif message.startswith(magic_kill):
            kill_player(message)
        elif message == magic_ice_buff:
            buff_ice()
        elif message == magic_fire_buff:
            buff_fire()
        elif message == magic_come_home:
            come_home()
        elif message == magic_quit:
            exit()
```

[코드 8-19] 초능력 올인원 코드 틀

모든 코드를 조합하여 최종 코드를 확인합니다. 그리고 각각의 초능력 메시지를 발생해 함수를 직접 실행하고 문제가 없는지 확인하십시오.

```
from mcpi.minecraft import Minecraft
from datetime import datetime
```

```python
import time

magic_flood = "아브라카타브라 홍수"
magic_kill = "아브라카타브라 킬 "
magic_ice_buff = "버프 아이스"
magic_fire_buff = "버프 파이어"
magic_come_home = "건물 나와라 뚝딱"
magic_quit = "quit()"

nick_name = 'gasbugs'

buff_dur = 60 # 버프 동작 시간(초)
air = 0 # 공기 블록 ID
plank = 5 #나무 판자 블록 ID
water = 8 #물 블록 ID
fire = 51 #불 블록 ID
ice = 79 #얼음 블록 ID

mc = Minecraft.create()
player_id = mc.getPlayerEntityId(nick_name)

def flood():
    mc.postToChat("Warning!! Flooding!!!")
    pos = mc.entity.getTilePos(player_id)
    mc.setBlocks(pos.x-20, pos.y + 50, pos.z-20,
                 pos.x+20, pos.y + 50, pos.z+20,
                 water)
    time.sleep(60)
    mc.setBlocks(pos.x-20, pos.y + 50, pos.z-20,
                 pos.x+20, pos.y + 50, pos.z+20,
                 air)

def kill_player(message):
    abrakatabra, kill, target_name = message.split(' ')
    try:
        target_id = mc.getPlayerEntityId(target_name)
    except:
        mc.postToChat("Cannot find the target")
        return
    pos = mc.entity.getTilePos(target_id)
```

```python
        mc.entity.setTilePos(target_id, pos.x, pos.y - 500, pos.z)
        mc.postToChat("Go to Narak, " + target_name)

def buff_ice():
    # 시작 시간 기록 및 출력
    start = datetime.now()
    start_message = "start buf! : " + str(start)
    mc.postToChat(start_message)

    # 종료 시간이 전이라면 얼음 블록을 설치
    end = datetime.now()
    while((end - start).seconds <= buff_dur):
        pos = mc.entity.getTilePos(player_id) # 사용자 위치 조회
        mc.setBlock(pos.x, pos.y-1, pos.z, ice) # 사용자 아래에 얼음 블록 설치
        end = datetime.now()

    end_message = "end buf! : " + str(end)
    mc.postToChat(end_message)


def buff_fire():
    # 시작 시간 기록 및 출력
    start = datetime.now()
    start_message = "start buf! : " + str(start)
    mc.postToChat(start_message)

    ####################################
    # 종료 시간이 전이라면 얼음 블록을 설치
    end = datetime.now()

    # 이전 사용자 위치 저장
    old_pos = mc.entity.getTilePos(player_id)
    while((end - start).seconds <= buff_dur):
        # 사용자 현재 위치와 이전 위치가 같은지 확인
        pos = mc.entity.getTilePos(player_id)
        if(pos.x == old_pos.x and pos.y == old_pos.y and pos.z == old_pos.z):
            continue

        # 사용자의 현재 위치가 어떤 블록 위인지 확인
```

```python
            block = mc.getBlock(pos.x, pos.y-1, pos.z)
            if block == air: # 공기 중에 떠있다면
                continue
            # 이전에 있던 블록에 불 블록 설치
            mc.setBlock(old_pos.x, old_pos.y, old_pos.z, fire)
            old_pos = pos # 현재 위치를 이전 위치로 저장
            end = datetime.now()

        end_message = "end buf! : " + str(end)
        mc.postToChat(end_message)


def come_home():
    mc.events.pollBlockHits()
    mc.postToChat('select where you want')
    time.sleep(2)
    for hit in mc.events.pollBlockHits():
        if hit.entityId == player_id:
            build_house(hit.pos.x, hit.pos.y, hit.pos.z)

def build_house(x1, y1, z1):
    x2, y2, z2 = x1 + 10, y1 + 10, z1 + 10
    mc.setBlocks(x1, y1, z1, x2, y2, z2, plank)
    x1, y1, z1 = x1+1, y1+1, z1+1
    x2, y2, z2 = x2-1, y2-1, z2-1
    mc.setBlocks(x1, y1, z1, x2, y2, z2, air)

while(1):
    chatEvent = mc.events.pollChatPosts()

    if not chatEvent:
        continue

    for ce in chatEvent:
        if ce.entityId != player_id:
            continue

        message = ce.message.strip() # 앞 뒤 공백 제거

        if message == magic_flood:
```

```
        flood()
    elif message.startswith(magic_kill):
        kill_player(message)
    elif message == magic_ice_buff:
        buff_ice()
    elif message == magic_fire_buff:
        buff_fire()
    elif message == magic_come_home:
        come_home()
    elif message == magic_quit:
        exit()
```

[코드 8-20] 초능력 올인원 코드 틀

## 8.5 다중 스레드 구현을 활용한 실시간 초능력 프로그램

모든 기능을 하나에 묶어 하나의 코드에서 제공할 수 있게 됐습니다. 그런데 문제가 있습니다. 초능력 두 가지를 같이 실행하지 못한다는 겁니다. 가령 '아브라카타브라 홍수'를 외우고 60초를 기다린 다음에 '아브라카타브라 킬 gasbugs'를 사용할 수 있습니다. '버프 파이어'를 사용하는 경우는 '버프 아이스'를 사용할 수 없습니다. 이유는 간단합니다. 초능력을 실행하는 동안 스레드가 메시지를 처리하지 않기 때문입니다. 하나의 초능력을 더 실행하려면 적어도 하나의 스레드가 더 필요합니다.

이미 우리는 스레드에 대하여 공부했습니다. 스레드에 대한 설명은 타이밍 텔레포트 부분을 확인하십시오. 스레드는 사무실에서 일하는 직원과 같다고 했습니다. 초능력을 더 실행하려면 문제를 해결하는 방법은 간단합니다. 직원을 더 고용하면 해결됩니다. 스레드는 어떻게 더 구할 수 있을까요? 각 프로그램 언어들은 그 언어에서 사용하는 스레드 구현 방법을 갖고 있습니다. 파이썬에서는 Threading 라이브러리가 그 역할을 담당합니다. 스레드의 수가 늘어나면 그 늘어난 만큼 같은 시간 동안에 처리할 수 있는 일도 늘어납니다.

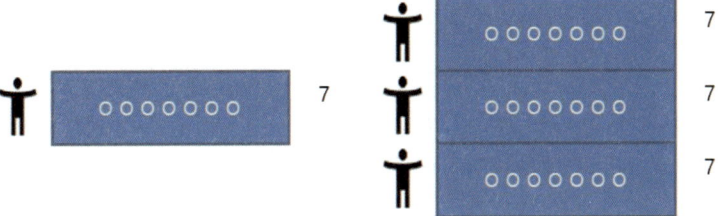

[그림 8-11] 스레드 수가 늘어나면 당연히 처리할 수 있는 작업량도 증가함

## 세마포어

스레드를 정확하게 사용하기 위해서는 스레드를 제어할 줄 알아야 합니다. 다중의 스레드가 동작할 때는 하나의 프로세스에 공유된 자원들을 사용하기 때문에 서로의 경쟁이 일어납니다. 이 때문에 실행 순서가 잘못 뒤엉킬 수 있습니다. 예를 들어 결과를 출력하는 도중 스레드가 다른 결과를 출력하거나, 계산 순서가 뒤바뀌는 문제, 스레드 수 제어 등의 문제가 발생합니다.

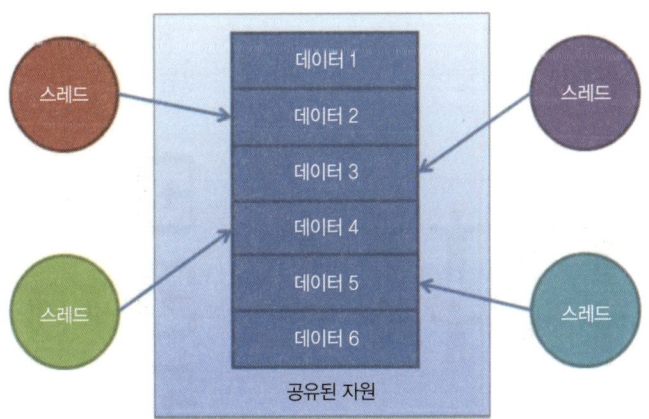

[그림 8-12] 스레드의 접근을 제한하여 공유된 자원을 나눠 사용함

세마포어(Semaphore)를 사용하면 이처럼 공유된 자원의 데이터를 여러 프로세스가 동시 접근을 막습니다. 자원의 원자성과 임계구역을 설정하므로 동시성 프로그램에서 발생할 수 있는 다양한 문제를 방지합니다. 세마포어는 특정 작업을 하는 동안에 락(Lock)을 걸어 임계구역을 설정하여 다른 스레드가 작업을 하지 않도록 제어합니다. 작업이 모두 완료된 후에는 언락(Unlock)을 실행해 다른 스레드의 접근을 허용합니다.

## 세마포어 코드 구현하기

화장실의 시뮬레이션을 코드로 구현하면 스레드와 세마포어의 동작방식을 보다 정확히 이해할 수 있습니다. 설명이 매우 단순하고 실생활에서 접하기 쉽기 때문에 이해하기 편합니다.

어느 영화관에 변기 3개가 있는 공중 화장실이 있습니다. 영화가 끝난 직후라서 10명의 사람들이 거의 동시에 화장실에 도착했습니다. 누구나 빨리 가고 싶었지만 다들 줄을 서서 차례를 기다립니다. 10명의 사람들이 3개의 변기를 사용해야 하는 터라 모두가 함께 변기를 사용할 순 없습니다. 가장 먼저 온 세 사람이 먼저 입장합니다. 세 사람은 칸막이를 잠그고(Lock), 다 사용한 사람들은 순서대로 문을 열고(Unlock) 나옵니다. 다음 사람이 입장해 빈칸을 쓸 수 있습니다.

[그림 8-13] 10명의 손님이 화장실에 입장한 상황

여기서 변기는 스레드입니다. 스레드는 업무를 수행하는 직원이고 화장실을 사용해야 하는 사람들이 생기면 하나씩 처리해 나갑니다. 스레드의 개수를 제한하지 않는다면 스레드가 무한히 생성되다가 오히려 프로그램이 급격히 느려지거나 완전히 멈춰버리는 현상이 발생하니 주의해야 합니다. 적당한 스레드의 양은 프로그램의 동작 방식과 하드웨어 사양에 따라 달라지게 때문에 최적화된 개수는 없습니다. 프로그래머의 역량에 따라 원하는 스레드를 구현하면 됩니다.

앞서 본 화장실 시나리오를 토대로 직접 화장실 시뮬레이션을 구현해보도록 합니다. 이 코드 구현을 통해 스레드와 세마포어의 역할을 분명히 알 수 있습니다.

```python
import threading # 스레드 라이브러리
import time      # 시간 라이브러리
import random    # 난수 라이브러리

numOfToilet = threading.Semaphore(value=3)  # 화장실이 3개 존재한다.

# 스레드 함수
def useToilet(peopleNum):  # 스레드를 돌릴 함수를 정의해야 한다.
    time.sleep(random.randint(5,10)) # 화장실 사용 시간(5~10초 랜덤생성)
                                     # 해당 시간 동안 슬립
    print("he's happy now, people #" + peopleNum)
    numOfToilet.release() # 도어락 해제

# 메인 함수
def main():
    print("10 people start using 3 toilets...")
    for peopleNum in range(10): # 10명의 사람들이 대기 중
        numOfToilet.acquire()     # 도어락 설정
        t=threading.Thread(target=useToilet, args=(str(peopleNum)))
        # 스레드 생성
        t.start() # 스레드 시작
    time.sleep(11)
    print("All People Happy~~~!!!") # 모든 사람들 사용 종료

if __name__ =='__main__':
    main()
```

[코드 8-21] 화장실 시나리오 구현

가장 먼저 화장실 구현에 필요한 라이브러리를 불러옵니다. 스레드, 시간, 난수 생성 관련된 라이브러리입니다.

```
import threading  # 스레드 라이브러리
import time       # 시간 라이브러리
import random     # 난수 라이브러리
```

스레드의 개수를 정합니다. 변기가 3개 밖에 없다고 가정합니다.

```
numOfToilet = threading.Semaphore(value=3)   # 변기가 3개 존재한다.
```

스레드로 동작 시킬 부분은 반드시 함수로 정의되어 있어야 합니다. 필자가 아는 모든 언어는 스레드를 실행하는데 함수를 만들어야 한다는 공통점이 있었습니다. useToilet은 사람들이 화장실을 사용할 때 사용하는 함수입니다. 화장실을 사용하는 시간은 randint로 구현했습니다. randint(5,10)은 5~10 사이의 정수를 랜덤하게 생성합니다. 그 수를 sleep 함수를 사용해 그 정수 시간만큼 쉬는 것으로 화장실 사용 시간을 시뮬레이션 합니다. 사용이 종료되면 도어락을 해제하는 release 함수를 실행합니다. 추가로 다른 스레드가 작업할 수 있게 됩니다.

```
# 스레드 함수
def useToilet(peopleNum):   # 스레드를 돌릴 함수를 정의해야 한다.
    time.sleep(random.randint(5,10)) # 화장실 사용 시간(5~10초 랜덤생성)
                                      # 해당 시간 동안 슬립
    print("he's happy now, people #" + peopleNum)
    numOfToilet.release() # 도어락 해제
```

메인 함수는 0~9번까지 10명의 사람들을 순서대로 입장시켜 도어락을 걸어 주고 스레드를 실행하는 역할을 담당합니다. acquire로 도어락을 설정하고 Thread 함수로 스레드를 생성하고 start 함수를 실행할 때 스레드가 시작합니다. 도어락 설정은 최

대 3회까지 가능하고 useToilet 함수 내의 release 함수가 동작할 때까지 대기해야 합니다. release가 실행되면 추가로 acquire를 실행해 스레드를 생성하고 실행할 수 있습니다.

```python
# 메인 함수
def main():
    print("10 people start using 3 toilets...")
    for peopleNum in range(10): # 10명의 사람들이 대기 중
        numOfToilet.acquire()    # 도어락 설정
        t=threading.Thread(target=useToilet, args=(str(peopleNum)))
        # 스레드 생성
        t.start() # 스레드 시작
    time.sleep(11)
    print("All People Happy~~~!!!") # 모든 사람들 사용 종료
```

메인 함수를 실행시키는 코드입니다. \_\_name\_\_이 \_\_main\_\_인 경우에만 실행합니다. 직접 프로그램을 실행하면 \_\_name\_\_은 \_\_main\_\_ 값을 갖지만 라이브러리에 포함된 경우 \_\_name\_\_은 해당 라이브러리에 대한 이름을 갖습니다. 다시 말하면 이 프로그램이 독립적으로 실행되는 경우에만 메인 함수가 동작하도록 구현했고 추가적으로 이 파이썬 코드가 다른 코드의 라이브러리로도 사용될 수 있도록 호환성을 남겨둔 겁니다. 물론 화장실 코드를 다른 데서 쓸 일은 없습니다.

```python
if __name__ =='__main__':
    main()
```

## 실시간 초능력 프로그램

초능력 올인원 코드를 수정하여 실시간으로 동작하는 프로그램을 만듭니다. [코드 8-22]처럼 가장 앞쪽에 스레드 라이브러리를 불러오는 코드와 세마포어 개수 저장

하는 코드를 추가합니다. 초능력의 개수가 5개이니 총 스레드의 개수는 5개로 제한했고 시간이 필요한 세 개의 초능력은 이미 실행 중인지 확인할 수 있도록 스위치 (sw) 변수를 추가했습니다. 세 초능력은 중복 실행되지 않도록 조절합니다.

```
from mcpi.minecraft import Minecraft
from datetime import datetime
import threading
import time

numOfThread = threading.Semaphore(value=5)
sw_flood = False
sw_ice_buff = False
sw_fire_buff = False
```

[코드 8-22] 세마포어와 스위치 추가

mc를 공유하면 예상치 못하게 몇 가지 문제가 발생합니다. 서버를 분석하지는 않아서 정확한 이유를 알 수 없습니다. mc를 다른 스레드에서 사용하는 경우 문제가 발생하기 때문에 원활한 실행을 위해 각 스레드가 mc 객체를 생성하고 사용하도록 [코드 8-23]과 같이 코딩합니다. 그리고 각 함수 마지막에는 세마포어를 풀 수 있도록 sm_Thread.release 함수를 사용해 잠금을 해제합니다. 모든 함수에 다음과 같이 빨간 색으로 표시된 코드를 추가합니다. 홍수와 얼음 버프, 불꽃 버프의 경우에는 실행 중인지 확인하는 변수를 True로 활성화 했다가 끝날 때는 False를 넣어 비활성화합니다.

```
def flood():
    global sw_flood
    sw_flood = True
    mc = Minecraft.create()
    mc.postToChat("Warning!! Flooding!!!")
    pos = mc.entity.getTilePos(player_id)
    mc.setBlocks(pos.x-20, pos.y + 50, pos.z-20,
                 pos.x+20, pos.y + 50, pos.z+20,
```

```
                  water)
    time.sleep(60)
    mc.setBlocks(pos.x-20, pos.y + 50, pos.z-20,
                 pos.x+20, pos.y + 50, pos.z+20,
                 air)
    sm_Thread.release()
    sw_flood = False
```

[코드 8-23] flood 함수에 mc 생성과 release 실행, 활성화 코드를 추가

채팅 이벤트를 처리하는 메인 코드를 수정합니다. 메인 코드에서는 함수를 실행하는 대신 스레드를 통해서 함수를 실행하도록 수정합니다. 만약 sw의 변수가 활성화되어 있는 경우는 이미 같은 함수가 동작 중인 것으로 판단하고 아무 실행을 하지 않고 'This spell is already running'이라는 구문을 채팅 창으로 보내 이미 실행 중이라는 표시를 합니다. 마지막으로 스레드 실행 전 라인에 스레드 개수를 제한하기 위해서 acquire 함수를 실행해 락을 걸어 줍니다.

```
while(1):
    chatEvent = mc.events.pollChatPosts()

    if not chatEvent:
        continue

    for ce in chatEvent:
        if ce.entityId != player_id:
            continue

        message = ce.message.strip() # 앞 뒤 공백 제거

        if message == magic_flood:
            if sw_flood:
                mc.postToChat('This spell is already running.')
                continue
            sm_Thread.acquire()
            t=threading.Thread(target=flood)
            t.start()
```

```
            elif message.startswith(magic_kill):
                sm_Thread.acquire()
                t=threading.Thread(target=kill_player, args=(message))
                t.start()
            elif message == magic_ice_buff:
                if sw_ice_buff:
                    mc.postToChat('This spell is already running.')
                    continue
                sm_Thread.acquire()
                t=threading.Thread(target=buff_ice)
                t.start()
            elif message == magic_fire_buff:
                if sw_fire_buff:
                    mc.postToChat('This spell is already running.')
                    continue
                sm_Thread.acquire()
                t=threading.Thread(target=buff_fire)
                t.start()
            elif message == magic_come_home:
                sm_Thread.acquire()
                t=threading.Thread(target=come_home)
                t.start()
            elif message == magic_quit:
                exit()
```

[코드 8-24] 세마포어와 스위치 추가

모든 수정이 완료된 코드를 첨부합니다. 코드가 무려 168라인입니다.

```
from mcpi.minecraft import Minecraft
from datetime import datetime
import threading
import time

sm_Thread = threading.Semaphore(value=5)
sw_flood = False
sw_ice_buff = False
sw_fire_buff = False
```

```python
magic_flood = "아브라카타브라 홍수"
magic_kill = "아브라카타브라 킬 "
magic_ice_buff = "버프 아이스"
magic_fire_buff = "버프 파이어"
magic_come_home = "건물 나와라 뚝딱"
magic_quit = "quit()"

nick_name = 'gasbugs'

buff_dur = 60 # 버프 동작 시간(초)
air = 0 # 공기 블록 ID
plank = 5 #나무 판자 블록 ID
water = 8 #물 블록 ID
fire = 51 #불 블록 ID
ice = 79 #얼음 블록 ID

mc = Minecraft.create()
player_id= mc.getPlayerEntityId(nick_name)

def flood():
    global sw_flood
    sw_flood = True
    mc = Minecraft.create()
    mc.postToChat("Warning!! Flooding!!!")
    pos = mc.entity.getTilePos(player_id)
    mc.setBlocks(pos.x-20, pos.y + 50, pos.z-20,
                 pos.x+20, pos.y + 50, pos.z+20,
                 water)
    time.sleep(60)
    mc.setBlocks(pos.x-20, pos.y + 50, pos.z-20,
                 pos.x+20, pos.y + 50, pos.z+20,
                 air)
    sm_Thread.release()
    sw_flood = False

def kill_player(message):
    mc = Minecraft.create()
    abrakatabra, kill, target_name = message.split(' ')
    try:
```

```
            target_id = mc.getPlayerEntityId(target_name)
        except:
            mc.postToChat("Cannot find the target")
            return
        pos = mc.entity.getTilePos(target_id)
        mc.entity.setTilePos(target_id, pos.x, pos.y - 500, pos.z)
        mc.postToChat("Go to Narak, " + target_name)

def buff_ice():
    global sw_ice_buff
    sw_ice_buff = True
    mc = Minecraft.create()
    # 시작 시간 기록 및 출력
    start = datetime.now()
    start_message = "start buf! : " + str(start)
    mc.postToChat(start_message)

    # 종료 시간이 전이라면 얼음 블록을 설치
    end = datetime.now()
    while((end - start).seconds <= buff_dur):
        pos = mc.entity.getTilePos(player_id) # 사용자 위치 조회
        mc.setBlock(pos.x, pos.y-1, pos.z, ice) # 사용자 아래에 얼음 블록 설치
        end = datetime.now()

    end_message = "end buf! : " + str(end)
    mc.postToChat(end_message)
    sw_ice_buff = False

def buff_fire():
    global sw_fire_buff
    sw_fire_buff = True
    mc = Minecraft.create()
    # 시작 시간 기록 및 출력
    start = datetime.now()
    start_message = "start buf! : " + str(start)
    mc.postToChat(start_message)

    ####################################
    # 종료 시간이 전이라면 얼음 블록을 설치
    end = datetime.now()
```

```
    # 이전 사용자 위치 저장
    old_pos = mc.entity.getTilePos(player_id)
    while((end - start).seconds <= buff_dur):
        # 사용자 현재 위치와 이전 위치가 같은지 확인
        pos = mc.entity.getTilePos(player_id)
        if(pos.x == old_pos.x and pos.y == old_pos.y and pos.z == old_
        pos.z):
            continue

        # 사용자의 현재 위치가 어떤 블록 위인지 확인
        block = mc.getBlock(pos.x, pos.y, pos.z)
        if block == air: # 공기 중에 떠있다면
            continue
        # 이전에 있던 블록에 불 블록 설치
        mc.setBlock(old_pos.x, old_pos.y, old_pos.z, fire)
        old_pos = pos # 현재 위치를 이전 위치로 저장
        end = datetime.now()

    end_message = "end buf! : " + str(end)
    mc.postToChat(end_message)
    sw_fire_buff = False

def come_home():
    mc = Minecraft.create()
    mc.events.pollBlockHits()
    mc.postToChat('select where you want')
    time.sleep(2)
    for hit in mc.events.pollBlockHits():
        if hit.entityId == player_id:
            build_house(hit.pos.x, hit.pos.y, hit.pos.z)

def build_house(x1, y1, z1):
    x2, y2, z2 = x1 + 10, y1 + 10, z1 + 10
    mc.setBlocks(x1, y1, z1, x2, y2, z2, plank)
    x1, y1, z1 = x1+1, y1+1, z1+1
    x2, y2, z2 = x2-1, y2-1, z2-1
    mc.setBlocks(x1, y1, z1, x2, y2, z2, air)

while(1):
```

```python
        chatEvent = mc.events.pollChatPosts()

        if not chatEvent:
            continue

        for ce in chatEvent:
            if ce.entityId != player_id:
                continue

            message = ce.message.strip() # 앞 뒤 공백 제거

            if message == magic_flood:
                if sw_flood:
                    mc.postToChat('This spell is already running.')
                    continue
                sm_Thread.acquire()
                t=threading.Thread(target=flood)
                t.start()
            elif message.startswith(magic_kill):
                sm_Thread.acquire()
                t=threading.Thread(target=kill_player, args=(message,))
                t.start()
            elif message == magic_ice_buff:
                if sw_ice_buff:
                    mc.postToChat('This spell is already running.')
                    continue
                sm_Thread.acquire()
                t=threading.Thread(target=buff_ice)
                t.start()
            elif message == magic_fire_buff:
                if sw_fire_buff:
                    mc.postToChat('This spell is already running.')
                    continue
                sm_Thread.acquire()
                t=threading.Thread(target=buff_fire)
                t.start()
            elif message == magic_come_home:
                sm_Thread.acquire()
                t=threading.Thread(target=come_home)
                t.start()
```

```
    elif message == magic_quit:
        exit()
```
[코드 8-25] 세마포어와 스위치 추가

코드를 모두 구현했습니다. 3가지 이상의 코드가 잘 동시 동작하는지 확인합니다. 또한 같은 버프를 두 번 쓰면 어떤 결과가 나오는지도 확인합니다.

[그림 8-14] 홍수, 얼음 버프, 건물 짓기 초능력을 한꺼번에 실행

[그림 8-15] 버프 아이스 효과가 남아있을 때는 버프 아이스를 다시 사용할 수 없음

우리가 처음 배웠던 여러 mcpi 기능들을 조합해서 좋은 기능을 많이 만들었습니다. 초능력을 구현했던 이번 장에서는 아주 중요한 개념을 배웠습니다. mcpi는 기초적인 기능만 우리에게 제공하지만 이것을 얼마나 발전시키고 영향력 있게 사용할 것인지는 우리의 몫입니다. 코딩은 마인크래프트에서도 놀라운 능력을 많이 발휘하지만 이미 세상에 우리 생활을 이롭게 하는 누군가의 코딩으로 만들어진 기능들이 곳곳에 자리하고 있습니다.

CHAPTER

# 09

# 건축가 마을 짓기 프로젝트

건축가 프로젝트의 마지막 단계에 오신 것을 환영합니다. 파이썬은 다양한 모듈을 사용합니다. 그 모듈을 통해서 누군가가 또 새로운 모듈을 만들고 그렇게 파이썬은 계속 발전하고 많은 사람들이 코드로써 소통하고 있습니다. 우리가 만든 코드도 다른 사람들과 공유하여 다양한 방향으로 발전될 수 있도록 합니다.

여기서는 그동안의 만든 여러 가지 건축물을 하나의 모듈로 통합하고 공유하여 다른 사람들과 소통할 수 있도록 여러분들을 이끌어 줄 것입니다. 우리가 사용하고 있는 mcpi도 하나의 모듈입니다. 이를 통해서 우리가 마인크래프트를 마음껏 통제할 수 있었던 것처럼 우리가 만든 모듈로 많은 사람들이 다양한 기능을 사용해 마인크래프트의 건축술과 초능력을 사용할 수 있습니다.

## 9.1 블록 모듈 만들기

파이썬 코드 안에서 우리가 선언한 변수와 함수들은 해당 프로그램이 끝나면 더는 유지되지 않습니다. 그러면 우리는 그 변수와 함수를 또 선언하고 프로그램이 끝나면 또 선언합니다. 파이썬은 이러한 정의들을 파일 스크립트에 넣어 사용할 수 있습니다. 이 파일들을 모듈이라고 합니다. 간단히 우리가 사용했던 mcpi를 기억하면 됩니다. 파이썬 모듈에는 확장자 .py를 붙입니다. 모듈의 이름은 전역변수 __name__을 통해서 확인할 수 있습니다. 그리고 현재 작성하는 코드에서 __name__은 '__main__'이라는 문자열을 갖습니다. 앞서 살펴본 __name__ == '__main__'을 기억할 겁니다.

### mcpi 라이브러리 확인하기

먼저 간단히 블록을 정의하는 모듈을 만들어봅니다. 이미 mcpi에는 block을 정의하는 내용이 있습니다. 하지만 그 목록이 너무 적습니다. idle을 실행하여 mcpi에 정의되어 있는 데이터를 확인합니다.

```
>>> import mcpi
>>> mcpi.block
<module 'mcpi.block' from 'C:\\Users\\gasbugs\\AppData\\Local\\Programs\\Python\\Python36-32\\lib\\site-packages\\mcpi\\block.py'>
>>> import mcpi.block as block
>>> block.WOOD_PLANKS
Block(5, 0)
```

[코드 9-1] mcpi에서 block 데이터 확인

mcpi를 먼저 임포트한 뒤 mcpi.block을 확인합니다. mcpi.block의 결과로 나온 데이터를 통해 경로가 나타납니다. 필자의 경우에는 python3.6버전을 설치하여 그 설치 경로에 있는 mcpi의 경로가 나타납니다.

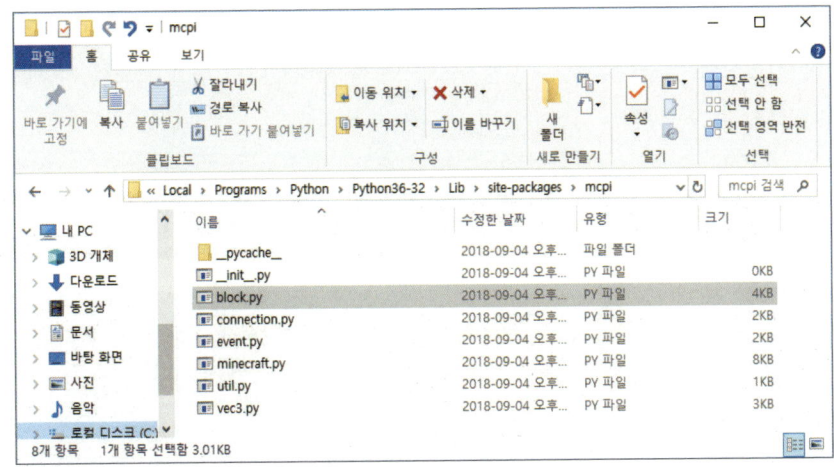

[그림 9-1] block.py 확인

탐색기를 사용하여 해당 경로를 찾아갈 수 있습니다. 지금껏 우리가 사용하던 mcpi의 파일들이 모여 있습니다. 이 코드를 누군가 작성하여 사용할 수 있도록 제공해준 모듈의 정체입니다. idle을 사용하여 block.py를 열면 모르는 코드가 나오긴 합니다만 조금만 아래로 내려가면 블록을 선언하는 코드가 보입니다. 하지만 십여 개에 불과하며 대부분의 아이디는 없습니다.

```
AIR                = Block(0)
STONE              = Block(1)
GRASS              = Block(2)
DIRT               = Block(3)
COBBLESTONE        = Block(4)
WOOD_PLANKS        = Block(5)
SAPLING            = Block(6)
BEDROCK            = Block(7)
WATER_FLOWING      = Block(8)
WATER              = WATER_FLOWING
WATER_STATIONARY   = Block(9)
LAVA_FLOWING       = Block(10)
LAVA               = LAVA_FLOWING
LAVA_STATIONARY    = Block(11)
SAND               = Block(12)
GRAVEL             = Block(13)
```

[그림 9-2] mcpi에 선언되어 있는 블록 ID들

마인크래프트 ID를 보관하고 있는 https://minecraft-ids.grahamedgecombe.com/ 사이트에 접근합니다. 나중에 이 사이트가 사라졌다면 샘플 코드를 사용하기 바랍니다.

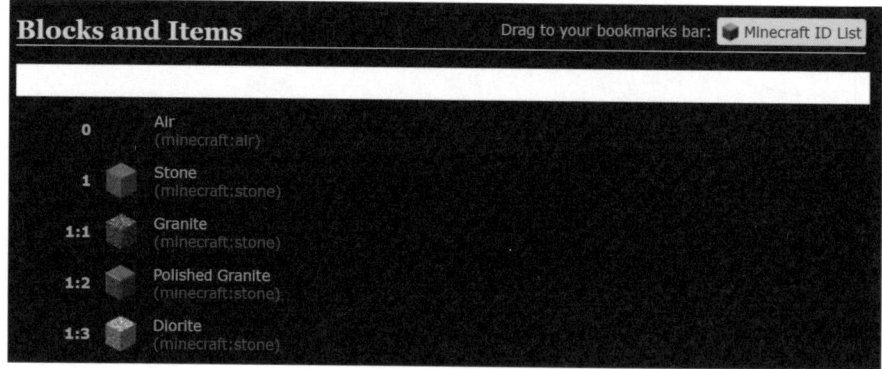

[그림 9-3] 마인크래프트 IDs

이 사이트에 있는 0부터 가장 아래 블록 ID까지 블록 지정하고 <Ctrl>+<C>를 사용해 복사합니다. 메모장을 새로 하나 열어 <Ctrl>+<V>로 붙여넣기합니다. mcpi에 있는 블록보다 훨씬 많은 양의 데이터를 포함합니다.

[그림 9-4] 복사하여 붙여 넣기한 데이터

이 파일을 block.txt로 바탕화면에 저장합니다. 이 파일을 파이썬을 가공하여 파이썬 파일을 만듭니다. 우리가 열심히 배운 파이썬이 빛을 발하는 순간입니다. 실제로 이런 데이터 가공 업무를 하는 사람들은 아주 많습니다. 간접적인 체험이라 생각하면 좋습니다.

이 파일의 라인이 아주 깁니다. 우리는 이 파일을 손으로 직접 바꾸기에는 무리가 있습니다. 이 파일을 고쳐서 python파일로 바꿔 봅니다. block.txt로 저장합니다.

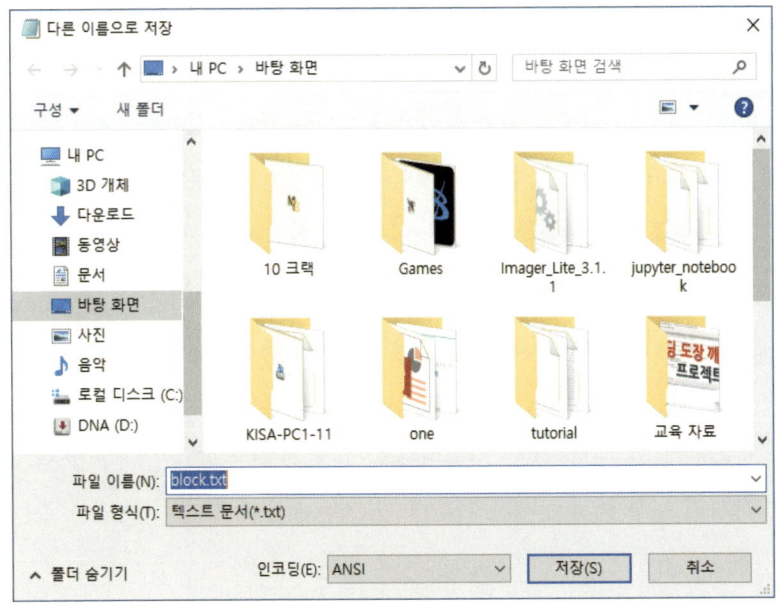

[그림 9-5] block.txt로 저장

## 파일 입출력

파일을 수정하기 앞서 기본적인 파일 입출력 방법에 대해서 익혀야 합니다. 간단한 파이썬 입출력 코드에 대해 알아봅니다. 다음 [코드 9-2]를 작성하여 실행합니다. IDLE을 켜서 에디트 모드를 사용합니다. 셀 모드를 사용하는 경우에 파일을 생성하면 파이썬 설치 경로에 파일이 생성됩니다. 때문에 경로를 찾기 어렵습니다.

```
f = open('test.txt', 'w')
f.write("안녕! 파이썬!")
f.close()
```

[코드 9-2] 파이썬 파일 저장하기

[코드 9-2]에서 가장 첫 번째 라인은 open 함수를 사용하여 파일을 여는 코드입니다. 함수에 전달되는 인자는 두 가지인데, 첫 인자는 파일 이름입니다. 경로를 'C:/test.txt'처럼 절대 경로로 지정하면 그 경로에 저장합니다. 여기서는 경로를 따로 지정하지 않아 py 파일을 저장한 위치에 생성합니다. 두 번째 인자로 'w'를 전달하는데 이는 write의 가장 앞자를 딴 것입니다. 파일을 열 때는 읽기용으로 열 것인지 쓰기용으로 열 것인지 선언해야 합니다. 여기서는 'w'를 사용해 쓰기용으로 열었습니다. open의 결과로 파일을 다룰 수 있는 객체를 f로 받습니다.

두 번째 라인은 첫 번째 라인에서 받은 f를 사용해 write 함수를 호출합니다. f는 다양한 함수를 포함하는데 write는 단순히 파일을 쓰는 기능이 있습니다. 세 번째 라인에서 f.close()를 사용하여 파일 사용이 끝나 파일을 닫는 모습입니다. 파일을 닫지 않으면 메모리 누수 등의 문제 등이 있으니 모두 사용한 후에는 꼭 닫아 주는 것이 좋습니다.

코드 작성 후에 바탕화면에 저장하고 코드를 실행합니다. 그 결과는 바탕화면의 test.txt를 통해 확인할 수 있습니다.

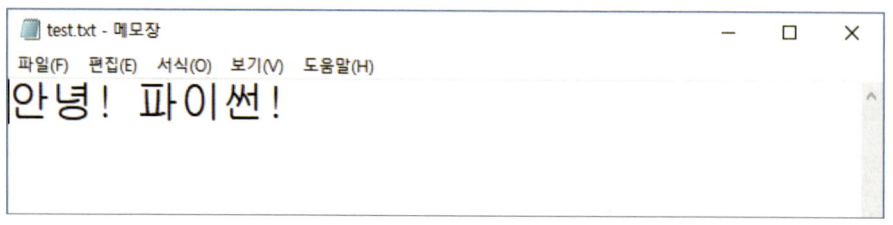

[그림 9-6] 파이썬 파일 저장하기 결과

파일을 읽는 방법도 굉장히 쉽게 가능합니다. 다음 [코드 9-3]을 작성합니다.

```
f = open('test.txt', 'r')
data = f.read()
print(data)
f.close()
```

[코드 9-3] 파이썬 파일 불러오기 코드

앞서 작성한 파일 쓰기 코드에서 코드가 일부 수정됐습니다. 'w' 대신에 'r'을 사용하여 읽기용(read)로 파일을 엽니다. 마찬가지로 f로 데이터를 받습니다. 이후에는 write 함수 대신에 read 함수를 사용해 파일의 데이터를 가져옵니다. 그 데이터를 data 변수에 저장하고 print를 사용해 data를 콘솔에 출력합니다. 코드를 작성하고 실행합니다.

안녕! 파이썬!

[코드 9-4] 파이썬 파일 불러오기 결과

## block.txt 가공하기

block.txt를 수정해봅니다. block.txt의 구조를 살펴보면 3줄 단위 구조로 이뤄져 있습니다. 이 구조를 파이썬 코드와 같은 구조로 바꿀 수 있도록 합니다. 첫 번째 라인은 변수로 선언하는 부분이 되고 두 번째 라인은 변수명이 됩니다. 세 번째 라인은 버립니다.

[표 9-1] block.txt 변경 전/후

| 변경 전 | 변경 후 |
| --- | --- |
| 0<br>Air<br>(minecraft:air) | Air = 0 |
| 19:1<br>Wet Sponge<br>(minecraft:sponge) | Wet_Sponge = 19,1 |

파일을 읽어 들여 다음과 같은 구조로 만들기 위해 일단 파일을 라인별로 읽어오는 코드를 작성합니다.

```
f = open('block.txt', 'r')

for line in f.readlines():
    print(line)

f.close()
```

[코드 9-5] 파이썬 파일을 라인별로 불러오기

[코드 9-5]에서 세 번째 라인을 살펴보면 readlines 함수를 사용합니다. 이 함수는 파일의 데이터를 줄 단위로 리스트로 반환합니다. line으로 받아서 각 줄을 처리할 수 있도록 합니다. 코드를 작성하고 실행합니다.

```
0

Air

(minecraft:air)

1

Stone

(minecraft:stone)
```

[코드 9-6] 파이썬 파일을 라인별로 불러오기 결과

파일 각 라인이 두 줄로 나오는데 이는 line 문자열 끝에 줄바꿈이 하나 있어서 그런 겁니다. 그리고 우리가 입력한 print에서 줄바꿈을 하나 더 입력하기 때문에 두 줄의 줄바꿈이 일어납니다. 이제 파일의 데이터를 처리하도록 합니다.

```
f = open('block.txt', 'r')

data = ''
tmp = ''
for line in f.readlines():
    if line.startswith('('):
        continue
    if line[0].isdigit():
        tmp = ' = '
        line = line.replace(':', ',')
        tmp += line.strip()
    if line[0].isalpha():
        line = line.replace(' ', '_')
        line = line.replace('-', '_')
        line = line.replace('(', '')
        line = line.replace(')', '')
        line = line.replace("'", '')
        data += line.strip() + tmp + '\n'
f.close()

f = open('block2.py', 'w')
f.write(data)
f.close()
```

[코드 9-7] block.txt 파일 처리

[코드 9-7]의 전체적인 흐름은 매우 단순합니다. 먼저 block.txt를 열어서 파일을 가공하고 block.py로 저장합니다. for문 안에 중요한 코드가 있습니다. if문을 사용해 3가지 방법으로 처리하는데 우리가 처리하는 데이터가 3줄로 이루어진 데이터이기 때문입니다.

```
if line.startswith('('):
    continue
```

우리가 처리하는 데이터의 세 번째 줄이 '('로 시작합니다. line의 시작이 '('로 시작하는 경우에는 아무런 처리를 하지 않도록 합니다.

```python
if line[0].isdigit():
    tmp = ' = '
    line = line.replace(':', ',')
    tmp += line.strip()
```

두 번째 if문은 isdigit를 사용해 문자열의 첫 번째 데이터가 숫자인지 확인합니다. 숫자인 경우에 이 데이터를 변수에 들어갈 값으로 처리합니다. replace를 사용하여 콜론(:)이 있는 경우에 쉼표(,)로 치환합니다. 그리고 ' = '과 함께 tmp에 임시로 저장합니다. 변수명이 두 번째 줄에 나오기 때문에 다음 줄의 변수명과 함께 처리하기 위해 임시로 저장합니다.

```python
if line[0].isalpha():
    line = line.replace(' ', '_')
    line = line.replace('-', '_')
    line = line.replace('(', '')
    line = line.replace(')', '')
    line = line.replace('"', '')
    data += line.strip() + tmp + '\n'
```

마지막 if문은 라인의 첫 번째 데이터가 알파벳인지 확인합니다. 알파벳인 경우에는 변수명으로 사용하기 위해 공백 문자열과 하이픈(-)은 언더바(_)로 치환하고 소괄호 ('(', ')'), 따옴표는 빈 문자열로 치환합니다. 변수명에 적합하지 않은 문자열이기 때문입니다. 그리고 앞서 선언한 tmp와 줄바꿈과 함께 data에 저장합니다.

지금까지 한 문자열 치환에는 어떤 규칙 같은 것은 없습니다. 다만 경험과 시행착오에서 나온 코드 작성이므로 여러 데이터를 다루다보면 자연스럽게 늘게 되는 부분입니다. 다양한 데이터를 꾸준히 분석하고 처리하는 것이 고수가 되는 방법입니다.

```python
f = open('block2.py', 'w')
f.write(data)
f.close()
```

마지막으로 처리한 데이터를 block2.py로 저장합니다. 모든 코드를 실행하고 저장합니다. 결과를 확인하기 위해 새로운 파이썬 코드를 작성합니다. 마찬가지로 바탕화면에 저장합니다.

```
import block2

print(block2.Air)
```

[코드 9-8] block2.py 확인

결과로 0이 나온다면 파일이 완전히 py 파일로 잘 바뀐 겁니다. 다음 [그림 9-7]처럼 idle에 block2.을 적습니다. 반드시 마침표(.)까지 적습니다. 그리고 탭을 누르면 우리가 선언한 데이터의 목록을 확인할 수 있습니다.

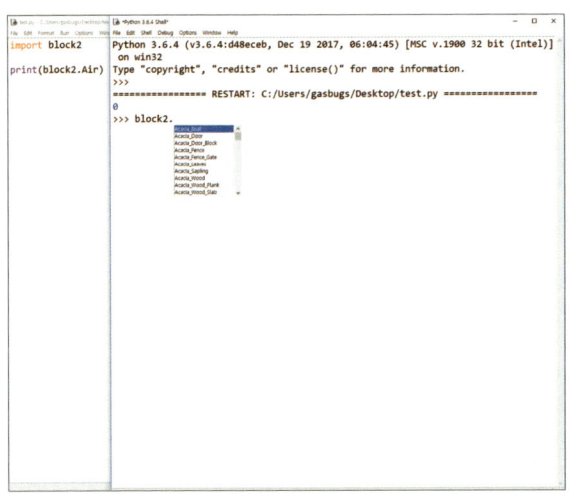

[그림 9-7] block2 결과

지금까지 간단하게 블록을 사용할 수 있는 block2라는 모듈을 만들었습니다. 변수만 선언해서 활용했지만 함수도 유사한 방법으로 사용할 수 있습니다. 이제 이 모듈을 항상 같은 폴더에 두고 사용하도록 합니다. 더 이상 블록을 하나하나 정의해서 사용할 필요가 없습니다.

## 9.2 건축 모듈 구조 만들기

건축에 필요한 모듈의 구조를 만들기 위해 딕셔너리를 먼저 학습합니다. 파이썬에서 지원하는 딕셔너리는 구조화된 데이터 구조를 만들고 다양한 데이터를 빠르게 인덱싱하는데 매우 훌륭한 데이터 타입입니다. 인터넷상에서 사용하는 JSON이라는 데이터 형과 매우 유사합니다.

### 딕셔너리 사용법 이해하기

딕셔너리(Dictionary)는 키(key)를 사용하여 값(value)을 인덱스합니다. 키는 문자열이나 숫자가 될 수는 있으나, 변하지 않아야 합니다. 가변할 수 있는 리스트, 튜플은 키로 사용할 수 없습니다. 이 데이터 형들은 append()와 extend() 같은 함수로 인해 수정될 수 있습니다. 딕셔너리의 키가 고유한 성질을 가져야 하는 정렬되지 않은 key:value 쌍입니다. '{'와 '}'를 활용하여 딕셔너리를 만들 수 있고, 그 안에서 콜론(:)을 사용하여 키와 값을 구분합니다.

다음 코드를 셀 모드에서 입력하여 딕셔너리 변수를 생성합니다.

```
>>> a = {0 : 'a', 1 : 'b', 2 : 'c', 3 : 'd'}
>>> a
{0: 'a', 1: 'b', 2: 'c', 3: 'd'}
>>> type(a)
<class 'dict'>
```

[코드 9-9] 딕셔너리 생성하기 1

딕셔너리를 선언하는 또 다른 방법은 dict 함수를 사용하는 겁니다. 빈 딕셔너리를 만들 수 있습니다.

```
>>> b = dict()
>>> b
```

```
{}
>>> type(b)
<class 'dict'>
```

[코드 9-10] 딕셔너리 생성하기 2

키를 사용하여 값을 저장하는 것이 딕셔너리의 주요 기능입니다. 딕셔너리는 키를 통해서 값을 불러옵니다. 없는 키로 값을 조회한다면 딕셔너리에서 키를 찾지 못해 에러를 발생시킵니다. 다음 [코드 9-11]을 통해 딕셔너리 조회 기능을 실행합니다.

```
>>> a[0]
'a'
>>> a[1]
'b'
>>> b[0]
Traceback (most recent call last):
  File "<pyshell#8>", line 1, in <module>
    b[0]
KeyError: 0
```

[코드 9-11] 딕셔너리 조회하기

또한 키와 값은 del을 사용하여 삭제가 가능합니다. 사용하지 않는 키를 사용하여 값을 추가로 저장하거나 이미 사용하고 있는 키를 사용하면 키의 값을 교체할 수 있습니다. 다음 [코드 9-12]를 따라서 키의 값을 추가하고 교체합니다.

```
>>> del a[0]
>>> del a[1]
>>> a
{2: 'c', 3: 'd'}
>>> a[0] = 'e'
>>> a
{0: 'e', 2: 'c', 3: 'd'}
>>> a[2] = 'f'
>>> a
{0: 'e', 2: 'f', 3: 'd'}
```

[코드 9-12] 딕셔너리 삭제 및 추가

09장 건축가 마을 짓기 프로젝트

딕셔너리는 키를 모르면 어떤 데이터도 조회할 수 없습니다. 딕셔너리의 keys 함수를 사용하면 키에 대한 정보를 얻을 수 있습니다. 반대로 values 함수를 사용하면 값들만 가져올 수 있습니다.

```
>>> a.keys()
dict_keys([0, 2, 3])
>>> b.keys()
dict_keys([])
>>> a.values()
dict_values(['e', 'f', 'd'])
```

[코드 9-13] 딕셔너리의 keys와 value

딕셔너리에는 함수를 저장하고 실행하는 것도 가능합니다. 다음 [코드 9-14]를 통해 sum, min, max를 각각 딕셔너리에 값으로 저장하고 불러서 사용합니다. sum은 배열의 모든 데이터의 합을 구하고 min은 최솟값을 찾아주며 max는 최댓값을 찾아줍니다. 먼저 각 함수를 사용하고 이어서 딕셔너리에 함수 정보를 저장하여 사용합니다.

```
>>> list1 = [1,2,3,4]
>>> sum(list1)
10
>>> min(list1)
1
>>> max(list1)
4
>>> c = {0: sum, 1: min, 2:max}
>>> c[0](list1)
10
>>> c[1](list1)
1
>>> c[2](list1)
4
```

[코드 9-14] 딕셔너리에서 함수 조회하여 사용

딕셔너리에 다양한 데이터를 저장하고 사용하는 방법에 대해 학습했습니다. 이 딕셔너리를 사용해 건축 모듈을 효과적으로 사용할 수 있도록 main 함수와 build 라이브러리를 코딩합니다.

## main.py 작성하기

가장 먼저 마을을 짓기 위해 도로를 만드는 코드를 간단히 제작해봅니다. 우리의 주요 메인 코드가 될 main 함수를 먼저 하나 정의합니다. 앞서 작성한 '건물 나와라 뚝딱' 코드를 가져와 수정합니다. 메인 함수는 매우 간단하게 제작합니다. 다음 [코드 9-15] 내용을 먼저 작성합니다.

```
from mcpi.minecraft import Minecraft
from build import *
import time

#name = input('마인크래프트 사용자 이름 입력: ')
name = 'gasbugs'
mc = Minecraft.create()
player_id = mc.getPlayerEntityId(name)

while(1):
    chatEvent = mc.events.pollChatPosts()

    if not chatEvent:
        continue

    ce = chatEvent[0]
    command = ce.message.split()

    if command[0] in magic_dict.keys():
        mc.events.pollBlockHits()
        mc.postToChat('select where you want')
        time.sleep(2)
        for hit in mc.events.pollBlockHits():
```

```
            if hit.entityId == ce.entityId:
                magic_dict[command[0]](mc, hit.entityId, hit.pos, command[1:])
```

[코드 9-15] main.py 작성

먼저 build 함수에서 모든 내용을 가져옵니다. *은 모든 변수와 함수를 가져온다는 의미입니다. 이 문법을 사용하면 라이브러리에 있는 변수와 함수 등을 사용할 때 'build'를 붙일 필요가 없습니다.

```
from build import *
```

이 코드 이후로는 이전에 작성했던 코드 내용과 같기 때문에 간단히 설명합니다. gasbugs라는 아이디를 조회해 while문을 통해 실시간으로 채팅 내용을 확인합니다.

magic_dict를 사용하는 부분부터 살펴봅니다. 다음 코드는 채팅 내용에서 각 메시지에서 command 배열로 만들어 배열의 첫 번째 문자가 magic_dict의 있는 키 안에 있는지 확인합니다.

```
    ce = chatEvent[0]
    command = ce.message.split()

    if command[0] in magic_dict.keys():
```

아직 magic_dict는 선언하지 않았습니다. magic_dict는 build.py에 선언할 예정입니다. magic_dict에는 딕셔너리 데이터로 선언하고 키에는 명령어, 값에는 그 명령에 따라 수행할 함수가 들어갑니다. 여기서는 사용자의 채팅이 magic_dict 키에 있는지 확인하여 채팅이 명령어인지 확인합니다.

명령어가 맞는 경우에 다음 내용을 실행합니다. 장소를 선택하게 하고 장소를 마우스 오른쪽 키로 선택하면 각 명령에 따라 magic_dict[command[0]]을 통해 실행합니다. 마찬가지로 이전에 학습했던 코드는 설명을 생략합니다.

```
        mc.events.pollBlockHits()
        mc.postToChat('select where you want')
        time.sleep(2)

        for hit in mc.events.pollBlockHits():
          if hit.entityId == ce.entityId:
            magic_dict[command[0]](mc, hit.entityId, hit.pos, command[1:])
```

명령어를 직접 넣는 경우에는 모든 분기를 나누어서 if문을 제작해야 했지만 딕셔너리 형을 사용하여 단 한줄로 모든 명령을 사용할 수 있게 됐습니다. 이후에 명령이 더 추가된다 하더라도 main 함수의 구조는 바뀔 필요가 없습니다.

## build.py 작성하기

계속해 build.py를 작성합니다. build에 들어가는 내용은 딕셔너리를 명령어와 함께 생성하고 각 기능을 수행하는 함수를 작성해야 합니다.

```
from block2 import *

def build_road(mc, player_id, pos, command):
    pass

def build_watchtop(mc, player_id, pos, command):
    pass

def build_building(mc, player_id, pos, command):
    pass

def build_manri(mc, player_id, pos, command):
    pass
```

```
magic_dict = {
    "도로건설" : build_road,
    "감시탑건설" : build_watchtop,
    "빌딩건설" : build_building,
    "만리장성건설" : build_manri
}
```

[코드 9-16] build.py 작성

내용이 빈 함수들은 앞으로 추가될 함수들입니다. 각 명령에 따라 실행될 함수들입니다. build_road는 길을 만드는 함수, build_watchtop은 감시탑을 만드는 함수, build_building은 빌딩을 만드는 함수, build_manri는 만리장성을 만드는 함수입니다. 지금은 pass를 넣어 함수 내용을 비워둡니다.

```
def build_road(mc, player_id, pos, command):
    pass

def build_watchtop(mc, player_id, pos, command):
    pass

def build_building(mc, player_id, pos, command):
    pass

def build_manri(mc, player_id, pos, command):
    pass
```

각 함수를 정의했으니 이후 추가되는 내용은 함수와 명령어를 연결할 수 있는 딕셔너리를 생성합니다. 앞서 설명했듯 딕셔너리의 키는 명령어, 값에는 함수 이름이 들어갑니다.

```
magic_dict = {
    "도로건설" : build_road,
    "감시탑건설" : build_watchtop,
```

```
    "빌딩건설" : build_building,
    "만리장성건설" : build_manri
}
```

앞으로 명령어를 하나 추가할 때 build.py에 함수를 하나 더 정의하고, magic_dict 에 목록만 추가하면 완료됩니다.

## 9.3 방향성 이해하기

실질적으로 건축에 들어가기 전에 우리는 방향성에 대해 이해할 필요가 있습니다. 방향성이 필요한 이유는 모두들 경험했을 법한 건물의 갇히는 문제 때문입니다. 우리는 정면을 보고 건물을 생성했는데 캐릭터가 보고 있는 방향쪽에 건물이 세워지지 않고 우리가 서 있는 자리에 건물이 세워지면 캐릭터가 블록에 끼어서 사망합니다. 이런 식으로 건축을 하게 되면 도로 생성 코드를 작성한다 하더라도 도로가 엉뚱한 방향에 생길 가능성이 높습니다.

이런 일을 방지하기 위해 캐릭터가 바라보고 있는 방향을 확인하고 그 방향이 x, y, z축에 어느 축에 해당하는지 확인합니다. 여기서는 간단하게 마우스 오른쪽 버튼을 눌렀을 때 캐릭터의 정방향으로 불이 피워오르는 간단한 코드를 제작해 볼겁니다. 아래 코드를 작성해 캐릭터가 바라보고 있는 방향을 구합니다.

```
>>> from mcpi.minecraft import Minecraft
>>> mc = Minecraft.create()
>>> mc.getPlayerEntityId('gasbugs')
>>> player_id = mc.getPlayerEntityId('gasbugs')
>>> mc.entity.getRotation(player_id)
-181.34973
```

[코드 9-17] 캐릭터가 바라보는 방향 구하기

getRotation을 통해 마지막에 나온 데이터가 방향을 가리킵니다. −360~0의 값을 가지며 −360을 넘어가면 다시 0부터 시작합니다. 이 값은 캐릭터가 바라보고 있는 방향에 따라 값이 달라집니다. 정면을 찾아봅니다. 0을 바라보도록 캐릭터를 조종하면서 마지막 라인인 mc.entity.getRotation(player_id)를 반복 호출합니다. 앞으로는 편의상 설명할 때 각도에서 −를 제외하고 설명하겠습니다.

```
>>> mc.entity.getRotation(player_id)
-181.34973
>>> mc.entity.getRotation(player_id)
-271.34973
>>> mc.entity.getRotation(player_id)
-1.6498108
```

[코드 9-18] 캐릭터가 바라보는 방향 다시 구하기

정확히 0일 필요는 없으며 0에 가까운 숫자면 됩니다. 0~5에서 355~360사이 정도면 적당합니다. 방금 구한 값인 1.6498108이면 충분합니다.

[그림 9-8] 0에 가까운 방향, 이쪽이 정면!

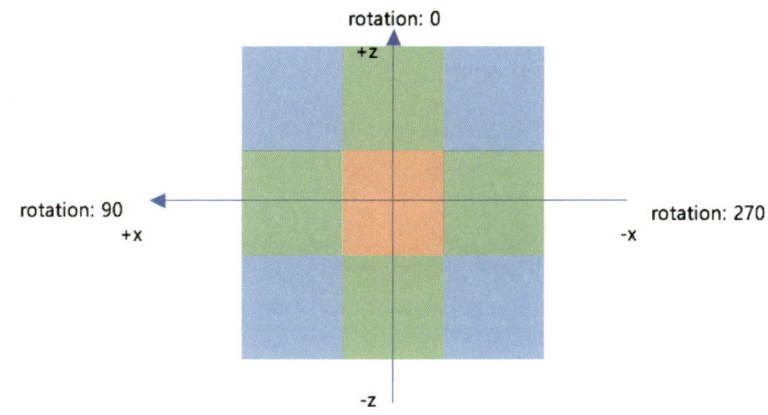

[그림 9-9] rotation과 좌표 블록 관계 확인

이제 플레이어가 바라보는 rotation에 맞는 블록 방향으로 불을 보낼 겁니다. 방향은 총 8개의 방향이기 때문에 360을 8로 균등하게 나누어서 그 방향에 가까운 쪽으로 불을 보내야 합니다. 360 나누기 8을 사용하면 45입니다. 0으로 보내는 방향은 337.5~22.5인 경우입니다. 이 범위의 가운데가 rotation은 0이고 범위는 45입니다. 다음 오른쪽 대각선 블록인 45도에 해당하는 방향은 22.5~67.5, 그 다음 90도 방향은 67.5~112.5로 계속 진행됩니다.

[표 9-2] 205 캐릭터가 바라보는 방향과 x, z 좌표 관계 확인

| 방향 | rotation | 범위 | x, z 좌표 |
|---|---|---|---|
| 정면 | 0 | 337.5~22.5 | +z |
| 정면 왼쪽 | 45 | 22.5~67.5 | +x, +z |
| 왼쪽 | 90 | 67.5~112.5 | +x |
| 왼쪽 후면 | 135 | 112.5~157.5 | +x, −z |
| 후면 | 180 | 157.5~202.5 | −z |
| 오른쪽 후면 | 225 | 202.5~247.5 | −x, −z |
| 오른쪽 | 270 | 247.5~292.5 | −x |
| 정면 오른쪽 | 315 | 292.5~337.5 | −x, +z |
| 정면 | 360 | 337.5~22.5 | +z |

캐릭터가 바라보는 방향과 x, z 좌표 간의 상관 관계를 잘 파악했으니 이를 코드로 옮겨 작성하도록 합니다. getRotationPos 함수를 사용해 캐릭터의 rotation에 따라 방향을 +, -, 0을 정의하는 1이나 -1, 0으로 바꿔 전달합니다. 이 반환되는 1과 -1, 0은 변경되는 값에 곱셈되어 사용되며 증감에 영향을 미치게 됩니다.

```python
def getRotationPos(mc, player_id):
    rotation = abs(mc.entity.getRotation(player_id))
    print(rotation)
    if 337.5 <= rotation or rotation < 22.5:
        return 0, 1
    elif 22.5 <= rotation and rotation < 67.5:
        return 1, 1
    elif 67.5 <= rotation and rotation < 112.5:
        return 1, 0
    elif 112.5 <= rotation and rotation < 157.5:
        return 1, -1
    elif 157.5 <= rotation and rotation < 202.5:
        return 0, -1
    elif 202.5 <= rotation and rotation < 247.5:
        return -1, -1
    elif 247.5 <= rotation and rotation < 292.5:
        return -1, 0
    elif 292.5 <= rotation and rotation < 337.5:
        return -1, +1
```

[코드 9-19] getRotationPos 함수

337.5부터 22.5까지 해당하는 경우에는 0과 1을 반환합니다.

```python
if 337.5 <= rotation or rotation < 22.5:
    return 0, 1
```

여기서 0은 x 변화량에 곱해질 수이고 1은 z 변화량에 곱해질 수입니다. 이 수를 곱하면 x 변화량은 변화가 없는 0이되고 z는 변화량에서 양의 숫자로 증가하도록 숫자가 유지됩니다. -1이 곱해진 경우는 변화량의 방향이 반대로 진행됩니다. 다른 케이스는 각자 해석해보시기 바랍니다.

getRotationPos를 통해 캐릭터의 방향으로 불을 피우는 함수인 fire를 작성합니다.

```
def fire(mc, pos):
    x, z = getRotationPos(mc)
    pos.y += 1
    for i in range(10):
        pos.x += x
        pos.z += z
        mc.setBlock(pos.x, pos.y, pos.z, block2.Fire)
        time.sleep(0.001)
```

[코드 9-20] 파이어 함수

getRotationPos(mc)의 결과로 바라보는 방향에 대한 좌표 방향을 가져오고 x, z 자체를 증감량으로 사용합니다. 여기서는 증감량이 1단위이기 때문에 굳이 1을 곱할 필요는 없습니다. for문을 보면 이렇게 받은 증감량을 pos의 x, z에 더해 좌표를 증가시키고 있습니다. setBlock을 통해 Fire를 설치합니다. 이 코드를 10회 반복합니다.

```
for i in range(10):
    pos.x += x
    pos.z += z
    mc.setBlock(pos.x, pos.y, pos.z, block2.Fire)
```

모든 코드를 살펴봤으니 모두 결합하여 [코드 9-21]을 작성합니다. 방향에 따라 불길을 생성하는 코드입니다.

```
from mcpi.minecraft import Minecraft
import block2
import time
```

```python
def getRotationPos(mc, player_id):
    rotation = abs(mc.entity.getRotation(player_id))
    print(rotation)
    if 337.5 <= rotation or rotation < 22.5:
        return 0, 1
    elif 22.5 <= rotation and rotation < 67.5:
        return 1, 1
    elif 67.5 <= rotation and rotation < 112.5:
        return 1, 0
    elif 112.5 <= rotation and rotation < 157.5:
        return 1, -1
    elif 157.5 <= rotation and rotation < 202.5:
        return 0, -1
    elif 202.5 <= rotation and rotation < 247.5:
        return -1, -1
    elif 247.5 <= rotation and rotation < 292.5:
        return -1, 0
    elif 292.5 <= rotation and rotation < 337.5:
        return -1, +1

def fire(mc, pos):
    x, z = getRotationPos(mc)
    pos.y += 1
    for i in range(10):
        pos.x += x
        pos.z += z
        mc.setBlock(pos.x, pos.y, pos.z, block2.Fire)
        time.sleep(0.001)

name = 'gasbugs'
mc = Minecraft.create()
player_id = mc.getPlayerEntityId(name)

while (1):
    chatEvent = mc.events.pollChatPosts()

    if not chatEvent:
        continue
```

```
ce = chatEvent[0]
command = ce.message.split()

if command[0] in '파이어':
    mc.events.pollBlockHits()
    mc.postToChat('select where you want')
    time.sleep(2)
    for hit in mc.events.pollBlockHits():
        if hit.entityId == ce.entityId:
            fire(mc, hit.pos)
```

[코드 9-21] 파이어 명령어 실행 코드

코드를 모두 작성하고 실행합니다. 지금까지 성실히 코드를 작성했다면 다 이해할 수 있는 코드입니다. '파이어'를 채팅으로 작성하고 검을 든 상태로 마우스 오른쪽 버튼을 원하는 좌표에 클릭하여 불을 피워냅니다. 결과는 다음 그림과 같이 일직선으로 피워 오르는 불이 보여야 합니다. 캐릭터가 바라보는 방향으로 일직선의 불이 생깁니다.

[그림 9-10] 파이어 코드 결과

## 9.4 도로 세우기

가장 먼저 마을을 짓기 위해 도로를 만드는 코드를 간단히 제작합니다. 다음 빈 함수에 코드를 추가만 하면 됩니다.

```
def build_road(mc, pos, command):
    pass
```

[코드 9-22] build.py에 비어있는 build_road 함수

캐릭터가 채팅창에 너비와 길이를 '도로건설'이라는 명령어와 함께 전달하면 바라보는 방향으로 해당하는 너비와 길이만큼의 돌 도로가 만들어지는 코드입니다. 길은 평면으로 만들어지며 사람이 들어갈 수 있도록 위 두 블록은 공기로 채웁니다. 함수의 모양은 '파이어' 함수와 유사합니다.

```
def build_road(mc, player_id, pos, command):
    x, z = getRotationPos(mc, player_id)

    try :
        print(command)
        width, length = int(command[0]), int(command[1])
    except:
        width, length = 2, 10

    for i in range(length):
        pos.x += x
        pos.z += z
        mc.setBlocks(pos.x - width//2, pos.y, pos.z - width//2,
                    pos.x + width//2, pos.y, pos.z + width//2, Stone)
        mc.setBlocks(pos.x - width//2, pos.y+1, pos.z - width//2,
                    pos.x + width//2, pos.y+2, pos.z + width//2, Air)
```

[코드 9-23] 210 도로 건설 함수

도로 건설 명령어는 command를 통해 추가적인 너비와 길이를 세팅할 수 있습니다. 원하는 대로 건설할 도로의 길이를 조절할 수 있습니다. 잘못된 값이 들어와 오류가 발생하는 경우에는 기본 값인 2와 10으로 대체됩니다.

```
try :
    print(command)
    width, length = int(command[0]), int(command[1])
except:
    width, length = 2, 10
```

길이만큼 for문을 반복합니다. for문을 반복할 때마다 getRotationPos의 결과를 가져온 만큼 x와 z의 결과를 사용하여 증가시킵니다. 이로 인해 대각선으로 가는 방향도 충분히 커버 가능합니다. 여기서 for문을 사용하여 하나씩 setBlocks를 하게 한 이유이기도 합니다. 만약 한 번의 setBlocks를 사용했다면 대각선은 길은 구현하기가 어렵습니다.

```
for i in range(length):
    pos.x += x
    pos.z += z
```

길의 너비를 늘리는 경우에는 기준으로부터 좌우 양쪽 방향 모두 늘려야 합니다. 한쪽으로 길이 기우는 것보다는 너비를 절반으로 나누어 골고루 분산하는 것이 길을 생성하는 모습으로 더 적당합니다. 다음 코드를 통해 길을 세팅합니다. 그리고 위쪽에 공기를 배치해 벽에 도로를 만들거나 장애물이 있을 경우 사람이 지나갈 수 있는 자리를 확보합니다.

```
mc.setBlocks(pos.x - width//2, pos.y, pos.z - width//2,
             pos.x + width//2, pos.y, pos.z + width//2, Stone)
mc.setBlocks(pos.x - width//2, pos.y+1, pos.z - width//2,
             pos.x + width//2, pos.y+2, pos.z + width//2, Air)
```

코드를 모두 작성하고 다양한 방향을 보면서 시험해봅니다. '도로건설'을 채팅창에 치고 검을 든 상태로 마우스 오른쪽 버튼을 누릅니다. '도로건설 5 100'과 같은 다양한 숫자를 뒤에 붙여서 실행하면 너비 5와 길이 100의 도로가 생성됩니다.

[그림 9-11] 캐릭터가 바라보는 방향에 따라 길이 놓아진 모양

## 9.5 감시탑 세우기

캐릭터가 보는 시선에 따라 간단한 건물을 하나 만들어봅시다. 여기서는 감시탑을 만듭니다. 바로 코드를 작성합니다. build.py에 있는 빈 함수인 build_watch에 작성합니다. [코드 9-24]를 참고합니다.

```python
def build_watchtop(mc, player_id, pos, command):
    x, z = getRotationPos(mc, player_id)
    if 0 not in [x, z]:
        mc.postToChat("Failed")
        return False
```

```
try :
    print(command)
    width, length = int(command[0]), int(command[1])
except:
    width, length = 4, 5

if x is 0:
    width_x = [width // 2, width // 2]
    air_x = 1
else :
    width_x = [0, width * x]
    if x > 0:
        air_x = 1
    else:
        air_x = -1

if z is 0:
    width_z = [width // 2, width // 2]
    air_z = 1
else :
    width_z = [0, width * z]
    if z > 0:
        air_z = 1
    else:
        air_z = -1

print(x, z)
print(width_x)

mc.setBlocks(pos.x - width_x[0], pos.y, pos.z - width_z[0],
             pos.x + width_x[1], pos.y + length, pos.z + width_z[1],
             Stone)
mc.setBlocks(pos.x - width_x[0] + air_x, pos.y,
             pos.z - width_z[0] + air_z,
             pos.x + width_x[1] - air_x, pos.y + length - 2,
             pos.z + width_z[1] - air_z,
             Air)
mc.setBlocks(pos.x - width_x[0] + air_x, pos.y + length,
             pos.z - width_z[0] + air_z,
             pos.x + width_x[1] - air_x, pos.y + length,
```

```
                pos.z + width_z[1] - air_z,
                Air)

    mc.setBlock(pos.x - width_x[0], pos.y + length + 1,
                pos.z - width_z[0], Stone)
    mc.setBlock(pos.x + width_x[1], pos.y + length + 1,
                pos.z + width_z[1], Stone)
    mc.setBlock(pos.x + width_x[1], pos.y + length + 1,
                pos.z - width_z[0], Stone)
    mc.setBlock(pos.x - width_x[0], pos.y + length + 1,
                pos.z + width_z[1], Stone)
    mc.setBlocks(pos.x, pos.y + 1, pos.z, pos.x, pos.y + 2,
                pos.z, Air)
```

[코드 9-24] block2.py 확인

감시탑의 구조는 매우 간단하게 만드는데 도로와 같이 사선으로 만들어지는 케이스는 피하도록 합니다. x나 z 방향이 한쪽은 0이 나오는 경우는 정방향으로 간주하고 그렇지 않은 경우는 대각선 방향이기 때문에 감시탑 건설을 거부하도록 코딩합니다.

```
x, z = getRotationPos(mc, player_id)
    if 0 not in [x, z]:
        mc.postToChat("Failed")
        return False
```

앞서 본 도로 건설 코드처럼 감시탑의 높이와 너비를 사용자가 원하는 대로 세팅하도록 합니다. 잘못된 값이 들어온 경우 너비는 4, 높이는 5의 감시탑을 생성합니다.

```
    try :
        print(command)
        width, length = int(command[0]), int(command[1])
    except:
        width, length = 4, 5
```

다음 코드는 바라보는 방향에 따라 너비와 높이를 각각 세팅합니다. getRotationPos

의 결과가 z 방향으로 세팅된 경우 x는 좌우로 확장되고 캐릭터가 바라보는 방향으로 z 방향으로 감시탑의 설치 장소가 결정됩니다. getRotationPos의 결과가 x인 방향인 경우 반대로 z는 좌우로 확장되고 z방향으로 감시탑 설치 장소가 결정됩니다. 중간에 선언되어 있는 air_로 시작하는 변수는 안에 공간을 만들기 위한 코드입니다.

```
if x is 0:
    width_x = [width // 2, width // 2]
    air_x = 1
else :
    width_x = [0, width * x]
    if x > 0:
        air_x = 1
    else:
        air_x = -1

if z is 0:
    width_z = [width // 2, width // 2]
    air_z = 1
else :
    width_z = [0, width * z]
    if z > 0:
        air_z = 1
    else:
        air_z = -1
```

구체적인 장소와 방향에 관련된 변수가 모두 세팅되면 직접 정해진 장소에 블록을 설치합니다.

```
mc.setBlocks(pos.x - width_x[0], pos.y, pos.z - width_z[0],
             pos.x + width_x[1], pos.y + length, pos.z + width_z[1],
             Stone)
mc.setBlocks(pos.x - width_x[0] + air_x, pos.y,
             pos.z - width_z[0] + air_z,
             pos.x + width_x[1] - air_x, pos.y + length - 2,
             pos.z + width_z[1] - air_z,
```

```
            Air)
mc.setBlocks(pos.x - width_x[0] + air_x, pos.y + length,
             pos.z - width_z[0] + air_z,
             pos.x + width_x[1] - air_x, pos.y + length,
             pos.z + width_z[1] - air_z,
             Air)
```

다음은 탑의 옥상에 돌로 모서리를 장식하고 입구를 만드는 코드입니다.

```
mc.setBlock(pos.x - width_x[0], pos.y + length + 1,
            pos.z - width_z[0], Stone)
mc.setBlock(pos.x + width_x[1], pos.y + length + 1,
            pos.z + width_z[1], Stone)
mc.setBlock(pos.x + width_x[1], pos.y + length + 1,
            pos.z - width_z[0], Stone)
mc.setBlock(pos.x - width_x[0], pos.y + length + 1,
            pos.z + width_z[1], Stone)
mc.setBlocks(pos.x, pos.y + 1, pos.z, pos.x, pos.y + 2,
             pos.z, Air)
```

그럼 코드를 모두 작성하고 여러 방향으로 설치하면서 시험합니다. '감시탑건설' 명령어를 활용해 높은 탑과 넓은 탑 모두 시험해보기 바랍니다.

[그림 9-12] 감시탑 건설

## 9.6 무한 빌딩 만들기

이번에 만드는 건물은 매우 복잡한 건물입니다. 구글에서 '마인크래프트 건물'이라고만 검색해도 아주 많은 건물들이 나옵니다. 마인크래프트 건축 유저들은 손으로 한 땀한땀 장인의 정성을 다하여 아주 디테일하게 제작하기 때문에 매우 섬세합니다.

[그림 9-13] 구글에서 '마인크래프트 건물' 검색 화면

우리는 다음 [그림 9-14]부터 [그림 9-18]까지와 같은 건물을 만듭니다. 기존에 만들던 건물들 보다 구조가 훨씬 복잡합니다. 이 건물에 방향성까지 부여하려면 코드가 너무 복잡해지니 방향성은 고려하지 않고 만들어 봅니다.

**[그림 9-14]** 완성된 모습의 4층 건물

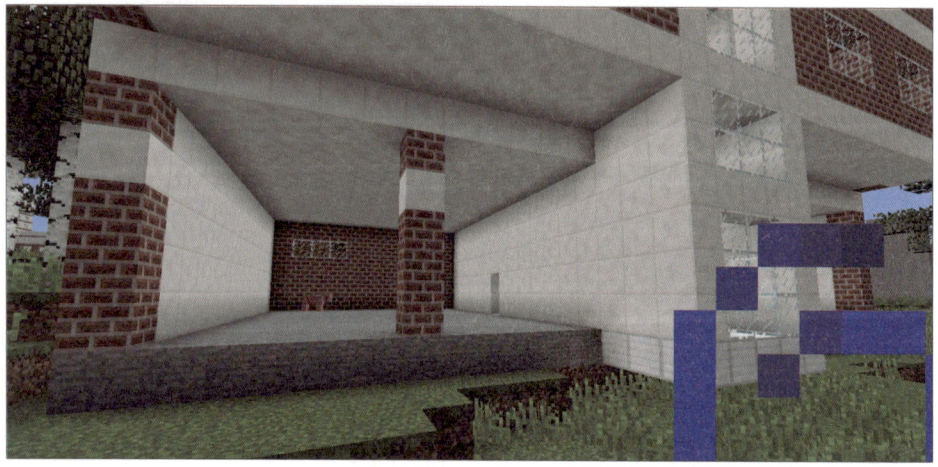

**[그림 9-15]** 1층 주차장

[그림 9-16] 건물 옥상

[그림 9-17] 건물을 오르내릴 수 있는 계단

[그림 9-18] 건물 내부 구조

건축에 대한 아이디어는 아주 간단합니다. 하나하나 세세하게 정의하는 겁니다. 마치 사람이 손수 만드는 모습처럼 만들면 정교하게 작업이 가능합니다. 작성 순서는 다음과 같습니다. 코드가 복잡해 보이지만 좌표를 하나하나 따라서 진행하기 때문에 시간이 오래 걸릴뿐 어려운 점은 없습니다.

- ① 공간 초기화
- ② 1층 바닥 생성
- ③ 1층 벽 만들기
- ④ 입구 만들기
- ⑤ 생략 ....

작성방법이 매우 복잡하기 때문에 완성된 [코드 9-25]에서 주석을 처리한 부분을 확인하시기 바랍니다.

```
def build_building(mc, player_id, pos, command):
    x = pos.x
    y = pos.y
    z = pos.z
```

```python
# 공간 초기화
mc.setBlocks(x - 1, y - 1, z - 1,
             x + 17 + 1, y + 100, z + 28 + 1, Air)

## 1층 만들기
# 1층 바닥만들기
mc.setBlocks(x, y - 1, z, x + 14, y - 1, z + 28, Stone)
mc.setBlocks(x, y - 1, z + 12, x + 17, y - 1, z + 16, Iron_Block)

# 1층 벽만들기
# 측면
mc.setBlocks(x, y, z, x + 13, y + 5, z, Quartz_Block)
mc.setBlocks(x, y, z + 12, x + 17, y + 5, z + 12, Quartz_Block)
mc.setBlocks(x, y, z + 16, x + 17, y + 5, z + 16, Quartz_Block)
mc.setBlocks(x, y, z + 28, x + 13, y + 5, z + 28, Quartz_Block)

# 앞면
mc.setBlocks(x + 14, y, z, x + 14, y + 5, z + 11, Bricks)
mc.setBlocks(x + 14, y + 3, z, x + 14, y + 3, z + 11, Quartz_Block)
mc.setBlocks(x + 14, y, z + 1, x + 14, y + 4, z + 5, Air)
mc.setBlocks(x + 14, y, z + 7, x + 14, y + 4, z + 11, Air)
mc.setBlocks(x + 14, y, z + 17, x + 14, y + 5, z + 28, Bricks)
mc.setBlocks(x + 14, y + 3, z + 17, x + 14, y + 3, z + 28,
             Quartz_Block)
mc.setBlocks(x + 14, y, z + 17, x + 14, y + 4, z + 21, Air)
mc.setBlocks(x + 14, y, z + 23, x + 14, y + 4, z + 27, Air)

# 뒷면
mc.setBlocks(x, y, z + 1, x, y + 5, z + 28, Bricks)

# 뒷면 유리창
mc.setBlocks(x, y + 3, z + 2, x, y + 3, z + 4, Glass)
mc.setBlocks(x, y + 3, z + 24, x, y + 3, z + 26, Glass)
mc.setBlocks(x, y + 3, z + 13, x, y + 3, z + 15, Glass)

# 입구 만들기
mc.setBlocks(x + 17, y, z + 13, x + 17, y + 5, z + 15, Glass)
mc.setBlocks(x + 17, y + 3, z + 13, x + 17, y + 3, z + 15,
             Quartz_Block)
mc.setBlock(x + 17, y, z + 14, Iron_Door_Block, 2)
```

```
mc.setBlock(x + 17, y + 1, z + 14, Iron_Door_Block, 8 + 2)

# 천장 만들기
mc.setBlocks(x, y + 5, z, x + 14, y + 5, z + 28, Quartz_Block)

# 문 만들기
mc.setBlock(x + 7, y, z + 12, Iron_Door_Block, 1)
mc.setBlock(x + 7, y + 1, z + 12, Iron_Door_Block, 8+1)
mc.setBlock(x + 7, y, z + 16, Iron_Door_Block, 1)
mc.setBlock(x + 7, y + 1, z + 16, Iron_Door_Block, 8+1)

h = 0

# 복층 만들기
for i in range(3):    # 세 층을 얹음
    time.sleep(1)

    # 바닥 만들기
    h = 5 * i
    mc.setBlocks(x, y + h + 6, z, x + 17, y + h + 6, z + 28,
                 Quartz_Block)
    mc.setBlocks(x, y + h + 6, z, x + 15, y + h + 6, z, Bricks)
    mc.setBlocks(x, y + h + 6, z + 28, x + 15, y + h + 6, z + 28,
                 Bricks)
    mc.setBlocks(x + 1, y + h + 6, z + 1, x + 13, y + h + 6, z + 11,
                 Oak_Wood_Plank)
    mc.setBlocks(x + 1, y + h + 6, z + 18, x + 13, y + h + 6, z + 27,
                 Oak_Wood_Plank)

    # 옆면 만들기
    mc.setBlocks(x, y + h + 7, z, x + 14, y + h + 10, z, Quartz_Block)
    mc.setBlocks(x + 15, y + h + 7, z, x + 17, y + h + 10, z, Bricks)

    mc.setBlocks(x + 1, y + h + 7, z + 11, x + 17, y + h + 10, z + 11,
                 Quartz_Block)

    mc.setBlocks(x + 1, y + h + 7, z + 17, x + 17, y + h + 10, z + 17,
                 Quartz_Block)

    mc.setBlocks(x, y + h + 7, z + 28, x + 14, y + h + 10, z + 28,
```

```
                    Quartz_Block)
mc.setBlocks(x + 15, y + h + 7, z + 28, x + 17, y + h + 10, z + 28,
                    Bricks)

# 앞면 만들기
mc.setBlocks(x + 17, y + h + 7, z, x + 17, y + h + 10, z + 28,
                    Bricks)
mc.setBlocks(x + 17, y + h + 7, z + 12, x + 17, y + h + 10, z + 16,
                    Quartz_Block)

# 뒷면 만들기
mc.setBlocks(x, y + h + 6, z + 1, x, y + h + 10, z + 27, Bricks)

# 앞면 유리창
mc.setBlocks(x + 17, y + h + 8, z + 2, x + 17, y + h + 9, z + 4,
                    Glass)
mc.setBlocks(x + 17, y + h + 8, z + 7, x + 17, y + h + 9, z + 9,
                    Glass)
mc.setBlocks(x + 17, y + h + 7, z + 13, x + 17, y + h + 10, z + 15,
                    Glass)
mc.setBlocks(x + 17, y + h + 8, z + 19, x + 17, y + h + 9, z + 21,
                    Glass)
mc.setBlocks(x + 17, y + h + 8, z + 24, x + 17, y + h + 9, z + 26,
                    Glass)

# 뒷면 유리창
mc.setBlocks(x, y + h + 8, z + 2, x, y + h + 9, z + 4, Glass)
mc.setBlocks(x, y + h + 8, z + 24, x, y + h + 9, z + 26, Glass)
mc.setBlocks(x, y + h + 8, z + 13, x, y + h + 9, z + 15, Glass)

# 옆면 유리창
mc.setBlocks(x + 3, y + h + 8, z, x + 5, y + h + 9, z, Glass)
mc.setBlocks(x + 9, y + h + 8, z, x + 11, y + h + 9, z, Glass)

mc.setBlocks(x + 3, y + h + 8, z + 28, x + 5, y + h + 9, z + 28,
                    Glass)
mc.setBlocks(x + 9, y + h + 8, z + 28, x + 11, y + h + 9, z + 28,
                    Glass)

# 문 만들기
```

```
            mc.setBlock(x + 7, y + h + 7, z + 11, Iron_Door_Block, 1)
            mc.setBlock(x + 7, y + h + 8, z + 11, Iron_Door_Block, 8 + 1)
            mc.setBlock(x + 7, y + h + 7, z + 17, Iron_Door_Block, 1)
            mc.setBlock(x + 7, y + h + 8, z + 17, Iron_Door_Block, 8 + 1)

    ## 지붕 설치
    # 지붕 바닥
    h += 5
    mc.setBlocks(x, y + h + 6, z, x + 17, y + h + 6, z + 28, Quartz_
    Block)
    mc.setBlocks(x, y + h + 6, z, x + 15, y + h + 6, z, Bricks)
    mc.setBlocks(x, y + h + 6, z + 28, x + 15, y + h + 6, z + 28, Bricks)
    mc.setBlocks(x + 1, y + h + 6, z + 1, x + 13, y + h + 6, z + 11,
            Oak_Wood_Plank)
    mc.setBlocks(x + 1, y + h + 6, z + 18, x + 13, y + h + 6, z + 27,
            Oak_Wood_Plank)

    mc.setBlocks(x, y + h + 7, z, x + 17, y + h + 8, z + 28, Quartz_
    Block)
    mc.setBlocks(x + 1, y + h + 8, z + 1, x + 16, y + h + 8, z + 27, Air)

    # 계단 설치
    HighstH = mc.getHeight(x, z)
    for i in range(HighstH):
        if (mc.getBlock(x + 2, i + 1, z + 14) == 0):
            pass
        else:
            mc.setBlocks(x + 2, i + 1, z + 14, x + 6, i + 1, z + 14, Air)
            for ii in range(10):
                if mc.getBlock(x + 2 + ii, i + 1 - ii, z + 14) != Air:
                    break
                else:
                    mc.setBlock(x + 2 + ii, i + 1 - ii, z + 14,
                            Oak_Wood_Stairs, 1)
```

[코드 9-25] 빌딩 함수

여기서 눈여겨 볼만한 코드는 계단 코드입니다. 계단 설치 코드는 위에서부터 아래로 내려가면서 작성되고 건물의 가장 높은 위치를 확인하고 아래로 내려오면서 공기인 경우에 Oak_Wood_Stairs를 설치하고 Air가 아닌 경우는 다시 처음부터 시작합니다. 작성한 코드를 실행합니다.

중간중간 time.sleep 함수를 사용하는 이유는 너무 많은 요청으로 서버가 부하를 받지 않도록 중간에 쉴 수 있는 틈을 두고 있습니다.

[코드 9-19] 빌딩 건설!

물론 [코드 9-25]를 모두 이해하는 것은 시간도 오래 걸리고 어렵습니다. 하지만 사람들이 유튜브나 블로그에서 작성하는 내용을 그대로 옮겨서 코드로 작성하면 그 뒤로는 몇 층이든 몇 번이든 재활용 가능하다는 장점이 있습니다.

중간중간 설치된 문은 문 앞에 압력판을 설치하거나 문 옆에 버튼을 설치하면 열고 닫을 수 있습니다.

[그림 9-20] 문 앞에 압력판

[그림 9-21] 문 옆에 버튼

코드를 작성하다가 중간에 층을 정의하는 부분을 확인했을 겁니다. 건물의 1층과 옥상만 구조가 다르고 중간에 들어가는 층은 완전히 동일합니다. 3은 같은 모양의 층을 세번 중복해서 올리도록 반복하는 반복문입니다.

```
# 복층 만들기
    for i in range(3):   # 세 층을 얹음
```

이 수를 20으로 바꾸면 20층짜리 건물이 됩니다. 코드를 다음과 같이 수정하고

main.py를 다시 실행합니다.

```
# 복층 만들기
    for i in range(20):   # 이십 층을 얹음
```

[그림 9-22] 20층 아파트

이 [코드 9-25]를 한 번 더 심화하여 아파트 단지를 만들어 봅니다. 한 번 작성된 코드의 재활용이 어떤 이득을 가져다주는지 확인할 수 있는 좋은 기회입니다. build.py에 build_buildings 함수를 추가하고 아파트 단지 건설 명령어를 추가합니다.

```
def build_buildings(mc, player_id, pos, command):
    for i in range(5):
        pos.x += 35 * i
        for j in range(5):
            pos.z += 50 * j
            build_building(mc, player_id, pos, command)
            pos.z -= 50 * j
        pos.x -= 35 * i
```

```
magic_dict = {
    "도로건설" : build_road,
    "감시탑건설" : build_watchtop,
    "빌딩건설" : build_building,
    "아파트단지건설" : build_buildings,
    "만리장성건설" : build_manri
}
```

[코드 9-26] build_buildings 코드 추가

아파트의 길이를 랜덤하게 생성하기 위해 높이를 조절하는 코드에 랜덤으로 정수를 생성하여 대입하도록 rand_num 변수를 만들고 사용합니다.

```
# 복층 만들기
rand_num = random.randint(3,20)
for i in range(rand_num):    # 세 층을 얹음
```

[코드 9-27] build_buildings 코드 추가

코드를 모두 추가하고 main.py를 실행합니다. 코드는 5×5, 총 25채의 빌딩을 건설하기 때문에 시간이 아주 많이 소요됩니다. 물론 손으로 하는 작업보다는 수백 배 이상 빠릅니다. '아파트건설단지'라고 외쳐서 아파트 단지를 건설합니다.

[그림 9-23] 다양한 층수를 가진 아파트 단지가 생성

대표적인 유튜버나 블로그를 찾으면 훨씬 더 많은 디자인들을 찾아 낼 수 있습니다. 여기 네이버 블로거 '그린 승보'님의 블로그를 소개합니다. 이 외에도 다양한 건물을 확인할 수 있으며 저도 여기서 많은 힌트를 얻고는 합니다. 다양한 디자인에 도전해 보시기 바랍니다!

▶ 그린 승보 블로그 주소 : https://blog.naver.com/seungbo2000

[그림 9-24] 그린 승보 블로그

##  만리장성 쌓기

이번엔 만리장성을 만들어 봅니다. 이 코드는 현재 월드 맵에 존재하는 블록의 모양에 따라 성을 세웁니다. 즉 기존 맵의 데이터를 읽어서 확인하고 맵의 모양에 따라 성을 지어갑니다. 코드는 간단하지만 데이터를 수집하는데 시간이 많이 걸립니다. 하지만 역시 손으로 직접 건설하는 것보단 훨씬 빠르게 건설됩니다. 먼저 [코드 9-28]을 작성하고 실행합니다.

```python
def highestLand(x, z, mc):
    treelist = [0, 17, 18]   # air, tree, mushroom
    h = mc.getHeight(x, z)
    while (True):
        data = mc.getBlock(x, h - 1, z)
        if data not in treelist:
            print(data)
            return h
        h -= 1

def build_manri(mc, player_id, pos, command):
    x = pos.x
    y = pos.y
    z = pos.z

    length = 100
    mc.postToChat("Start 2 sec later")
    time.sleep(2)

    # 땅에 대한 x 정보를 가져옴
    landListHigh = []
    landListLow = []

    mc.postToChat("Start gathering information of lands")

    for i in range(length):
        # z 좌표 +0~+5에 대해 검사하여 최대의 값을 저장
        zHeight = []

        for j in range(5):
            zHeight.append(highestLand(x + i, z + j, mc))

        h = max(zHeight)
        l = min(zHeight)
        landListHigh.append(h)
        landListLow.append(l)
        print("%d번째 높이 : %d, %d" % (i, h, l))

    mc.postToChat("Start Building Wall")
```

```python
# 지금까지 구한 땅에 대한 정보를 바탕으로 흙 세팅
for i in range(length):
        mc.setBlocks(x + i, landListLow[i], z,
                     x + i, landListHigh[i] + 6, z + 4, Stone)
        mc.setBlocks(x + i, landListHigh[i] + 6, z + 1,
                     x + i, landListHigh[i] + 6, z + 3, Air)
        time.sleep(0.2)
```

[코드 9-28] 만리장성 코드 확인

highestLand 코드는 이미 맵에 존재하는 블록을 확인합니다. 머쉬룸이나 나무는 맵의 지형이라 볼 수 없기 때문에 그에 대한 블록들은 제외합니다.

```python
def highestLand(x, z, mc):
    treelist = [0, 17, 18]  # air, tree, mushroom
    h = mc.getHeight(x, z)
    while (True):
        data = mc.getBlock(x, h - 1, z)
        if data not in treelist:
            print(data)
            return h
        h -= 1
```

하나씩 블록의 내용을 확인하면서 블록들의 높이에 대한 정보를 가져옵니다. 앞서 선언된 highestLand 함수가 여기서 활용 됩니다.

```python
for i in range(length):
        # z 좌표 +0~+5에 대해 검사하여 최대의 값을 저장
        zHeight = []
        
        for j in range(5):
            zHeight.append(highestLand(x + i, z + j, mc))
        
        h = max(zHeight)
        l = min(zHeight)
        landListHigh.append(h)
```

```
            landListLow.append(l)
            print("%d번째 높이 : %d, %d" % (i, h, l))
```

정보 수집이 완료되면 앞서 저장한 landListHigh와 landListLow를 기반으로 벽을 세우기 시작합니다. 마찬가지로 서버에 부하가 가능한 없도록 time.sleep으로 실행 시간을 조절합니다.

```
    # 지금까지 구한 땅에 대한 정보를 바탕으로 흙 세팅
    for i in range(length):
        mc.setBlocks(x + i, landListLow[i], z,
                     x + i, landListHigh[i] + 6, z + 4, Stone)
        mc.setBlocks(x + i, landListHigh[i] + 6, z + 1,
                     x + i, landListHigh[i] + 6, z + 3, Air)
        time.sleep(0.2)
```

코드를 작성한 후 '만리장성건설'을 외칩니다. 기존 맵의 정보를 수집하여 가공하기 때문에 비교적 시간이 오래 걸립니다. 완성된 만리장성을 확인합니다.

[그림 9-25] 건설된 만리장성

지금껏 건축가 마을 짓기 프로젝트를 진행했습니다. 물론 온전한 마을을 건설하는 데에는 훨씬 부족한 리소스지만 많은 사람들이 계속 진행하면서 다양한 건물 함수를 추가하는 커뮤니티가 활성화되면 더 멋진 건축물을 더 빠르게 제작 가능할 겁니다. 이 장에서 완성하는 build.py 코드는 이 책에 첨부하면 너무 길기 때문에 첨부하지 않습니다. 샘플 코드를 다운로드 받아서 확인해보시기 바랍니다.

앞으로도 mcpi를 통해 많은 사람들이 재미있게 마인크래프트를 즐기고 파이썬을 사랑할 수 있는 계기가 되기 바랍니다.

# CHAPTER 10

# 마인크래프트 AI 프로젝트 말모

윈도우를 개발한 세계 최대의 IT 회사인 마이크로소프트는 마인크래프트를 활용해 인공지능(AI) 알고리즘을 테스트하는 소프트웨어 프로젝트 AIX를 오픈소스로 풀었습니다.

여기서는 프로젝트 말모를 설치하는 방법과 사용하는 방법에 대해 알아보도록 합니다. 프로젝트 말모 깃헙 사이트(https://github.com/Microsoft/malmo)에 접근하면 다양한 정보와 튜토리얼 등을 접할 수 있습니다.

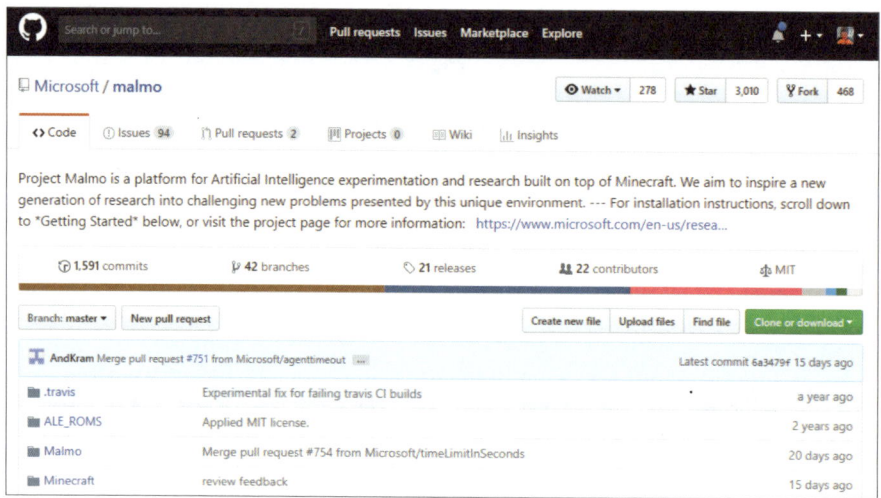

[그림 10-1] 프로젝트 말모 깃헙 사이트(https://github.com/Microsoft/malmo)

## 10.1 프로젝트 말모 시작하기

pip3 install malmo 명령어를 사용하여 말모(Malmo)를 파이썬 패키지로 설치할 수 있습니다. 윈도우 시작 키를 누르고 '츰'라고 입력하여 명령 프롬프트 프로그램을 찾습니다. 마우스 오른쪽 버튼을 눌러 관리자 권한으로 실행을 클릭합니다.

[그림 10-2] 명령 프롬프트 실행

python -m pip install malmo를 실행해 프로젝트 말모를 설치합니다. pip install malmo라고 타이핑해도 동작합니다. 튜토리얼에 다룰 old_div과 future 모듈을 설치하기 위해 추가로 future 모듈을 설치합니다.

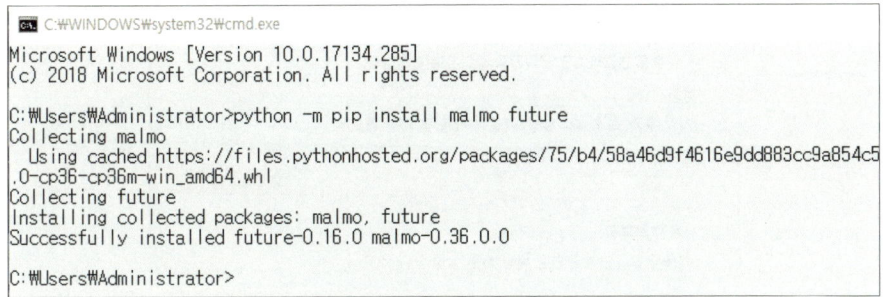

[그림 10-3] python -m pip install malmo 명령어 실행하여 말모 설치

말모 프로젝트는 마인크래프트가 그렇듯이 자바를 기반으로 동작합니다. 마인크래프트가 설치되었을 때 JAVA_HOME 경로가 마인크래프트 경로로 된 경우가 있습니다. 말모를 설치하는 과정에서 오류를 유발하기 때문에 이 경로를 다시 한 번 체크하고 가는 것이 좋습니다. 이 책의 초반에 있는 설치 과정을 제대로 진행했다면 JDK는 이미 설치되어 있습니다.

윈도우 시작 키를 누르고 '환경 변수'라고 입력합니다. [시스템 환경 변수 편집]이란 결과가 나타나면 이 결과를 클릭합니다.

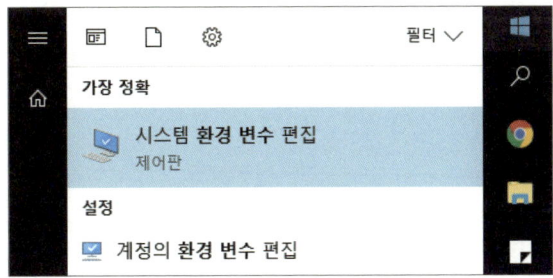

[그림 10-4] [시스템 환경 변수 편집] 클릭

[시스템 환경 변수 편집]을 클릭하면 [그림 10-5]와 같이 시스템 속성 창이 나타납니다. 이 창에서 [환경 변수 단추]를 클릭합니다.

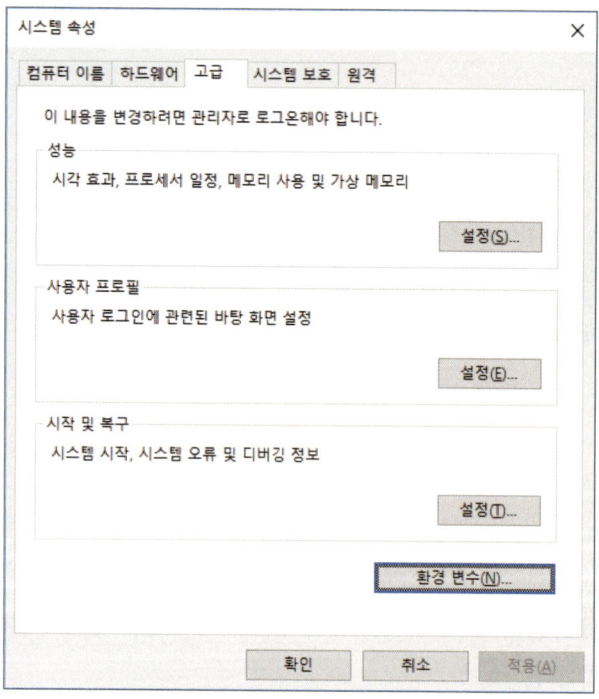

[그림 10-5] 시스템 변수 – 고급 – 환경 변수

JAVA_HOME 변수가 잘 설정되어 있는지 확인합니다. JAVA_HOME이 없다면 [새로 만들기]를 클릭하고 JAVA_HOME이 잘못 입력되어 있다면 [편집]을 클릭합니다. JAVA_HOME 경로는 반드시 C:\Program Files 하위(또는 Program File (x86) 하위)에 있는 자바 경로여야 합니다.

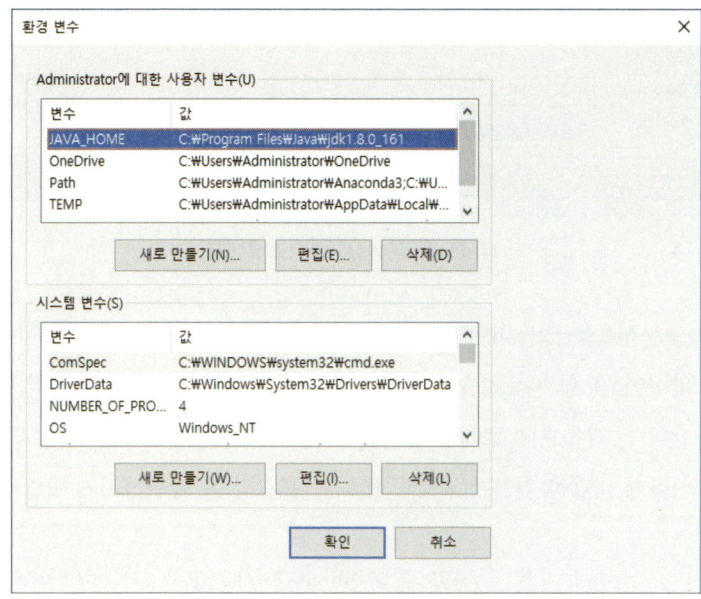

[그림 10-6] JAVA_HOME 확인

경로는 직접 들어가서 눈으로 확인합니다. 자바 버전에 따라 경로가 다를 수 있습니다. jre와 jdk가 있는데 jdk 경로로 설정해줍니다. 모두 수정했다면 <확인> 버튼을 누르면서 모든 창을 닫습니다.

[그림 10-7] 자바가 설치된 경로 확인

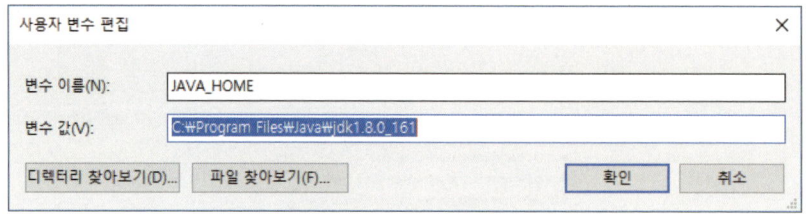

[그림 10-8] JAVA_HOME 경로 설정하기

이제 말모 프로젝트를 빌드하여 파이썬으로 동작할 수 있는 환경을 만들어야 하는데 빌드하는 과정이 썩 쉽지는 않습니다. 이 때문인지 프로젝트 말모는 미리 빌드된 파일을 제공합니다. 다음 사이트에서 파일을 다운로드 받습니다. 파일이 삭제되었다면 소스코드와 함께 해당 파일을 함께 제공하니 샘플 파일을 확인하시기 바랍니다.

▶ 프로젝트 말모 릴리즈 사이트 : https://github.com/Microsoft/malmo/releases

사이트에 접속하여 Python pip3 installable Malmo를 찾습니다. 그 목록 중에서 Malmo-0.35.6-Windows-64bit_withBoost_Python3.6.zip을 다운로드합니다. 이 파일 이름에서도 알 수 있듯이 이 프로그램은 python3.6 버전에서 동작합니다.

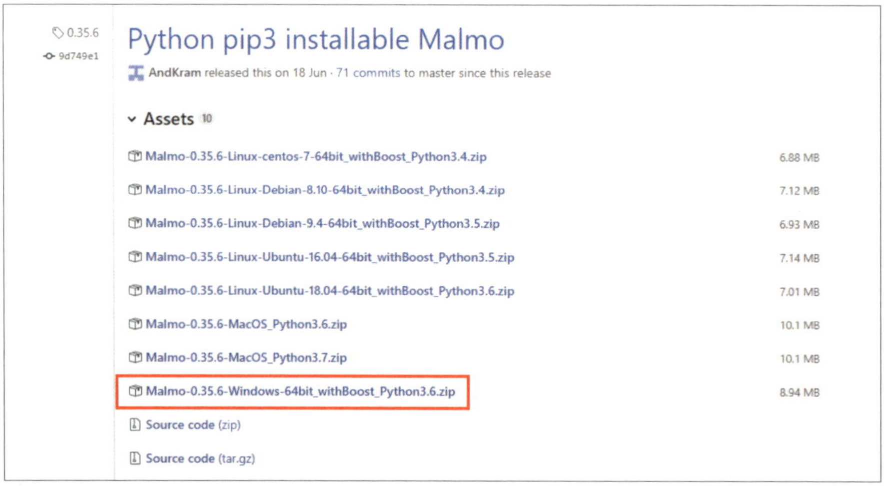

[그림 10-9] 컴파일된 프로젝트 말모 다운로드

Zip 파일의 압축을 해제한 뒤 해당 폴더를 cmd로 접근합니다. 압축을 해제하는 곳은 한글이 있는 경우에 오류가 발생하는 경우가 있습니다. 가능하면 C드라이브 밑에 Malmo-0.35.6-Windows-64bit_withBoost_Python3.6로 압축을 풀어주시기 바랍니다. 그리고 다음 명령어를 입력합니다. Minecraft로 경로를 이동하고 launchClient.bat 배치 파일을 실행합니다. zip 파일이 없는 경우에는 실습 파일에서 받아서 사용해도 됩니다.

```
> cd C:\Malmo-0.35.6-Windows-64bit_withBoost_Python3.6\Minecraft
> launchClient.bat
```

[코드 10-1] 프로젝트 말모 설치 및 실행

배치 파일을 실행하면 프로젝트 말모 실행에 필요한 여러 모듈을 다운로드 받은 후 자동으로 실행됩니다.

[그림 10-10] 프로젝트 말모 설치 및 실행

설치 완료 후에는 자동으로 마인크래프트를 구동하여 다음 [그림 10-11] 화면을 표시합니다. 설치가 성공적으로 마무리됐습니다.

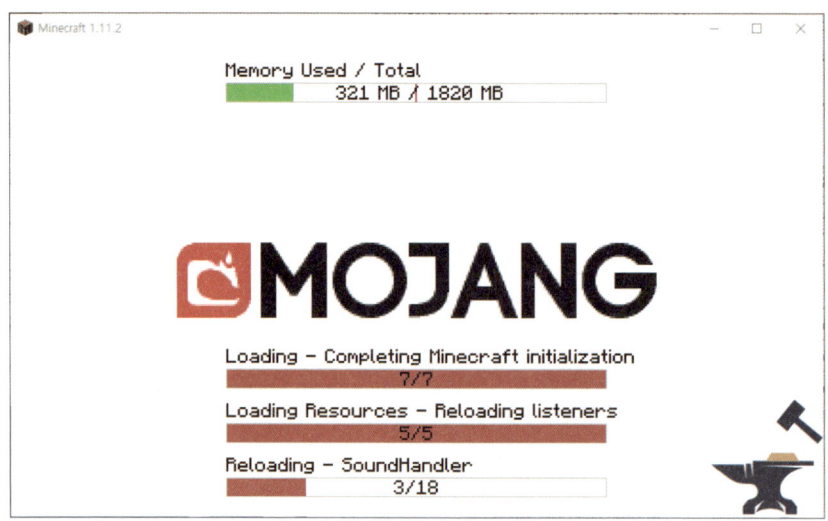

[그림 10-11] 설치 완료 후 프로그램 로딩 중 화면

프로젝트 말모를 간단하기 테스트하기 위해 [Singleplayer]를 클릭합니다.

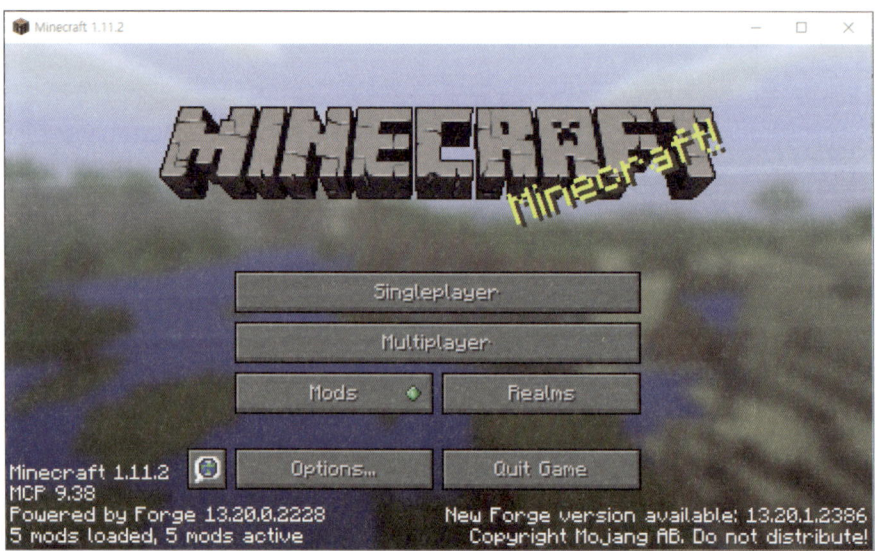

[그림 10-12] Sigleplayer로 접속

[Create New World]를 클릭해 Project Malmo라는 월드를 하나 생성합니다.

**[그림 10-13]** [Create New World] 클릭

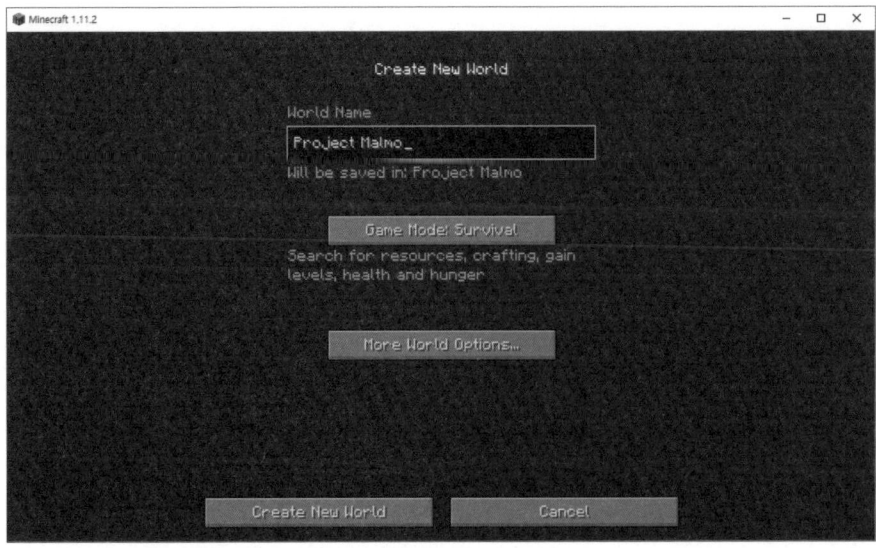

**[그림 10-14]** Project Malmo 입력 후 [Create New World] 클릭

프로젝트 말모 압축을 풀었던 폴더로 들어가서 Python_Examples 폴더를 엽니다. 이 폴더 안에는 프로젝트 malmo에서 사용할 수 있는 다양한 예제 샘플들이 존재합니다. IDLE을 사용해 tutorial_5_solved.py 파일을 엽니다.

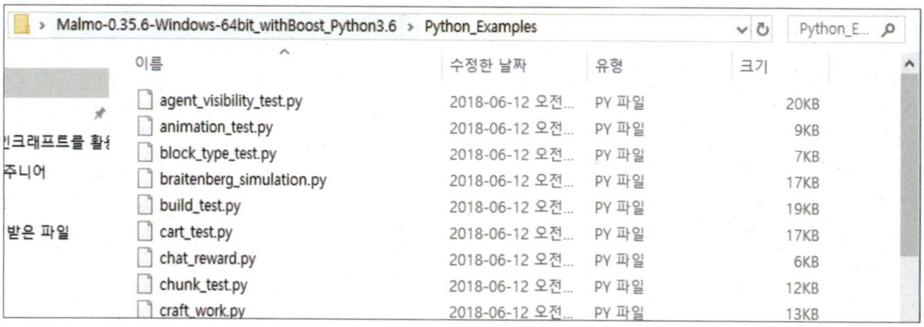

[그림 10-15] 프로젝트 말모 폴더 안의 Python_Examples

IDLE을 사용해 tutorial_5_solved.py을 열면 다소 복잡해 보이는 [그림 10-16]와 같은 코드가 등장하는데 지금 당장은 알 필요가 없습니다. 코드가 잘 실행되는지 확인만 하면 됩니다. <F5>를 눌러 프로그램을 동작합니다.

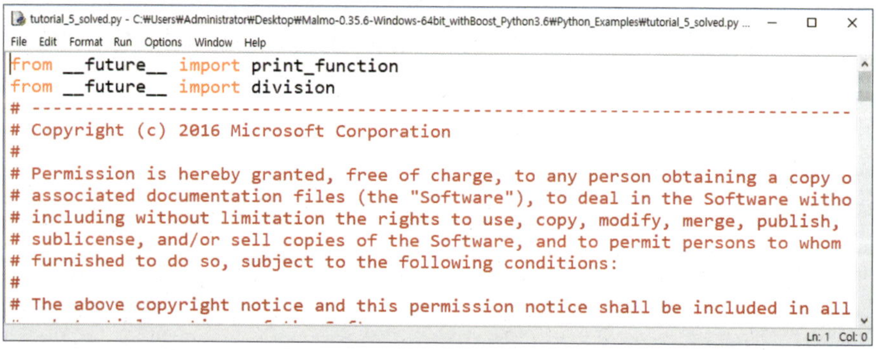

[그림 10-16] tutorial_5_solved.py

코드를 실행하면 캐릭터가 곡괭이를 집어 들고 막 달려가기 시작합니다. 이 코드는 채굴하고 들어가서 예상 지점에 도달하면 완료되는 게임 맵을 클리어합니다.

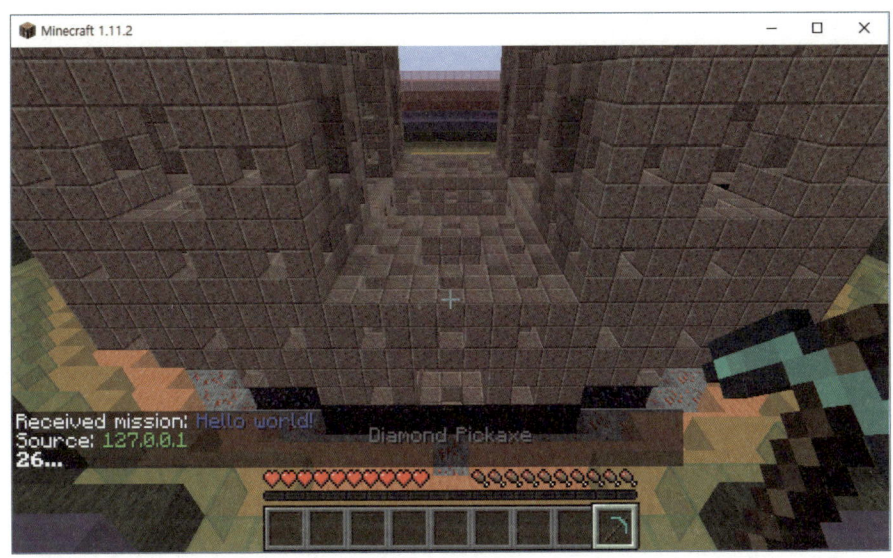

[그림 10-17] tutorial_5_solved.py 시작

## 10.2 캐릭터 움직이기

이제 프로젝트 말모 사용법에 대해 하나씩 알아봅니다. launchClient.bat을 실행 후 Python_Examples 폴더에 있는 tutorial_1.py를 실행하여 시작하십시오. 이것은 임무의 가장 기본적인 골격입니다. 에이전트는 맵에 서있는 것 외에는 아무 것도 하지 않습니다. IDLE을 사용해 tutorial_1.py를 실행하면 다음 [코드 10-2]와 같은 내용이 출력됩니다.

```
Waiting for the mission to start ......
Mission running ......................................................
...........................................
Mission ended
```

[코드 10-2] 프로젝트 말모 설치 및 실행

10장 마인크래프트 AI 프로젝트 말모 335

파이썬은 서버를 열고 launchClient.bat로 실행된 클라이언트를 찾아서 서버로 접속하게 합니다. 미션이 시작할 때까지 기다리다가 미션이 시작합니다. [그림 10-18]과 같이 마인크래프트 게임 창의 왼쪽 하단 모서리에는 카운트 다운이 시작됩니다. 이 시간이 모두 지나면 미션이 끝납니다.

[그림 10-18] tutorial1.py 시작

미션이 실행되는 동안 우리는 명령을 마인크래프트 게임으로 보낼 수 있습니다. 명령을 하달 받은 캐릭터는 지시대로 움직입니다. 미션 루프 시작 전인 77번 라인에 다음 [코드 10-3]을 삽입합니다.

```
agent_host.sendCommand("turn -0.5")
agent_host.sendCommand("move 1")
agent_host.sendCommand("jump 1")
```

[코드 10-3] 마인크래프트로 명령 보내기

삽입된 코드의 내용은 다음 [코드 10-4]처럼 사이에 들어가야 합니다. 지면상 모든 코드를 담지는 않았으니 잘 확인하고 넣도록 합니다.

```
print()
print("Mission running ", end=' ')

# 삽입된 명령어 코드
agent_host.sendCommand("turn -0.5")
agent_host.sendCommand("move 1")
agent_host.sendCommand("jump 1")

# Loop until mission ends:
while world_state.is_mission_running:
    print(".", end="")
    time.sleep(0.1)
    world_state = agent_host.getWorldState()
    for error in world_state.errors:
        print("Error:",error.text)
```

[코드 10-4] 마인크래프트로 명령 보내기

정지된 화면이라 티가 나진 않지만 왼쪽으로 돌며 제자리에서 점프하는 모습을 확인할 수 있습니다. 미션이 끝날 때까지 왼쪽으로 돌고 앞으로 가며 점프하는 행동을 반복적으로 실행합니다. <F3>을 눌러 디버깅 창을 확인하면 보다 정확히 확인할 수 있습니다.

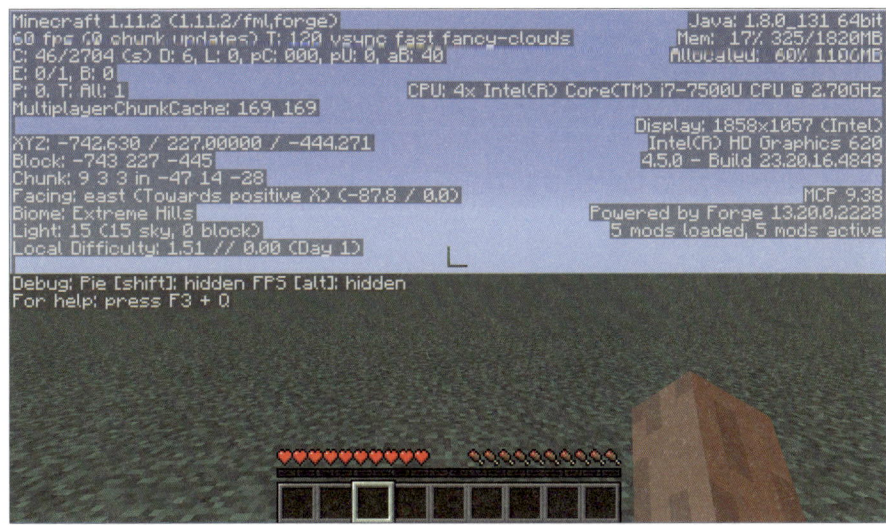

[그림 10-19] 동적으로 변하는 데이터

10장 마인크래프트 AI 프로젝트 말모

기본적으로 에이전트는 ContinuousMovementCommands에 의해 제어됩니다. 다음 [표 10-1]에서 명령과 설명을 참고하십시오.

[표 10-1] malmo 명령어와 설명

| 명령어 | 설명 |
| --- | --- |
| move ⟨-1~1⟩ | "move 1"은 최고 속도입니다. "move -0.5"는 최고 속도의 절반 속도로 뒤로 이동합니다. |
| strafe ⟨-1~1⟩ | " strafe -1"은 최대 속도로 왼쪽으로 이동합니다. "strafe 1"은 전속력으로 오른쪽으로 이동합니다. |
| pitch ⟨-1~1⟩ | "pitch -1"은 카메라를 최대 속도로 위쪽으로 기울이기 시작합니다. "pitch 0.1"은 천천히 내립니다. |
| turn ⟨-1~1⟩ | "turn -1"은 최대 속도로 왼쪽으로 돕니다. |
| jump ⟨1 or 0⟩ | "jump 1"은 점프를 시작하며 "jump 0"을 입력하면 점프를 멈춥니다. |
| crouch ⟨1 or 0⟩ | 웅크림을 시작하거나 멈춥니다. |
| attack ⟨1 or 0⟩ | 공격 시작과 공격 멈춤을 지시합니다. |
| use ⟨1 or 0⟩ | 아이템 사용과 멈춤을 지시합니다. |
| hotbar.x ⟨1 or 0⟩ | x-1번 슬롯 키를 누르거나 땝니다. |

## 10.3 MIssion XML

각 튜토리얼에는 XML 미션이 있습니다. tutorial_1.py 파일의 48번 라인에서 다음 [코드 10-5]를 찾으십시오.

```
my_mission = MalmoPython.MissionSpec()
```

[코드 10-5] 미션을 받아옴

기본 Mission XML 문자열을 만들기 위해 배후에서 몇 가지 작업을 수행하고 있습니다. 이 XML은 임무를 지정하기 위해 Minecraft로 보냅니다. 다음 코드를 호출하여 전송 중인 XML을 확인할 수 있습니다. 이전 [코드 10-5] 다음에 print(my_mission.getAsXML(True))를 추가합니다.

```
my_mission = MalmoPython.MissionSpec()
print(my_mission.getAsXML(True))
```

[코드 10-6] 미션 출력하기

실행하면 XML 코드가 나오는 모습을 볼 수 있습니다. XML을 정렬해서 보면 [코드 10-7] 내용이 보입니다.

```
<?xml version="1.0" encoding="utf-8"?>
<Mission xmlns="http://ProjectMalmo.microsoft.com" xmlns:xsi="http://
www.w3.org/2001/XMLSchema-instance">
    <About>
        <Summary>Defaut Mission</Summary>
    </About>
    <ServerSection>
        <ServerHandlers>
            <FlatWorldGenerator generatorString="3;7,220*1,5*3,2;3;,bio
            me_1" />
            <ServerQuitFromTimeUp timeLimitMs="10000" />
            <ServerQuitWhenAnyAgentFinishes />
        </ServerHandlers>
    </ServerSection>
    <AgentSection>
        <Name>A default agent</Name>
        <AgentStart />
        <AgentHandlers>
            <ObservationFromFullStats />
            <ContinuousMovementCommands />
        </AgentHandlers>
    </AgentSection>
</Mission>
```

[코드 10-7] 미션 XML 파일

이 XML에서는 timeLimitMs가 10000으로 세팅되어 있어 10초 동안 미션이 수행됐음을 확인할 수 있습니다. MissionSpec 객체는 이 XML을 조작하기 위한 기본 API를 제공하지만 tutorial_2.py를 열어 확인하면 XML이 MissionSpec 생성자에 직접 전달되는 것을 볼 수 있습니다.

```xml
missionXML='''<?xml version="1.0" encoding="UTF-8" standalone="no" ?>
        <Mission xmlns="http://ProjectMalmo.microsoft.com"
        xmlns:xsi="http://www.w3.org/2001/XMLSchema-instance">

          <About>
            <Summary>Hello world!</Summary>
          </About>

          <ServerSection>
            <ServerHandlers>
              <FlatWorldGenerator generatorString="3;7,220*1,5*3,2;3
              ;,biome_1"/>
              <ServerQuitFromTimeUp timeLimitMs="30000"/>
              <ServerQuitWhenAnyAgentFinishes/>
            </ServerHandlers>
          </ServerSection>

          <AgentSection mode="Survival">
            <Name>MalmoTutorialBot</Name>
            <AgentStart/>
            <AgentHandlers>
              <ObservationFromFullStats/>
              <ContinuousMovementCommands turnSpeedDegs="180"/>
            </AgentHandlers>
          </AgentSection>
        </Mission>'''
```

[코드 10-8] tutorial_2.py의 미션 XML 파일

요약(Summary)에는 Hello world!라고 적었고 모드를 Survival로 세팅한 모습과 미션 시간을 30초로 늘린 모습을 확인할 수 있습니다. tutorial_2.py를 실행하여 확인합니다.

[그림 10-20] 30초로 시간이 늘었고 Hello World!를 출력

## 10.4 미션 환경 조작하기

미션 XML 파일을 조작하면 미션의 초기 환경도 세팅이 가능합니다. tutorial_3.py 의 미션을 확인해봅시다.

```
missionXML='''<?xml version="1.0" encoding="UTF-8" standalone="no" ?>
        <Mission xmlns="http://ProjectMalmo.microsoft.com"
        xmlns:xsi="http://www.w3.org/2001/XMLSchema-instance">

          <About>
            <Summary>Hello world!</Summary>
          </About>

          <ServerSection>
            <ServerInitialConditions>
              <Time>
                <StartTime>12000</StartTime>
```

```xml
            <AllowPassageOfTime>false</AllowPassageOfTime>
          </Time>
          <Weather>clear</Weather>
      </ServerInitialConditions>
      <ServerHandlers>
          <FlatWorldGenerator generatorStri
          ng="3;7,44*49,73,35:1,159:4,95:13,35:13,159:11,95:10,
          159:14,159:6,35:6,95:6;12;"/>
          <DrawingDecorator>
            <DrawSphere x="-27" y="70" z="0" radius="30" type=
            "air"/>''' + Menger(-40, 40, -13, 27, "wool", "air")
            +'''
          </DrawingDecorator>
          <ServerQuitFromTimeUp timeLimitMs="30000"/>
          <ServerQuitWhenAnyAgentFinishes/>
      </ServerHandlers>
    </ServerSection>

    <AgentSection mode="Survival">
      <Name>MalmoTutorialBot</Name>
      <AgentStart>
          <Placement x="0.5" y="56.0" z="0.5" yaw="90"/>
      </AgentStart>
      <AgentHandlers>
        <ObservationFromFullStats/>
        <ContinuousMovementCommands turnSpeedDegs="180"/>
      </AgentHandlers>
    </AgentSection>
</Mission>'''
```

[코드 10-9] tutorial_3.py의 미션 XML 파일

<ServerInitialConditions> - <Time> - <StartTime>에는 서버 시간 초기화 정보가 설정됩니다. 서버 시간이 12000으로 초기화됩니다. 마인크래프트에서 이 시간은 일몰 시간으로 해가 지는 모습을 볼 수 있습니다. 날씨는 맑음으로 세팅되어 있습니다.

```xml
<ServerSection>
    <ServerInitialConditions>
      <Time>
          <StartTime>12000</StartTime>
          <AllowPassageOfTime>false</AllowPassageOfTime>
      </Time>
      <Weather>clear</Weather>
```

이번에는 Agent 초기 설정을 확인합니다. <AgentStart>를 확인합니다.

```xml
<AgentStart>
    <Placement x="0.5" y="56.0" z="0.5" yaw="90"/>
</AgentStart>
```

AgentStart에는 장소 x, y, z 좌표와 yaw를 확인할 수 있습니다. yaw는 바라보는 각도를 의미합니다. 각도가 90이면 서쪽이므로 미션을 시작하면 바로 해가 지는 모습을 볼 수 있습니다.

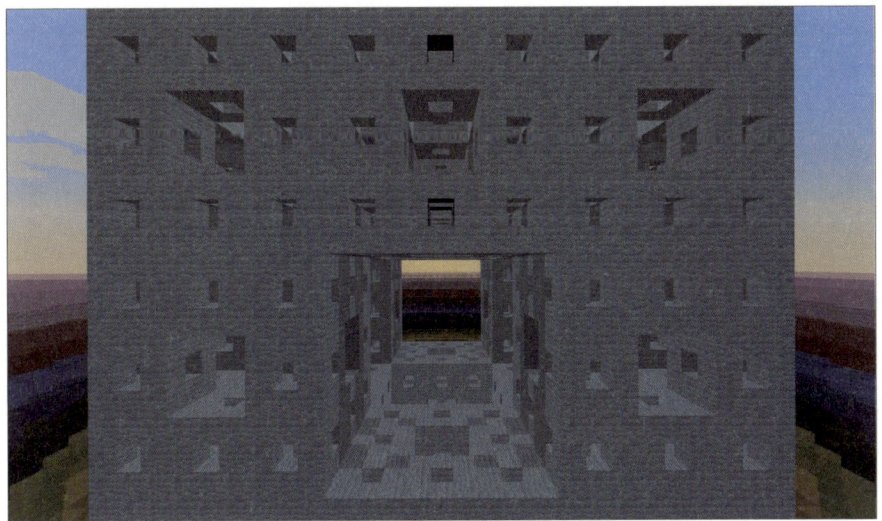

[그림 10-21] 일몰 시간에 바라보는 서쪽 방향

tutorial_3.py는 아마 이전과는 다른 생소한 장소에서 미션을 시작했습니다. XML 파일의 서버 설정에서 DrawingDecorator를 확인할 수 있습니다. 여기서 맵의 모습이 결정됩니다.

```
<DrawingDecorator>
<DrawSphere x="-27" y="70" z="0" radius="30" type="air"/>''' +
Menger(-40, 40, -13, 27, "wool", "air") + '''
</DrawingDecorator>
```

 인벤토리 아이템 세팅하기

tutorial_4.py에서는 아이템을 갖고 시작합니다. XML 파일에서 Inventory를 찾아봅니다.

```
<Inventory>
    <InventoryItem slot="8" type="diamond_pickaxe"/>
</Inventory>
```

이 코드는 인벤토리 아이템 8번 슬롯에서 다이아몬드 곡괭이를 들고 시작합니다. tutorial_4.py을 실행하여 곡괭이를 들고 시작하는지 확인해봅니다.

[그림 10-22] 8번에 곡괭이 들고 시작

## 10.6 첫 번째 미션: 달리기

tutorial_4.py부터는 미션이 있습니다. 미션은 앞쪽 장애물 가운데 있는 블록에 도달하는 겁니다. tutorial_4.py의 미션 시간이 모두 끝나고 앞으로 가서 확인해보면 장애물이 있어서 캐릭터가 앞으로 나아가지 못하는 것을 확인할 수 있습니다. 점프하면서 곡괭이질을 하면 블록이 깨져서 통과할 수 있습니다. 이 미션을 깨기 위해 앞서 배운 캐릭터 움직이는 방법을 사용해 봅시다. tutorial_4.py의 149번 줄에 다음 [코드 10-10]과 같이 추가합니다.

```
# ADD YOUR CODE HERE
# TO GET YOUR AGENT TO THE DIAMOND BLOCK
agent_host.sendCommand("move 1")
agent_host.sendCommand("hotbar.9 1")
agent_host.sendCommand("hotbar.9 0")
```

```
agent_host.sendCommand("jump 1")
agent_host.sendCommand("attack 1")
```

[코드 10-10] tutorial_4.py의 미션 깨는 코드

캐릭터는 시작하자마자 최대 속도로 앞으로 달려갑니다. hotbar를 사용하여 곡괭이가 들어 있는 8번 슬롯을 클릭하고 바로 뗍니다. 그리고 점프하며 공격을 시작합니다. 작성한 [코드 10-10]이 제대로 동작하는지 수정된 tutorial_4.py를 실행하여 확인합니다.

[그림 10-23] 곡괭이를 들고 뛰면서 앞으로 돌진

코드가 잘 수행되어 중앙을 향해 달려가는 모습을 확인할 수 있습니다. 16초쯤 남기고 중앙에 도착합니다. tutorial_4_solved.py의 149번 라인을 확인하면 누군가 풀어놓은 파일을 확인할 수 있습니다.

```
agent_host.sendCommand("hotbar.9 1")
agent_host.sendCommand("hotbar.9 0")

agent_host.sendCommand("pitch 0.2")
```

```
time.sleep(1)
agent_host.sendCommand("pitch 0")
agent_host.sendCommand("move 1")
agent_host.sendCommand("attack 1")
```

[코드 10-11] tutorial_4_solve.py의 미션 깨는 코드

이 코드는 시선을 일정 시간 동안 내리고 달리기 시작합니다. 이 후 점프 없이 블록을 부수고 지나가 미션을 클리어합니다. 우리가 앞서 짠 코드보다 더 효율적입니다. tutorial_4_solve.py를 실행하면 22초 정도를 남기고 클리어할 수 있습니다.

 ## 두 번째 미션: 장애물 탐지하기

장애물을 탐지하는 방법을 알아봅니다. tutorial_5.py는 tutorial_4.py에서 장애물이 하나 더 추가됐습니다. 160번 라인에 있는 주석처리를 해제하여 tutorial_4_solve.py에서 사용한 코드를 사용해봅시다.

```
# Possible solution for challenge set in tutorial_4.py:

#agent_host.sendCommand("hotbar.9 1") #Press the hotbar key
#agent_host.sendCommand("hotbar.9 0") #Release hotbar key - agent
should now be holding diamond_pickaxe

#agent_host.sendCommand("pitch 0.2") #Start looking downward slowly
#time.sleep(1)                       #Wait a second until we are
                                     looking
in roughly the right direction
#agent_host.sendCommand("pitch 0")   #Stop tilting the camera
#agent_host.sendCommand("move 1")    #And start running...
#agent_host.sendCommand("attack 1")  #Whilst flailing our pickaxe!
```

[코드 10-12] tutorial_5.py의 160번 라인에 주석 처리된 코드

[코드 10-12]에서 앞에 #을 모두 제거하고 코드를 실행합니다.

[그림 10-24] 목적지 바로 앞에 추가된 용암

달려가다 보니 용암이 등장했습니다. 이 용암을 탐지하지 못한 캐릭터는 그대로 용암으로 떨어집니다. 여기서는 용암을 어떻게 피할 수 있을까요?

바로 아래 있는 while문으로 묶인 코드를 확인합니다. 169번 라인에 존재합니다. 이 코드는 전에 보지 못한 몇 코드가 존재합니다.

```
# Loop until mission ends:
while world_state.is_mission_running:
    print(".", end="")
    time.sleep(0.1)
    world_state = agent_host.getWorldState()
    for error in world_state.errors:
        print("Error:",error.text)
    if world_state.number_of_observations_since_last_state > 0:
        msg = world_state.observations[-1].text
        observations = json.loads(msg)
        grid = observations.get(u'floor3x3', 0)
```

```
# ADD SOME CODE HERE TO SAVE YOUR AGENT
```

[코드 10-13] tutorial_5.py의 160번 라인에 주석 처리된 코드

다음 코드는 관찰자(observations)에 탐지된 내용이 있는지를 확인합니다. 관찰자가 확인한 가장 마지막 항목의 문자열을 msg에 저장합니다.

```
if world_state.number_of_observations_since_last_state > 0:
    msg = world_state.observations[-1].text
```

여기서 코드의 흐름상 msg는 json 형태임을 알 수 있습니다. 그 바로 다음 코드가 json.loads입니다. json.loads는 문자열 데이터를 딕셔너리 형태로 바꿔줍니다. json은 딕셔너리 형태와 같습니다. 키와 값으로 이루어진 데이터입니다. 그 다음 줄에서 observations.get을 통해 값을 얻어냅니다. get을 사용하면 값을 가져올 수 있습니다.

```
observations = json.loads(msg)
    grid = observations.get(u'floor3x3', 0)
```

grid에 결과를 받아오니 이번에는 grid를 출력하면서 달려봅시다. 바로 다음 줄에 print(grid)를 추가하고 실행합니다. 실행하는 중간에 보면 lava라는 문자열을 확인할 수 있습니다. lava는 한국어로 용암입니다. grid의 데이터 형은 리스트입니다. 이것을 통해서 주변에 용암이 있는지 확인할 수 있습니다. 앞에 들어오는 마침표(.)은 원래 미션이 찍히던 점입니다. grid의 결과는 아닙니다.

```
.['obsidian', 'obsidian', 'obsidian', 'obsidian', 'obsidian',
'obsidian', 'obsidian', 'obsidian', 'obsidian']
.['lava', 'obsidian', 'obsidian', 'lava', 'obsidian', 'obsidian',
'lava', 'obsidian', 'obsidian']
.['lava', 'obsidian', 'obsidian', 'lava', 'obsidian', 'obsidian',
'lava', 'obsidian', 'obsidian']
.['lava', 'obsidian', 'obsidian', 'lava', 'obsidian', 'obsidian',
```

```
'lava', 'obsidian', 'obsidian']
.['obsidian', 'lava', 'obsidian', 'obsidian', 'lava', 'obsidian',
'obsidian', 'lava', 'obsidian']
.['obsidian', 'obsidian', 'obsidian', 'obsidian', 'obsidian',
'obsidian', 'obsidian', 'obsidian', 'obsidian']
```

[코드 10-14] print(grid) 결과

미션 XML 코드에서 이에 대한 설명을 얻을 수 있습니다. 미션 XML에서 ObservationFromGrid를 찾습니다.

```
<ObservationFromGrid>
    <Grid name="floor3x3">
      <min x="-1" y="-1" z="-1"/>
      <max x="1" y="-1" z="1"/>
    </Grid>
</ObservationFromGrid>
```

[코드 10-15] tutorial_5.py의 미션 XML 코드의 일부

이 XML 코드의 의미는 캐릭터로부터 -1, -1, -1부터 1, -1, 1까지의 데이터를 floor3x3에 저장한다는 뜻입니다. 이 리스트의 인덱싱되는 순서는 [그림 10-25]와 같습니다. x와 z가 작은 곳부터 0이 시작합니다. 4번은 캐릭터가 서있는 위치가 됩니다.

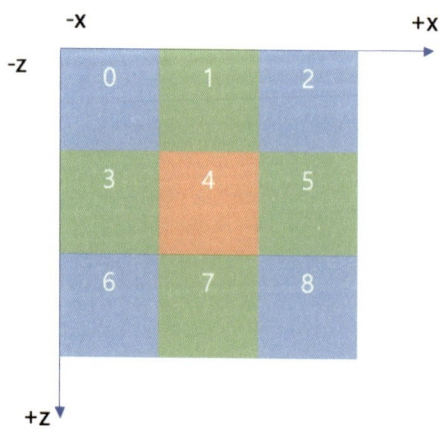

[그림 10-25] floor3x3에 담기는 리스트의 인덱스 모양

캐릭터가 움직이는 방향은 −x입니다. 즉 3번에 lava가 위치가 하게 되면 용암 직전에 캐릭터가 위치했음을 알 수 있습니다. grid[3]을 확인해 점프를 시작하게 하면 용암을 넘어갈 수 있습니다. 이전에 확인했던 print(grid)의 결과를 다시 한번 확인합니다.

```
.['lava', 'obsidian', 'obsidian', 'lava', 'obsidian', 'obsidian',
'lava', 'obsidian', 'obsidian']
.['lava', 'obsidian', 'obsidian', 'lava', 'obsidian', 'obsidian',
'lava', 'obsidian', 'obsidian']
.['lava', 'obsidian', 'obsidian', 'lava', 'obsidian', 'obsidian',
'lava', 'obsidian', 'obsidian']
.['obsidian', 'lava', 'obsidian', 'obsidian', 'lava', 'obsidian',
'obsidian', 'lava', 'obsidian']
```

[코드 10-16] print(grid) 결과에서 lava가 있는 곳만 확인

첫 번째 라인은 'lava'가 0, 3, 6에 위치해 용암이 다음 줄에 있음을 알려줍니다. 마지막 라인은 리스트 4번에 'lava'가 있으므로 용암에 이미 빠진 상태를 의미합니다. 5번에 'lava'가 위치한다면 이미 용암을 지나왔음을 의미합니다.

이 가정을 활용해 용암을 뛰어넘어 봅니다. lava가 앞에 존재하면 점프를 시작하고 lava가 뒤에 존재하면 점프를 멈춥니다. print(grid)를 지우고 다음 [코드 10-17]을 작성합니다.

```python
# Loop until mission ends:
while world_state.is_mission_running:
    print(".", end="")
    time.sleep(0.1)
    world_state = agent_host.getWorldState()
    for error in world_state.errors:
        print("Error:",error.text)
    if world_state.number_of_observations_since_last_state > 0:
        msg = world_state.observations[-1].text
        observations = json.loads(msg)
        grid = observations.get(u'floor3x3', 0)
```

```python
if grid[3] == 'lava':
    agent_host.sendCommand("jump 1")
if grid[5] == 'lava':
    agent_host.sendCommand("jump 0")
```

[코드 10-17] tutorial_5.py의 160번 라인에 주석 처리된 코드

코드를 실행하면 정확하게 용암 앞에서 점프를 하여 뛰어넘고 점프를 중단합니다. 우리는 완벽한 코드를 만들어 냈습니다.

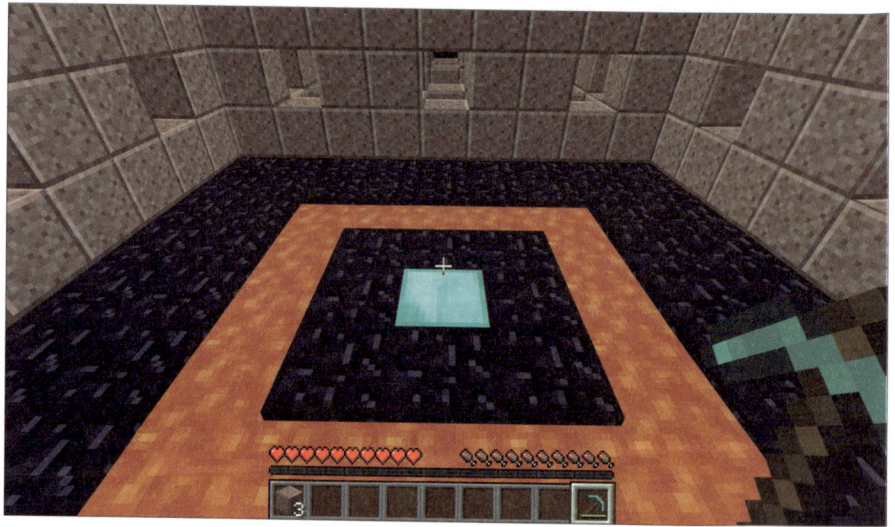

[그림 10-26] 용암을 뛰어 넘기

## 10.8 강화학습으로 해결해야 하는 tutorial_6.py

tutorial_6.py는 강화 학습을 이용하여 해결해야 합니다. 우리는 아쉽게도 딥러닝과 강화학습에 대해서 배우지 않았기에 이 문제를 해결하기 어렵습니다. 여기서는 tutorial_6.py의 문제를 해결하는 방법에 대해 간단히 설명하고 마치도록 하겠습니다. 나중에 강화학습을 배우고 다시 한 번 도전해보시기 바랍니다.

tutorial_6.py를 실행하면 자기 마음대로 캐릭터가 움직입니다. 그리고 계속 용암에 빠집니다.

[그림 10-27] 쉬지 않고 움직이는 캐릭터

이렇게 캐릭터가 제멋대로 움직이는 이유는 아직 학습을 하지 않아서 어떤 블록이 위험하고 어떤 블록이 안전한지 잘 모르기 때문입니다. 컴퓨터가 이런 것을 알려면 수없이 반복하면서 숙달해야 합니다. 그 숙달하는 코드를 넣는 것이 이번 미션의 목표입니다. 아직 이 코드에는 숙달시키는 코드가 포함되어 있지 않습니다.

사람은 처음 태어나면 아무것도 알지 못합니다. 일어서서 걷지도 못합니다. 때문에 반복적으로 보고 배우고 학습하여 결국에는 걸을 수도 있고 글을 읽을 수도 있으며 때로는 세상에 없던 새로운 것을 만들어 내기도 합니다. 강화학습은 기계에게 끊임 없는 경험을 전달하여 마치 실패를 딛고 학습하도록 사람의 배우는 모습을 본 따 만들었습니다.

다음 링크에 접근하여 유튜브 영상을 하나 시청하도록 합니다. 이 영상은 구글 딥마인드 사에서 2014년에 공개한 강화학습의 결과를 나타냈습니다.

▶ 유튜브 링크 : https://www.youtube.com/watch?v=V1eYniJ0Rnk

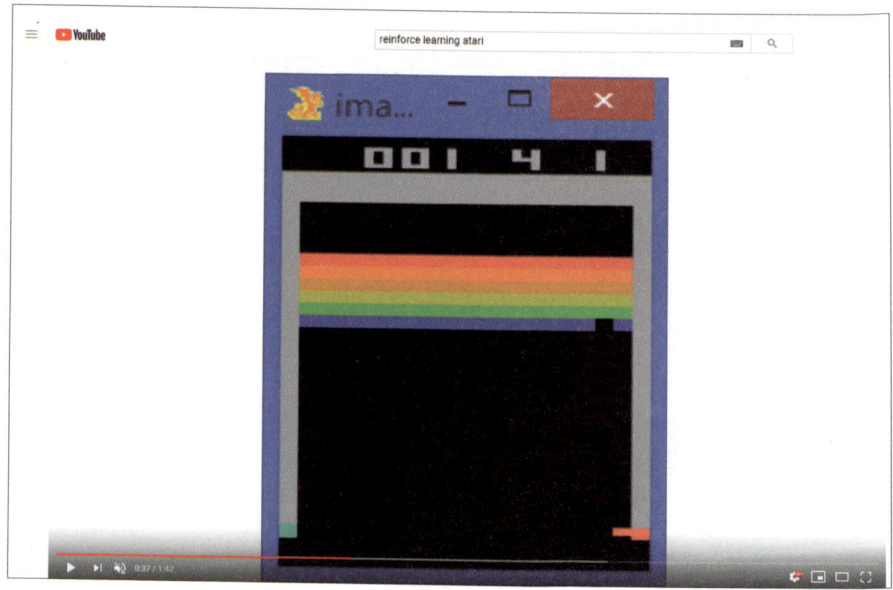

[그림 10-28] 아타리 게임 영상을 시청하기

영상을 재미있게 보셨나요? 영상 초반에는 아타리 게임을 잘하지 못하는 컴퓨터가 아무 곳이나 막대기를 움직이며 벽돌깨기를 체험합니다. 처음에는 아무것도 몰랐지만 곧 공을 튕겨 벽돌을 깨면 점수가 올라간다는 사실을 인지합니다. 그리고 공이 거의 끝에 왔을 때 막대기로 공의 위치에 가깝게 두어야 한다는 사실을 금방 찾아냅니다. 그리고 또 시간이 흘러 마지막에는 놀라운 결과를 가져옵니다. 벽돌의 한쪽을 깨고 벽돌 뒤쪽으로 공을 넘겨 아주 빠르게 점수를 획득합니다.

tutorial_6.xml에도 점수에 대한 개념이 들어 있습니다. RewardForTouching BlockType을 확인합니다. lava에 도달하면 보상은 −100이고 lapis_block에 도달하면 보상은 100입니다.

```xml
<RewardForTouchingBlockType>
  <Block reward="-100.0" type="lava" behaviour="onceOnly"/>
  <Block reward="100.0" type="lapis_block" behaviour="onceOnly"/>
</RewardForTouchingBlockType>
```

[코드 10-18] tutorial_5.py의 160번 라인에 주석 처리된 코드

컴퓨터는 현재 상태를 수집하고 어떤 행동을 해봅니다. 여기서 현재 상태를 stat1, 어떤 행동을 action1이라고 부릅시다. 그리고 stat1에서 action1을 했을 때 보상이 좋았다면 다음에 또 그 행동을 하기로 합니다. 이를 반복하면 컴퓨터는 점점 더 보상이 좋은 행동을 하게 되고 결국 목표에 도달할 수 있게 됩니다.

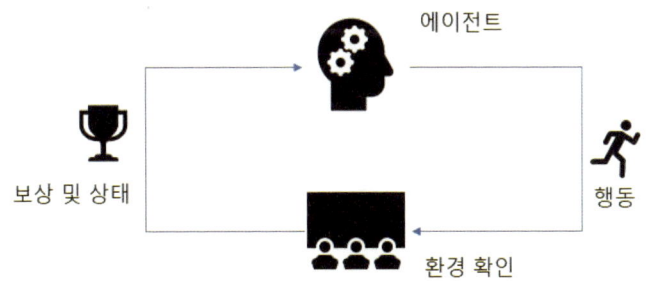

[그림 10-29] 행동을 반복하여 더 나은 보상 받는 반복 행동 패턴

에이전트는 직업을 수행하는 컴퓨터입니다. 에이전트는 행동을 하고 환경을 확인하여 보상 및 상태에 따라 에이전트의 경험을 업데이트합니다. 업데이트를 반복적으로 수행하면 가장 좋은 결과를 수행하게 됩니다.

이 작업의 결과는 놀라운 결과를 가져왔습니다. 딥마인드에서 개발한 인공지능 알파고는 가장 어렵기로 알려진 바둑에 도전했습니다. 그리고 세계 최강의 이세돌 9단을 꺾고 엄청난 결과를 가져왔습니다. 바둑의 문제는 실제로 연산이 거의 불가능한 10의 360제곱의 경우의 수를 갖고 있어 현실적으로 해결하기 어려운 문제였습니다. 그런데 알파고가 강화학습을 사용한 알고리즘을 통해 이 문제를 해결했습니다.

[그림 10-30] 놀라운 결과를 보여준 알파고

tutorial_6.py를 해결하고 싶다면 딥러닝과 강화학습에 대해 학습해보기 바랍니다. 우리가 공부한 파이썬 지식이 파이토치나 케라스를 공부하는 데 엄청난 도움이 될 겁니다.

## 책을 마무리하며

순탄하지 않았겠지만 파이썬을 활용해 마인크래프트를 체험했습니다. 지금까지 익힌 파이썬도 적은 양의 공부는 아닙니다. 그런 의미에서 이 책을 끝까지 다 본 것은 아주 훌륭한 성과입니다. 이제 우리는 파이썬을 통해 미래로 한발 더 다가선 겁니다. 놀랍도록 빠르게 IT가 이 시대를 지배해 나가고 있습니다. 그리고 여러분은 이미 뛰어들 수 있는 역량을 갖췄습니다. 서두에 설명드렸듯이 파이썬은 여러 IT 분야에서 굉장히 놀라운 성과를 보이고 있습니다. 파이썬을 사용한 여정은 지금부터가 시작입니다. 여러분의 인생에 파이썬이 든든한 동반자가 되기를 기원합니다.

# 찾아보기

## ㄱ-ㄷ

| | |
|---|---|
| 감시탑 | 302 |
| 강화학습 | 352 |
| 게임피디아 | 80 |
| 계산기 | 66 |
| 공유된 자원 | 260 |
| 관찰자 | 349 |
| 금 | 84 |
| 나무 | 173 |
| 다중스레드 | 260 |
| 들여쓰기 | 97 |
| 디버그 | 201 |
| 딕셔너리 | 285 |
| 딥마인드 | 355 |

## ㄹ-ㅂ

| | |
|---|---|
| 리스트 | 116 |
| 말모 | 325 |
| 멀티스레드 | 260 |
| 멀티플레이 | 33 |
| 명령어 | 52, 227 |
| 모래 | 200 |
| 미션 | 335 |
| 반복문 | 121 |
| 버그 | 144 |
| 변수 | 64 |
| 보정 | 77 |
| 불 | 244 |
| 블록 ID | 79 |
| 비트 | 217 |

## ㅅ-ㅇ

| | |
|---|---|
| 서버 | 15 |
| 서버 설정 | 22 |
| 세마포어 | 261 |
| 숫자 | 66 |
| 스레드 | 103 |
| 아이템 조합 | 43 |
| 아파트 | 317 |
| 아파트 단지 | 317 |
| 알고리즘 | 195 |
| 운영체제 | 6, 63 |
| 인공지능 | 4, 325 |

## ㅈ-ㅎ

| | |
|---|---|
| 좌표 | 77 |
| 주석 | 84 |
| 주크박스 | 81 |

| | |
|---|---|
| 지옥 | 161 |
| 채팅 | 41 |
| 초능력 | 227 |
| 킬 | 55, 235 |
| 텔레포트 | 95 |
| 파일 입출력 | 279 |
| 프로세스 | 103 |
| 플레이어 위치 | 77 |
| 함수 | 32, 95 |

## A–E

| | |
|---|---|
| air | 160 |
| ai | 4, 325 |
| Algorithm | 195 |
| bug | 201 |
| comment | 84 |
| continue | 148 |
| datetime | 238 |
| debug | 201 |
| deepmind | 355 |
| dictionary | 285 |
| endswith | 231 |

## F–I

| | |
|---|---|
| fire | 244 |
| for | 121 |
| function | 32, 95 |
| gamepidea | 80 |
| getBlock | 87 |
| getBlockWithData | 89 |
| getPlayerEntityId | 73 |
| getPlayerEntityIds | 73 |
| getPos | 73 |

| | |
|---|---|
| getTilePos | 78 |
| gold | 84 |
| IDLE | 62 |
| if | 115 |
| indent | 97 |
| input | 66 |
| ip | 33 |
| ipconfig | 34 |

## J–O

| | |
|---|---|
| JAVA_HOME | 327 |
| json | 285 |
| jukebox | 81 |
| kill | 55, 235 |
| lava | 349 |
| list | 116 |
| lock | 262 |
| malmo | 325 |
| mcpi | 27 |
| mission | 335 |
| observation | 349 |

## P–S

| | |
|---|---|
| pass | 191 |
| pollBlockHits | 248 |
| pollChatPosts | 227 |
| position | 77 |
| postToChat | 71 |
| process | 103 |
| range | 117 |
| replace | 231 |
| rotation | 295 |

| | |
|---|---|
| sand | 200 |
| semaphore | 261 |
| server | 15 |
| server.properties | 23 |
| setBlock | 80 |
| setBlocks | 85 |
| setPos | 78 |
| setTilePos | 79 |
| sleep | 103 |
| split | 235 |
| startswith | 231 |

### T–Z

| | |
|---|---|
| thread | 103 |
| time | 38, 104 |
| tree | 173 |
| unlock | 262 |
| watchtop | 302 |
| while | 133 |